JN223727

An Introduction to Social Sciences

教養としての社会科学

多様な視点から社会を捉える

• • •

杏林大学総合政策学部 編

丸善出版

【執筆者一覧】

第 1 章　伊藤 敦司
第 2 章　藤原　究
第 3 章　島村 直幸
第 4 章　劉　迪
第 5 章　進邦 徹夫
第 6 章　半田 英俊
第 7 章　岡村　裕
第 8 章　北島　勉
第 9 章　原田奈々子
第 10 章　内藤 高雄
第 11 章　糟谷　崇
第 12 章　加藤　拓
第 13 章　小田 信之
第 14 章　大川 昌利
第 15 章　渡辺　剛
第 16 章　Chunmei Huang（翻訳：廣田尚美）

刊行に寄せて

杏林大学総合政策学部は2024年に創設40周年を迎えた。これを機に、これまで電子版として刊行してきた『教養としての社会科学』を、時代の推移に合わせて改定するとともに、新たに書籍版としても刊行することになった。

杏林大学総合政策学部は1984年に社会科学部として創設された。そして2002年に新たに総合政策学部に名称変更し、現在に至っている。社会科学部という学部名称は、他の多くの大学の法学部、経済学部、商学部といった専門の学問別に分かれて学んでいくだけでは、現代の複雑化する社会問題に対応できないであろうという考えからスタートしている。学問の分野が相互に密接に関連しあっている現代においては、従来の法学、政治学、経済学、国際関係、経営学などを包含した大きな学部を用意し、社会問題を様々な角度から複眼的に考える学際的な学部が必要であるという観点から設置された学部である。

その後、2002年に新たに環境や福祉の分野も取り入れ、より器の大きい学部として再編し、総合政策学部に名称変更し、現在に至っている。このように、私たちは時代の変化に対応し、柔軟かつダイナミックにカリキュラムを変更してきたが、上記のような学際的教育が必要であるという学部の根本理念は、些かも変えてはいない。

私たちは20年前の2004年に、創設20周年記念刊行書として、『社会のしくみ』を刊行した。これは私たちの学部が法学、政治学、経済学、国際関係、経営学、会計学、環境学、福祉学などの広範な領域をカバーしているため、それらの各学問のエッセンスを教育する科目が必要であるという考えに基づき、専任教員がオムニバス形式で担当する同名の講義科目を設置し、その教科書とすべく出版したものであった。この『社会のしくみ』という科目は、その後、各分野をもう少し詳細に教育する必要があるという考えから発展的に解消し、法律、政治、経済、国際関係、福祉政策、経営、会計の7つのベーシック科目となり、『社会のしくみ』という書籍の出版も終了したのである。

しかしながら2022年より新たに総合政策学部のみではなく、杏林大学のすべての学生たちに対して社会科学の基礎を講義する合同科目として、「社会と大学Ⅰ」が設置された。そしてその教科書として刊行されたのが、『教養としての社会科学』電子版である。

今回、学部40周年を機にこの電子版を改訂し、新たに書籍版としても刊行することになった。総合政策学部がカバーするすべての学問領域について、16名の学部スタッフ教員がその学問のエッセンスを易しく解説するとともに、学びのポイント、様々なデータ、コラム、参考文献などを加え、理解しやすいものとなっている。

この総合政策学部の学びの領域である社会科学全般を、実際に本書を手に取っていただき、学んでいただくことで、少しでも社会科学が身近に感じられ、より深く学ぶことに繋げていただけたなら、大変ありがたいことである。

冒頭にも記したが、本書は杏林大学総合政策学部の創設40周年を記念した事業の1つとして刊行されたものである。40周年記念事業の一環として、快く費用をご負担いただいた杏林大学総合政策学部杏会に対して、心より御礼を申し上げたい。

また本書の電子版および書籍版の刊行にご協力いただいた丸善雄松堂株式会社に対し、記して感謝の気持ちを認めさせていただきたい。

杏林大学総合政策学部長　内藤　高雄

目 次 ： 教 養 と し て の 社 会 科 学

第 IV 部　社会と健康福祉学

第 7 章　社会福祉の原理と政策

第 8 章　内なる国際保健

第 V 部　社会と会計学

第 9 章　会計の歴史と社会

第 10 章　国際会計への招待

第 VI 部　社会と経営学

第 11 章　経営学から社会を考える

第 12 章　マーケティング

第Ⅶ部　社会と経済学

第13章　経済政策の目的と機能

第14章　社会科学としての経済学の基礎

第Ⅷ部　社会とグローバリゼーション

第15章　グローバリゼーションと安全保障 ―北極圏問題を例に―

第16章　グローバル人材

第Ⅰ部

社会と法律学

法律を学ぶ目的は何だろうか？

法律を知っていると得をする（損をしない）からか？

たしかに、そのような面もあるだろう。しかし法律の内容を知り、それが直接役立つのはほんの一部に過ぎないだろう。

社会は法律をはじめとした多くのルールによって成り立っている。法律を学ぶことにより、ルールを理解し、ルールに従った考え方や行動を身につけることが出来るようになる。仕事や社会生活において大いに役立つだろう。

第1章　企業社会と法

【この章の目的】

われわれの生活にとって無縁ではありえない企業及びその活動に関して、基本的な仕組みを法的な視点から考察する。そこから、法の役割、基本的な仕組みや考え方等の入門的な理解をすることにより、他の法分野に及ぶ基礎として欲しい。憲法や刑法に比較して、企業及びその法である商法や会社法は学生にとってとっつきにくい分野といわれているが、将来、企業社会で活躍するための第一歩に役立てて欲しい。

【課　題】

□企業に対する法規制はなぜ必要か。
□企業に対する法規制にはどのようなものがあるか。
□企業はESG・SDGsにいかに向き合うべきか、法はどのような態度をとるべきか。

第1節　企業とは

学びのポイント！

●企業とわれわれの生活との関わりはどのようなものか
●企業とはどのようなものか
●企業と会社の関係はどのようなものか

現代社会は企業社会であり、われわれの生活は企業なしでは成り立たない。生活に必要な物資やサービスは企業から契約を通じて入手し、多くの人々は企業で働き賃金を受け取ることにより、生活を維持している。また、企業は法人税等の税金を納め、地域社会や災害時の寄付、学術分野や学生等への寄付等を通じて、社会的にも有用な存在である。他方、欠陥品の販売や公害等による被害をもたらすこともあり、また、その巨大な地位や影響力を背景に、下請企業・労働者・消費者等の弱者に不利益を押し付けるといった問題も存する。企業の有用性を前提に、その存在を認め、その健全な運営を確保することが重要となる。

ところで「企業」とは一体どのようなものか、「会社」とは違うのか。学問分野によって、また、その目的によって「企業」として把握すべき範囲は異なるであろうが、法の分野ではどうであろうか。たとえば、「企業とは、一般的には経済活動を行う主体又は経済活動自体を意味する。」と定義される。*1 そこには、国や地方公共団体等の「公企業」も含まれるが、ここでは営利を目的とする「私企業」を対象とすることとする。企業と類似する用語として「会社」があるが（たとえば企業訪問と会社訪問等、両 者の相違を意識せずに使う場合が多い）、両者はどのような関係にあるのであろうか。企業には街で見かける商

---

*1　有斐閣『法律学小辞典第5版』182頁。

店等から、テレビＣＭ等も行う大企業まで様々な規模のものがあるが、そのうち「会社」は会社法によって「法人」としてその設立が認められたものである。すなわち、法人企業という点で、個人企業等と区別される。

「法人」は「自然人」（法の世界では人間のことをこのように表現し、法人と区別する）以外で権利能力を有するものと定義される。「権利能力」とは権利者・義務者となることができる資格のことであり、この権利能力を有することにより、財産を持ったり、契約を結んだり、裁判を起こしたりすることができ、取引社会の登場人物となることができることになる。会社は法人として、多くの社員（株主）がいたとしても（たとえばソフトバンクグループの株主は80万人を超える）、その社員（株主）とは別に、会社自身が財産を持ち、契約等による取引活動を行うことができる。会社とすることにより、信用力が高まったり、節税面のメリットがあるため、わが国では多くの企業が会社となっている。

会社が成立し、法人格が認められるためには、どのような手続きが必要か。国や時代によって異なり、君主の勅許や特別法の授権を必要とする特許主義や、政府の認可等を必要とする許可主義に対し、現在のわが国では、会社法が会社設立のために必要な条件（これを「要件」という。）を明示し、これを満たすことにより当然に会社の成立、すなわち法人格の取得を認めるという仕組みになっている（このような仕組みを準則主義という）。会社設立の自由を最大限認めるためである（なお、現在も日本銀行や日本放送協会等は特別法に基づいて設立されている）。

この設立のための要件、すなわち会社法の準則は設立しようとする会社の種類によって異なり、株式会社の場合には81条もあるのに対し、その他の会社である持分会社の場合には5条に過ぎない。これは、少人数によって設立され、会社の自治を最大限尊重される持分会社とは異なり、後に指摘する株式会社の特色から、多くの利害関係者が予想されるため、健全な会社設立のために厳格な手続きを用意するためである（さらには、公証人や裁判所の関与により、より厳しい規律に服する場合もある）。

関心を深めよう

会社は法人企業として個人企業と異なるが、「法人」とすることのメリットをさらに深く考えてみよう。「法人」の意味・機能に加え、特に「節税面」でどのようなメリットがあるか、具体的に調べてみよう。

関連 TOPICS

▶会社の「社員」とは？

会社の「社員」といった場合に、世間一般ではその会社で働いている人のことを指す（さらには、バイトやパート等と区別して、特にいわゆる正社員に限定する場合もある）。しかし、法の世界で会社の「社員」といった場合には、その会社に「出資」をした者をいい、株式会社では出資をして株式を取得した「株主」が「社員」である。これに対し、働いている人は従業員や労働者といわれる。たとえば、「トヨタ自動車」という会社の「社員」は、法の世界ではトヨタ自動車の株式を保有する者をいう。このように、世間一 般で理解されるのとは異なる意味を持つ法律用語があるので（前に指摘した「人」のほか、たとえば「善意・悪意」や「公開会社・非公開会社」）、用語の意味を確実に理解する必要がある。

第２節　企業に対する法規制の必要性

学びのポイント！
- 公法と私法、一般法と特別法の意味はどのようなものか
- 民法と商法の関係はどのようなものか
- ハード・ローとソフト・ローの意味や機能はどのようなものか

企業、特に会社は法人として、われわれ自然人と同じく、財産を持ち、取引等の活動を行う。また、国や地方公共団体（以下、「国家」という。）に税金を納めたり、経営者等が犯罪を犯した場合には企業自体が罰せられる場合もある。このうち、後者の国家との関係を規律する法は「公法」、前者の財産や取引等の、国家を離れた関係を規律する法は「私法」と称される。公法は、国家対国民の関係や、国家組織を規律の対象とする（憲法、刑法、各種税法等）。国家が国民の自由や人権を侵すことがなく、また、保障するために、国民の自由や人権を侵すような権力を認めるとともに、国家の基本的な組織や行為を規律しその権力の濫用を防止する。他方、私法は、国家との関係を離れた人々（この場合に国民に対して「私人」と称され、国家や企業等も含まれる。）の生活関係を規律する。その基本的な法が民法である。自由・平等な人々が、自己の自由な意思決定により生活を営むことを中核としつつ、人々同士の関係を規律する。民法は私人の生活関係を一般的に規律する法（「**一般法**」と称される。）として、企業及びその生活関係にも適用される。しかしながら、営利を追求する企業にとって、民法のルールでは不都合であり、また、不十分である場面が生じる。そこで、そのような不都合な場面を修正し、不十分な部分を補充する法として商法が存する。たとえば、お金の貸し借り（金銭消費貸借契約）において利息の取り決めがない場合に、民法では無利息が原則だが（当事者が利息の取り決めをすればそれが優先する。このような当事者の特約等が優先する規定を「**任意法規**」という。）、効率的に資金を運用すべき企業にとってはこのルールは不都合であり、商法では当然に利息が発生するものとされる（このほかに、一般の取引に比べ企業取引は大量性、迅速性、反復・継続性等の特色を持ち、これに対応する規定や、企業の責任を厳格化したり、他方、軽減したりする規定が設けられている）。商法は、企業特有の需要を反映した企業のための法として、民法に対して「**特別法**」として位置付けられる。

この私法は、自由・平等な人々を前提に規律することを基本とするが、社会の進展とともに巨大な力を持つに至った企業の存在は、各種の弊害をもたらすことになった。市場を独占する企業が登場することにより、公正な競争が損なわれ、また、その優越的な地位を

▼ Note

濫用し弱者に不利益を強いることも多くみられるにいたる。そこで、国家が私法的な領域に積極的に介入する必要性が生じ、公正な競争を確保するための独占禁止法や、労働者の利益を保護するための労働法、消費者の利益を保護するための消費者法等が登場することになった。

企業に対し、特に私法的な規制がなされる場合、企業が従うべきルール（規範）は六法等に掲載される法律の条文を思い浮かべると思うし、その通りであるが（なお、書店等で目にする「六法全書」と名の付く分厚い書物に掲載されている法律はわが国の膨大な法律の一部に過ぎない）、実は条文化されていないルール（規範）（条文化されていない法を、成文法に対して不文法という）が多く存する（たとえば慣習や判例等）ことにも留意する必要がある。世の中には多くのルール（規範）が存するが、法律等（なお、法と法律は厳密には区別すべきであるが､本稿では論及しない。）は国会を中心とした国家機関が決定し、その遵守を国民等に求め、最終的には裁判所等の国家機関の権力を背景にその遵守が求められる。しかし、企業をはじめとした人々が従うルール（規範）には、国家機関以外の主体が策定したり（たとえば、業界団体や証券取引所）、部分社会で自然発生的に出来上がってきたもの（たとえば、商慣習や企業倫理）等が存する。後者のルール（規範）は当該部分社会では皆が従っているものではあるが（「行為規範」と称される）、裁判所によって強制されるもの（「裁判規範」と称される）ではない。前者の国家機関等によって決定され裁判所によって強制力が保障されるルール（規範）は「ハード･ロー」と称され､後者のルールは「ソフト・ロー」と称される。一般の法令等は厳格な手続きによって制定・改正されるため、社会の変化に迅速・柔軟に対応することができない。しかも、適用を受けるすべての者が守るべきものとして最低限の規律にならざるを得ない。これに対し､ソフト･ローは、変化に対し迅速・柔軟に対応することができ、理想を追求するような規律を課すことが可能である。このため、特に変化の著しい企業社会においては、このソフト・ローの重要性が高まっている。

関心を深めよう

私法の一般法である民法の契約に関するルールが約120年ぶりに改正され、2020年4月からスタートした。この改正の内容と、それが企業社会にどのような影響を与えるか、どのような課題が残されているかを調べてみよう。

関連
TOPICS

▶条文の言葉の意味と解釈

世の中の多様な事象を対象とする法規定は抽象的・一般的な言葉を用いる場合が多い。たとえ自明と思われる言葉でも、人によってとらえ方が異なる場合があり、また、社会や人々の心情等の変化により異なった理解となる場合が多くみられる。たとえば､「他人の財物を窃取」する窃盗罪の「財物」には「電気」や「価値ある情報」等が含まれるのか。また、人の「死」について、心臓が停止したときと一般的には理解されるが、そうすると心臓移植は不可となってしまうがそれでよいか。このような場合に、言葉の意味を確定する作業が「解釈」と言われる作業である。その「解釈」にあたっては、いろいろな視点からの考察が必要だが、その法規定が制定された背景・目的（なぜそのような法規定が設けられたのか、「（制度）趣旨」と言われる）等が特に重要となる。また、「解釈」によってその法規定の目的を実現できないような場合には、法改正や新たな立法が求められることとなる。

第3節　株式会社とは

学びのポイント！
●株式会社はどのような特色の会社か
●株式会社の経営はいかなる仕組みによるか
●株式会社（企業）は株主のものか

会社法は、会社の種類として株式会社・合名会社・合資会社・合同会社の四種の会社形態を用意し（なお、2005年まで設立が認められた有限会社や、生命保険会社の一部が採用する相互会社といった例が存する）、このいずれかを採用し設立することを認める。わが国の会社は大企業から中小・零細企業も含めほとんどは株式会社である。そこで、以下、株式会社の基本的な仕組みを説明する（上場会社等の大企業を中心とする）。

株式会社は株式を発行し出資者を募り資金を調達する会社である。多くの零細資本を結集すべく、出資単位である株式は均等に細分化されている。また、出資者である株主の有限責任を保障し、自己が負担するリスクの最大限度を予測できることとしている。すなわち、会社が莫大な借金を抱えて倒産したような場合であっても、株主は自己の出資額についての責任を負うだけでよく（自己の株式が無価値になる）、それを超えた責任を負うことはない。このことにより、リスクのある事業も、この株式会社を利用することで、多くの資本を結集しチャレンジすることができたのである。しかし、この有限責任は株主にとっては特権であるが、会社に貸付け等をした債権者にとってみれば回収不能なリスクを押し付けられることとなり、貸付け等を躊躇することとなりかねず、このことは会社自身にとって困った事態となる。そこで、株式会社の財産の確保とその情報開示の仕組みが厳格に規制されることとなる（会社債権者保護の問題）。この会社財産確保の一環として、会社存続中、株主への払戻しは原則として禁止され、株主の投下資本の回収を保障するために株式の自由譲渡が保障され、株主は市場で株式を売ることで、会社から離脱し、投下資本を回収することが可能となる。

企業が行う事業活動の経営を誰が担当するのか。個人が行う事業であればオーナー経営者が行うことになる。これに対し、不特定・多数の株主を予定する株式会社では、共同オーナーともいうべき株主が直接的に経営にあたることは現実的ではない。多くの株主は、株式の値上がり（この利益を「キャピタルゲイン」という）や配当や株主優待等（この利益を「インカムゲイン」という）を期待して株式を購入しており、経営能力を有する専門家による合理的な経営を期待する。そのため、株式会社ではオーナーである株主ではなく、「取締役」が経営を行うこととされる（所有と経営の分離）。株主は、株主総会で任期ごとに取締役を選任し、任期途中であってもふさわしくなければ解任し、取締役へのコントロールを行う。また、この取締役が適切な経営を行っているかを、株主に代わってチェックす

関連TOPICS

▶中小・零細企業ばかり

本来、株式会社は大企業を想定して設計された会社形態であるが、わが国ではそのほとんどが中小・零細企業である。すなわち、わが国には株式会社が約350万社存在するが、証券取引所に上場している会社は約3800社に過ぎない（上場していない大企業もあるが、わずかである）。企業に対する法規制は、かつてはこのような事情を十分には反映しきれていなかったが、現在はかなり対応するようになってきている。

る仕組みが必要となり、監査役等の監督・監査体制が、会社の規模や利害関係者の多寡に応じて構築される仕組みとなっている。会社法は大企業向けの経営機構として3種類の選択肢を用意する（監査役会設置会社、監査等委員会設 置会社、指名委員会等設置会社と呼ばれる経営機構である）。また、それと関連し、一定数の社外取締役を要求するに至っている。かつては出世競争に勝利した会社員が取締役等の役員になるのが一般的であった。しかし、社内出身者同士のなれ合い等の弊害が指摘され、独立した人物を社外から取締役に採用することが会社法や取引所の上場規則等で要求されている。加えて、多様な意見を経営に反映すべきとして、女性や外国人の取締役の採用や増員も期待されている。

ところで株式会社は株主が出資をして設立されるものであり、実質的には株主のものといえる（自分のお金で買ったものが自分のものであるように）。事実、法律上は会社の重要な決定は株主が行う仕組みとなっている（他の会社との合併や、解散による消滅等の会社の運命を左右する決定も株主が行う）。このように株式会社は株主のものであり、株主利益を優先するという考え方は「株主主権論」と言われ、米国での支配的な考え方であり、わが国でもこのような考え方が浸透してきている。しかし、会社は様々な利害関係者（ステークホルダー）の利益に関わるものであり、株主利益を優先する考えは問題視される。たとえば、終身雇用が根強く残るわが国において、会社で定年まで働き生計を維持していく従業員と、株式を売却することにより他の会社に乗り換えることができる株主とを比較した場合、会社は株主のものであるとして、その利益を優先することは問題である。わが国では、かつては従業員をはじめとした様々なステークホルダーの利益に配慮する会社運営がなされてきた。近時、米国においても、ビジネスラウンドテーブル（主要企業の経営者団体）が、株主だけではなく、地域社会や環境なども含めたすべてのステークホルダーの利益に配慮した経営をすべき旨の声明を出し、注目された。*2

関心を深めよう

興味のある会社のHPから、経営機構や資金の調達や運用の実態を調べてみよう。「企業情報」という欄のほか、「IR」や「投資家情報」の欄を開いてみよう。特に「株主総会招集通知」にはわかりやすい詳細な説明がある。

*2　https://www.businessroundtable.org/business-roundtable-redefines-the- purpose-of-a-corporation-to-promote-an-economy-that-serves-all-americans,「企業の目的に関する声明」2019年8月19日。

関連 TOPICS

▶東京証券取引所の市場区分の再編

株式会社は株式を発行して資金を調達し、また、その発行された株式は売買の対象となる。株式が発行され、売買される市場が必要となり、わが国最大の市場が東京証券取引所（東証）である。もっとも、株式を売り買いしたい人が誰でも東証の取引に参加できるのではなく、「取引参加者」としての資格を持つ証券会社のみが参加でき、売り買いしたい人はこの証券会社に委託することになる。

東証はかつて、1部・2部・マザーズ・JASDAQの4つの市場に区分されていた。東証への上場のためには厳しい条件を満たす必要があり、最も厳しい条件が求められるのが1部市場であり、「東証1部上場企業」というのは一つのステータスであり、株式発行による資金調達面だけでなく、知名度や信用力がアップし、優秀な人材を採用することが可能とされた。しかし、上場企業の約6割が1部市場に集中していることや、市場の重複やあいまい性等の問題から市場区分の見直しが行われ、2022年4月から、プライム・スタンダード・グロースの3つの市場区分に再編された。このなかで、プライム市場が最も厳しい条件の市場であり、従来の1部市場よりも厳しい条件となっており（グローバルな、投資家との建設的な対話を中心に据えた企業向けの市場にふさわしい企業）、かつての1部上場企業のなかにはプライム市場への移行をあきらめ、スタンダード市場に移行するものも少なくない。

第4節　企業とESG·SDGs

学びのポイント！
- 企業の営利性とESG・SDGsの関係はどう理解すべきか
- コーポレートガバナンス・コードやスチュワードシップ・コードにおける指針はどのようなものか
- 義務・責任を伴う経営者はESG・SDGsといかに向き合うべきか

営利を究極的な目的とする企業は、ESG（Environment：環境、Society：社会、Governance：企業統治）とSDGs（Sustainable Development Goals：持続可能な開発目標）という課題に対してどう向き合うべきであろうか。「企業の社会的責任」という課題は会社法の分野においても古くから議論されてきたが、その概念のあいまい性もあり、法的な規制と結び付けることに消極的な立場が多かった。これまでは、特に短期的な利益の追求とその分配を求める一部の有力なファンド等の要求もあり、そのような視点を欠き、環境破壊や人権侵害等の問題を抱える企業も少なくなかった。近時は、企業も一社会的存在としてESGやSDGsに向けて行動すべきであり、むしろそのような視点からの経営が、会社を取り巻く多くのステークホルダー（利害関係者）の利益に結びつき、企業価値の向上に結びつくという評価がなされている。さらに、近時はアメリカで浸透しつつある（30州以上で制定されている。*3）パブリック・ベネフィット・コーポレーション（Public Benefit Corporation、以下PBC）*4がわが国でも注目されている。*5会社・株主の利益追求を中核とする従来の会社とは異なり、通常の「事業目的」のほかに、社会問題や環境問題への取り組みなど公共の利益を追求することを目的として掲げる新たな会社形態である。会社（企業）は株主だけではなく、従業員、顧客や取引先などの利害関係者、さらには社会全体にも目を向け、責任を負うべきとの考えが現れる顕著な例といえる。

これら点に関しては、上場企業の行動規範であるコーポレートガバナンス・コードや機関投資家（保険会社や年金基金等の法人の大口投資家）の行動規範であるスチュワードシップ・コードでは、サスティナビリティを「ESG要素を含む中長期的な持続可能性」として、それは中長期的な企業価値の向上に向けた重要な経営課題であり、積極的・能動的な対応を一層進めていくべきであるとされている。たしかに、企業も社会的存在として期待され

*3　アメリカの会社法は州単位で制定され、選択する州の会社法に立脚して設立される。最も多く利用されているのは、デラウェア州会社法である。
*4　ベネフィット・コーポレーションとも呼ばれる。
*5　たとえば、岸田内閣が推進した「新しい資本主義実現会議」において、導入に向けた議論が開始された。

関連TOPICS

▶コーポレートガバナンス・コード

東京証券取引所が定めた上場会社が企業統治（コーポレートガバナンス）にあたり参照すべき指針である。そこで定められた指針に従った経営により、「持続的な成長と中長期的な企業価値の向上のための自律的な対応が図られることを通じて、会社、投資家、ひいては経済全体の発展にも寄与すること」が目指されている。この指針は遵守すべき義務を定めるという形式ではなく、「従うか、さもなければ説明せよ」（comply or explain）というものである。すなわち、この指針の従わない場合には、その理由を十分に説明しなければならない。

る役割を果たすべきであり、上記の指摘はその通りであろうし、そのような取り組みは長期的にはブランド力の向上、企業価値の向上、持続的な成長が期待できるであろう。しかしながら、ソフト・ローを超えて会社法等のハード・ローにより規制するという視点からは、解決すべき問題が存する。

会社法においては、経営を担当する取締役等（以下、「経営者」という。）は株主総会により任期ごとに選任され（原則2年）、株主から経営を任され、会社及び株主の利益を図ることが義務付けられている（もちろん株主以外のステークホルダーの利益を無視することではなく、その根底には会社及び株主利益を図ることで他のステークホルダーの利益も図ることができると理解されている）。このような規制は、経営者が経営を行うにあたって行動指針として明確であり、義務やその違反に対する重い責任も正当化される。他方、たとえば環境や社会といった目的は、その範囲や内容が明確ではなく、義務・責任を伴う取締役の行動指針とすることの問題性が指摘されている。このような目的を義務付けることにより経営者の裁量を拡張することになり、責任を回避するための言い訳として利用されないか懸念される。また、経営者は任期ごとに選任され、利益を求める株主から信任を得なければならないという点で、サスティナビリティという長期的な視点に立って経営することを求めることは困難であるとも指摘される。投資家である株主の理解が不可欠だが、投資家は目に見える形での利益を求める。

サスティナビリティを反映した経営が、社会の価値だけではなく、企業価値の向上に資するということを投資家等が理解し、経営者も投資家等との積極的かつ建設的な対話を通じてその理解を促し、サスティナビリティを反映した経営を行っていくべきであろう。このような理解が一般的に浸透して、義務・責任等を伴う会社法等のハード・ローで規制する環境が整うことが期待される（もっとも、そのような理解が浸透したならば規制は不要ではないかとも言えなくはない）。気候変動による環境変化、新型感染症やサイバー攻撃等の多様なリスク増加のなかにあって、企業の存続・発展のための経営はこれまで以上に困難となり、経営者に課せられる使命は重大となる。各種ステークホルダーとの対話を図りつつ、営利とサスティナビリティを目指した経営が必要となる。

関心を深めよう

近時、ESG・SDGsに積極的に取り組む会社が増えてきている。その取組みを開示することが求められているが、どのような情報を、どのように開示するかが課題となる。具体的な取組みを、会社のHPで調べてみよう。

関連 TOPICS

▶新聞を読もう

特に学生の間は、企業経営や企業法務と直接関わることはないため、企業法は関心を持つことができず、また、理解することが困難な分野といえる。卒業したゼミ生から、学生時代に先生の授業やゼミでの勉強をもっと真剣にやっておけばよかったとの声が寄せられる。このように企業に就職し実務の現場に立つと、企業経営や企業法務の重要性に気付き、また真剣に学習することになる。新聞等で報道される企業経営や企業法務の事例を通じて、興味を持つことができ、真の深い理解を得ることができる。また、企業小説もさらになじみやすい題材といえよう（古くは城山三郎、最近では池井戸潤等の著作）。

▼ **Note**

第2章　消費者と法

【この章の目的】

経済活動の発展とともにその形が多様化していく中で、法律の整備が追いつかない新しい消費者問題が話題になることも多い。私たちにとって、消費者法がどのような経緯の中から作られたのかを考えることは重要であり、社会生活を営む上での不可欠の知識である。本章の目的は、こうした知識をもとに今後の消費者法と消費者保護のあり方を考えるきっかけとなることである。

【課　題】

□消費者被害を救済するための法律がどのように作られてきたのか、どのような場面で消費者被害が発生していて、どのような救済があるのかについて学ぶ。

第1節　私たちを取り巻く消費者被害

学びのポイント！

●法律はどのような目的でどのようにして作られているのか、法律を適用して保護するとはどういうことなのかについて、身近な消費者の問題から学びを深める

多くの場合、「消費者」とは、対価を支払って、物品を受領したりサービスを受けたりする個人を指すことになる。私たちは、日々の社会生活を送っていくなかで、「消費者」として多くの危険や被害に直面することになる。消費者は、社会を構成する集合体として最大規模であるにも関わらず、わが国における消費者保護の動きは、法律においては1968年の消費者保護基本法制定が最初の一つの大きな動きであった。消費者保護基本法制定当時は、高度経済成長期でもあり、大量生産や技術革新による新製品の増加などを背景に様々な消費者問題が起こることになる。制定に至るまでには、森永ヒ素ミルク事件やスモン事件といった食品や医薬品に関する健康被害が発生し、多くの被害者が出た。その後行政は、医薬品のように人体に大きな影響を与えうるものに対してその品質や有効性・安全性の確保を目的として薬事法（現：薬機法）を制定した。しかしながら、その後もサリドマイド事件やカネミ油症事件など医薬品や食料品といった、全国の消費者にとって生活に密着した分野での被害が多く見られることとなった。

高度経済成長期に入ると、経済の発展とともに、消費者被害の中心が金銭的なものへと移行していくこととなる。この時期には、マルチ商法やネズミ講による被害が問題となっていった。ねずみ講（無限連鎖講）は、①金品を配当する組織、②加入者が無制限に増加する、③加入者が2倍以上に増加する、④加入者が自身の支払った金品の価額・数量以上の配当を受け取るという要素を持つ、と定義されている。マルチ商法（連鎖販売取引）は、特定商取引に関する法律において厳しく規制されており、法律上、①物品の販売と役務の提供に関する事業であること、②再販売、受託販売、役務の提供もしくは販売、役務の提供のあっせんをする者を誘引するものであること、③これらの者を特定利益が得られるとして誘引すること、④これらの者と特定負担を伴う取引をするものであること、の4つの要素で構成されるとされている。またこの時期になると消費者金融の問題も注目されるよ

うになり、訪問販売法や無限連鎖講防止法が立法されるとともに、割賦販売法が改正されることとなった。

1990年代になると、金融派生商品など商品内容が複雑でわかりにくい商品を対象としたトラブルが多発するようになっていく。また、バブル崩壊による多重債務者も大きな問題となった。これに対して、特定商取引法や割賦販売法が改正されることで、クーリングオフの拡充が図られることとなった。さらには2006年には貸金業法・出資法・利息制限法の大型改正が行われ、貸金業において、過払い金訴訟の隆盛や企業再編といった大きな変革が起こるきっかけとなった。行政の整備も同時に行われ、2009年に消費者庁と消費者委員会が創設された。

2010年頃からは、インターネットや携帯電話・スマートフォンの普及が進み、インターネット経由での消費者被害が多く見られるようになっていく。仮想通貨や投資商材の販売などにおいては多額の被害が報告されていた。さらには、インターネット上での記事等において、特定の商品やサービスの広告宣伝を目的としているにも関わらず、あたかも通常利用したかのように情報を発信する「ステルスマーケティング」や広告誘導によって報酬を得る「アフィリエイト」などをめぐってもトラブルが目立つようになっていった。そして、インターネットオークションやフリマアプリなどの利用に伴うトラブルも顕在化するにつれて、従来の事業者対消費者という形での法的な捉え方が必ずしも妥当ではない場面も見られるようになり、消費者被害の多様化に合わせた取り組みが不可欠な状況となってきている。法改正は被害救済を目指して随時行われているものの、法の目をかいくぐろうとする悪質な事業者との間で、どうしてもイタチごっこのような形になってしまう。消費者被害をめぐる状況は、日々変化を続けており、社会経済の健全な発展のためには、こうした環境変化に対応できる迅速な法規制と消費者教育を通じて消費者の意識を向上させることが必要不可欠なのである。

関心を深めよう

物品や暗号資産など扱う商材が違っても、詐欺事件の多くは「ポンジ・スキーム」と呼ばれる1910年代からある単純な手法で行われている。どんな法規制をかけても「確実に・簡単に儲かる」という言葉に人は簡単に騙されるのである。

▼ Note

第２節　消費者と消費者法

学びのポイント！

●消費者法の成り立ちを理解するとともに、どのような法律が「消費者法」を構成しているかについて学ぶとともに、法律における一般法と特別法の関係を理解する

1962年にアメリカのケネディ大統領が、「消費者利益の保護に関する**特別教書**」において消費者の権利について、「安全である権利」、「知らされる権利」、「選ぶ権利」、「意見を聞かされる権利」の４つを挙げている。これを契機として、消費者の権利に対する注目は高まっていき、1975年には同じくアメリカのフォード大統領が「消費者教育の権利」を追加した。これによって、消費者にとっては、商品が安全であること、商品に関する情報が十分に提供されること、消費者が市場に流通するものの中から自由に選択できること、消費者の意見が商品をめぐるシステムの中で反映されること、賢い消費者になるために教育を受けて知識を獲得するという権利があることが認められたのである。

日本においては、消費者保護基本法制定時には消費者の権利自体は明文化されず、2004年に消費者保護基本法が改正され、消費者基本法となったことで、具体化されることになった。消費者基本法では、法律の目的を「消費者と事業者との間の情報の質及び量並びに交渉力等の格差にかんがみ、消費者の利益の擁護及び増進に関し、消費者の権利の尊重及びその自立の支援その他の基本理念を定め、（中略）消費者の利益の擁護及び増進に関する総合的な施策の推進を図り、もつて国民の消費生活の安定及び向上を確保することを目的とする」と定めており、消費者と事業者の格差を前提に、消費者の権利の尊重と自立の支援をその基本理念とし、消費者の利益の擁護・増進の目的のためと定めている。法律の名称から「保護」の文字が消えたことも権利主体として消費者を見ていることの所作であると言われている。

一般に言われる「消費者法」とは、消費者基本法そのものだけを指すのではなく、消費者基本法の理念に基づいて様々な法律が制定され、そうした法律すべてが「消費者法」を構成しているといえる。

消費者法の役割については、第一に被害からの回復が挙げられる。実際に消費者被害が発生した場合にその契約を取り消すことができたり、無効の主張ができたりすることで、被害の救済を図ることができるのである。第二に、消費者被害の予防・救済がある。同様の消費者被害が多発している場合などにおいて、被害防止のために適格消費者団体による

関連
TOPICS

▶改正消費者契約法と消費者教育

2023年６月から改正消費者契約法が施行された。オンラインショッピングの増加と高齢化社会を背景に改正を求める声が高まり、「取消権の対象となる行為の拡大」、「違約金等の算定根拠についての説明努力義務」、「不明朗な事業者の免責の無効」などが改正法に盛り込まれている。この改正とともに、消費者裁判手続特例法の改正も同時に行われ、事業者に対して裁判を行うことができる範囲も拡大されている。しかしながら、サブスクや成人年齢引き下げを見込んだ詐欺的勧誘など、様々な形で消費者は危険にさらされており、法の整備だけでこうした被害を防ぐことは難しく、被害者の救済と並行して、消費者教育の重要性はますます高まっていくだろう。

差止請求制度がある。適格消費者団体は、不特定かつ多数の消費者の利益を擁護するために差止請求権を行使するために必要な適格性を有する消費者団体として内閣総理大臣の認定を受けた法人であり、全国で23団体ある。さらにはこのうち共通義務確認訴訟を提起することができる認定を受けた特定適格消費者団体は4団体ある。第三に市場における公正な競争の確保がある。これについては消費者被害の個別・直接的 な救済にはならないものの不公正な取引方法が横行することで、自由な競争が阻害され、消費者にとっても取引環境が悪化することにつながるため､独占禁止法などを通じ事業者の規制を行っている。

例えば、民法では、消費者契約が私人間の取引であることから、一般法である民法を適用し、錯誤や詐欺・強迫による契約の取消、錯誤や公序良俗違反を理由として契約無効、不法行為に基づく損害賠償請求などが規定されている。消費者契約法では、不退去や断定的判断の提供による契約の取消が規定されており、製造物責任法では、製造物の欠陥により起こった損害の賠償について規定されている。さらに保険業法では、保険募集に関する規制がされており、特定商取引法ではクーリングオフと広告規制が規定されている。実際の法律だけではなく、事業者団体などが自主的にガイドラインなどを作成し、自主規制を行っている場合もある。法令遵守や企業の社会的責任（CSR）の観点だけではなく、SNSでの炎上によって企業イメージが毀損することを恐れてルール作りをしているのがその理由の一つであると言えるだろう。

関心を深めよう

【デジタルプラットフォーム】

電子商取引では取引コストが軽減され、利便性が向上したが、それを支えるECモールやオークションサイトを運営する企業に対する消費者保護への取り組みが注目されている。

▼ Note

第3節 若者を狙う消費者被害

学びのポイント！

●消費者被害は高齢者と若者が被害者となる場合が多く、特に若者は被害者としてだけではなく、知らないうちに加害者となる場合もあるため、成熟した消費者となることの重要性について考える

全国の**消費生活センター**に寄せられた消費者トラブルの相談件数は、2004年をピークにその後数年は件数が下落していたものの、2012年に下げ止まり、現在も多くの相談が寄せられている。2020年の消費生活相談の契約当事者属性を見ると30代以下は22.3%であり、65才以上は29.0%となっている。一般的に判断能力が衰えると言われる高齢者だけではなく、30代以下の比較的若い層の消費者トラブルは意外に多くなっている。トラブルになりやすい商法や手口について、2016年以降の状況を見てみると、架空請求や劇場型勧誘、**原野商法**などについては軒並み件数が低下している。代わりにサイドビジネス商法や点検商法、ネガティブ・オプションなどは増加しているのが現状である。

若者をターゲットにする悪質な事業者や団体は、金銭的に十分な基盤がない若者の経済状況を考えて、投資を勧誘する手口がよく見られる。最近多く見られるものとしては知識や経験がないと非常に高いリスクを負うことになるバイナリーオプション取引がある。バイナリーオプション取引は、予め決められた時点での騰落を予測し、数値が高いか低いかを二択で選ぶという簡単な取引だが、その仕組は複雑で投資知識が十分でない者が行う取引は非常にリスクが高いとされている。こうした複雑な取引を簡単に勝てるというツールをUSBメモリーなどの販売を通じて購入させられるという被害が多く見られる。若者の間では、SNSを通じた情報交換が広くおこなわれているため、「必ず儲かる」や「簡単に稼げる」などの見出しをもとに幅広い若者が被害に遭うという構図がよくみられる。

また、就職活動を見据えている学生をターゲットにした悪質商法（就活商法）も多く存在している。例えば、就職活動への不安を煽り、高額な受講料を請求する資格商法や無料の就活塾として勧誘し、その後労働条件や労働環境の悪い企業から報酬を受け取り、その会社を優良な企業として紹介し、入社を強く勧められるといった形で、単純に経済的な利益（金銭等）などを得るためだけでなく、若者の労働力を目的とした悪質なビジネスも存在するのである。

これまで見たような若者をターゲットにした悪質商法は、将来に対する不安を煽ることでそれを利用するとともに、知識と経験の不足を利用して短期間で取引をまとめようとす

関連 TOPICS

▶なくならない投資詐欺

投資詐欺にはいくつかのパターンが有り、①旬のテーマを関係させる、②元本保証を謳う、③著名人との関係をPRする、などのやり方は投資詐欺の手法としてよく見られる。なかでも「元本保証」を「元本確保」については注意が必要である。「元本保証」については、金融商品取引法第39条では有価証券やデリバティブ取引で顧客に損失が生じたり、予め決めた利益が出なかったりした場合にそれを一部であっても補填することを禁じており、元本を保証するという有価証券投資は違法である可能性が高いと言える。さらには、保険や他の金融商品の勧誘時に使われる、「元本確保」という説明は「どんな場合でも必ず」元本が返ってくるということを意味するわけではない。投資や保険加入などの際には、必ず商品説明資料をよく読んで、理解した上で契約することが重要である。

る傾向がある。そもそも消費者と事業者の間における契約などの取引行為は、法律上「私的自治の原則」があり、当事者間の約束を契約として拘束力を認めるかどうかについては、自らが自由な意思決定を行ったかどうかという点が重視される。そうした自由な意思決定を行うためには、正しい情報を適切な時期に当事者間で共有すること重要であり、虚偽の情報を排除することや意思決定の環境を整えることと合わせて、必要不可欠であるといえる。もし、こうした情報の共有と環境整備が行われていたとしても、当事者に十分な判断能力がない場合には、その意思決定は効力を持たないとすることが妥当であり、資格という点においては、未成年者が判断能力の不十分な者として法律上規定されている。成人年齢の引き下げが行われ、成年年齢が18歳となっている現在においては、特に大学生がその影響を受けるようになっている。こうした環境の下で、若者を消費者被害から守るためには、事前に消費者教育が十分に行われることが重要であるといえる。「必ず儲かる」や「誰でも利益を得られる」といった、常套句に騙され、十分な理解をしないまま取引をすることは非常に危険である。最近の傾向としては、自身が行う悪質商法について擁護するWeb上の記事を大量に作成して情報を混乱させる事業者も多く存在しており、大学生がWeb検索して出た情報の一部だけに基づいて、安全性を判断した結果、悪質商法の被害者となる場合が多く見られている。また若者の情報の拡散力は高く、被害者が別の被害者を勧誘することで短期間に一気に被害者が大量に発生するという点からも消費者として、次の加害者にならない自覚を持った行動が求められるだろう。

関心を深めよう

【就活商法とブラックインターン】

ブラックインターンとは、採用や「やりがい・経験」を名目に、無償ないし低賃金で労働させるインターンシップのことであり、スキルアップや企業や社会を知るという学生の利益につながらないという問題がある。

▼ Note

第4節　宗教団体と消費者被害

学びのポイント！
●近年話題になっている宗教団体による消費者被害は、単に金銭的な問題だけではなく、家族や生活を大きく巻き込んで多大な損害を被ることが多いとされている。新たな法律ができたことも踏まえて現状について学ぶ

近年、一部の宗教団体による違法な活動が問題になっている。宗教団体の活動は、「内部活動」と「外部活動」に分けて考えることができる。「内部活動」は、宗教団体と信者や信者と信者の間における法的な問題のことをいい、「外部活動」は宗教団体と非信者の間における法的な問題のことをいう。このうち、とくに問題となりやすいのは、宗教団体の「外部活動」で、外部活動はさらに、「人的資源獲得」と「資金獲得活動」の2つに分けて考えることができ、前者の代表が入信勧誘活動、後者の代表が霊感商法である。

入信勧誘活動、つまり宗教団体への入信を勧誘する行為（伝道活動）については、通常消費者法における解決がなじまない場合も多い。しかしながら、入信勧誘行為自体が①定型的で組織的な勧誘方式によって行われていること、②宗教団体との関係を秘匿して勧誘していること、③先祖や因縁などについて執拗に話して畏怖させていること、④本人の財産状況などを考慮して伝道行為を行っていること、⑤団体からの離脱を困難にすることで引き止めを行っていること、といった特徴がある場合においては、純粋な教化・伝道活動とは言えず、法律による解決の可能性がある。宗教団体による入信勧誘行為において、自身の宗教性を秘匿して、占いやヨガ、異文化交流などのサークルを自称しながら、本来は入信勧誘を目的としていることを明らかにしないことは対象者にとって重要な情報を秘匿していることにほかならず、消費者契約の枠組みにおいては認められない。さらには、入信勧誘行為のもたらす結果の重大性についても考慮する必要がある。金銭的な損害にとどまる消費者契約と違い、金銭被害に加えて、精神的な拠り所である宗教的心情が結果として裏切られることによる心理的損失だけでなく、長期間宗教団体の活動に献身することで失われた時間的な損失は計り知れないもので、その影響は結果として家族関係の破綻につながるなど広く波及する。ここまで述べたように、宗教団体と教化対象の一般人とは、消費者契約における事業者と消費者に類似の情報力等の格差があるだけではなく、結果の重大性はより大きいものであり、その解決には様々な法的構成を検討する必要があるだろう。

霊感商法とは、相手方の先祖や自身に祟りや因縁があるかのような話を通じて不安を煽り、物品を法外な値段で販売したり、不当な額の献金を要求したりすることで、以前から

関連TOPICS

▶おみくじは課税される？

宗教法人の事業はもっぱら公益事業ですが、公益事業による収入は課税の対象となりません。教育・学術・福祉に関する事業などがこれに含まれます。他方で、宗教法人の経営基盤を強化するため、不動産賃貸や駐車場の経営など収益事業を行うこともできます。宗教施設では、絵葉書や墓参りに必要な供花・線香など様々なものが販売されていますが、これらのものは一般の物品販売業と同様の価格帯で販売すると収益事業となり課税されます。反対に、こうした物品が一般的な価格よりも高価で販売されると宗教性の高いものとして課税されないのです。では、みなさんも好きな「おみくじ」は課税されているでしょうか？

悪質商法の一種として問題視されていた。しかしながら、信教の自由との関係もあって、霊感商法を消費者問題とすることについては議論があった。2018年の消費者契約法の改正によって、4条3項では「消費者は、事業者が消費者契約の締結について勧誘をするに際し、当該消費者に対して次に掲げる行為をしたことにより困惑し、それによって当該消費者契約の申込み又はその承諾の意思表示をしたときは、これを取り消すことができる。」と定めており、同項6号で「当該消費者に対し、霊感その他の合理的に実証することが困難な特別な能力による知見として、そのままでは当該消費者に重大な不利益を与える事態が生ずる旨を示してその不安をあおり、当該消費者契約を締結することにより確実にその重大な不利益を回避することができる旨を告げること。」がふくまれており、霊感商法についても消費者問題として捉える事となったのである。

2022年12月に公布された「法人等による寄附の不当な勧誘の防止等に関する法律」はその目的において不当な寄附の勧誘を禁止するとともに消費者契約法とあいまって寄附の勧誘を受ける者の保護を図るとしている。これにより、宗教団体の資金獲得活動は消費者問題としてその解決が図られることになると同時に、消費者教育においてもその範疇とすることが求められてくると思われる。

過去には、消費者問題と捉えられていなかった問題についても、対象者間の情報や能力の差を法的にコントロールするという消費者法の視点が用いられることはこれからも増えていくと考えられる。我々は賢い消費者としてその経験と知識を蓄積する必要があると同時に、事業者の一員としてその活動が適切なものであるかについて考えなければならないと言えるだろう。

関心を深めよう

【青春を返せ訴訟】

統一教会（当時：世界基督教統一神霊協会、現：世界平和統一家庭連合）による入信勧誘行為の違法性について争われた裁判。各地で訴訟が提起され、2001年に最高裁で統一教会側の敗訴が確定する判決が出された。

▼ Note

第Ⅰ部　まとめ課題

① 公法と私法の具体的な法を確認したうえで、この伝統的な分類に加えて経済法や社会法等が登場した背景やその目的を理解し、その具体例を考えてみよう。

② 企業に対する法規制において特に重要性を持つソフト・ローに関し、そのメリット・デメリットを確認したうえで、その具体例を調べてみよう。

③ 営利を追求する企業はESG・SDGsといかに向き合っていくべきであるかという点に関して、わが国における現状とその課題を調べるとともに、各国の状況を調べてみよう。

④ 2006年の利息制限法と出資法の改正によって貸付金利の上限が変更されるまで存在した「グレーゾーン金利」の問題について調べてみよう。

⑤ インターネット広告における「ターゲティング広告」では、消費者のインターネット閲覧の履歴に基づいて広告を表示されるが、その場合の問題点について考えてみよう。

⑥ 大学生が標的になりやすい悪質商法について、特に就活に関連するもの、投資に関するものを中心にどのようなものが問題になっているかについて調べてみよう。

第Ⅰ部 参考文献

第1章

森田果『法学を学ぶのはなぜ？』有斐閣、2020年。
東京大学法学部「現代と法」委員会編『まだ，法学を知らない君へ――未来をひらく13講』有斐閣、2022年。
小柿徳武・伊藤吉洋・原弘明・島田志帆『基礎から学ぶ商法』有斐閣、2022年。
松尾剛行『キャリアデザインのための企業法務入門』有斐閣、2022年。
神田秀樹『会社法入門　新版』岩波新書、2015年。
城山三郎、高杉良、池井戸潤、真山仁等の企業小説。

第2章

宮下修一ほか『有斐閣ストゥディア 消費者法』有斐閣、2022年。
坂東俊矢・細川幸一『18歳から考える消費者と法』第2版、法律文化社、2014年。
中田邦博・鹿野菜穂子『基本講義　消費者法』第5版、日本評論社、2022年。
河上正二・沖野眞已『消費者法判例百選』第2版、有斐閣、2020年。

第 II 部

社会と国際関係学

21 世紀の国際関係は、グローバル化が大きく進展し、グローバルな国際秩序が形成されている。21 世紀の国際秩序をめぐっては、アメリカ中心のリベラルな国際秩序が維持されるという議論から、地政学が復活し、特に米中間で「新冷戦」となり、「トゥキディデスの罠」に陥ってしまうという議論まである。ロシア・ウクライナ戦争の終わり方によっても、民主主義が復調するのか、権威主義がこのまま跋扈するのかが決まるであろう。

国際関係論とは、国際的、つまり国家間の関係を分析する学問である。しかし近年では、国家と国家の間だけではなく、国際連合など国際機関や国際制度、多国籍企業、非政府団体（NGO）、市民社会など、国家以外の行為主体（アクター）にもフォーカスしたアプローチが注目されている。

第3章　国際秩序とは何か

【この章の目的】

近代以降の国際秩序の仕組みをまず明らかにし、古代から中世へ、そして近代への国際秩序そのものの変化を理解する。また、近代以降の国際秩序の変遷を21世紀まで俯瞰する。次いで、なぜ第二次世界大戦後に大国間戦争が起こってこなかったのか、その原因を検討する。最後に、国際秩序ないし国際関係を見る理論やモデルについて体系的に考える。

第1節　国際秩序の仕組みについて

学びのポイント！

●近代以降の国際秩序の仕組み
●古代から中世へ、近代への変遷

(1) 近代以降の国際秩序の仕組みについて

近代以降の国際秩序は、**主権国家**から構成されてきた。国際秩序の原理は、主権国家よりもより上位の権威、すなわち中央政府（世界政府）が存在しない仕組みである。一言で、「**無政府状態（アナーキー）**」と表現される。ここで注意しなければならないのは、国際関係論で「アナーキー」と言う場合、英語や日本語の“anarchy（アナーキー）”という言葉に含まれる「カオス・混沌・ぐちゃぐちゃ」というネガティブなニュアンスが入っていないということである。あくまでも、中央政府が存在しない仕組みというニュートラルな意味で用いられるのである。

アナーキーな国際秩序は、ヒエラルキーな国内秩序と原理的に異なる。国内秩序には、中央政府が存在していて、暴力をほぼ独占しており、税を徴収し**公共財**を提供する。国際秩序では、パワー（権力）は、それぞれの主権国家に分立している。主権国家の間では、しばしば戦争が起こりうる。こうして、国際政治では、戦争は「政策の延長」である。この点については、たとえば、カール・フォン・クラウゼヴィッツの『戦争論』が有益な示唆に富む。国際レベルでは、誰が**国際公共財**を提供するのかという問題も残る。後述する覇権安定理論によれば、**覇権国（ヘゲモン）**が存在する時に、覇権国が自国の国益のためにも、国際公共財を提供するという。

また、近代以降の国際秩序は、政治的な主権国家システムと経済的な資本主義システムとの共存であった。両者の“結婚”が比較的にうまくいき、近代の国際秩序は、比較的に

関連TOPICS

▶国際システムそのものの変化

古代から中世へ、中世から近代へ、という国際システムそのものの変化（systems change）は、歴史的に滅多に起こる出来事ではない。そのため、国際関係論は、近代以降の国際秩序の多極か双極か単極かという極構造の変化に注目してきた。極構造の変化は、国際システム上の変化（systemic change）である。

▶パワー概念の多義性

英語の“power”は、第一義的には、「パワー（権力）」を意味するが、国際関係論では、「国家」を意味することがある。たとえば、ヨーロッパの伝統的な大国は、“great power”であり、超大国は、“superpower”である。中小国は、“middle power”である。

安定的に継続してきた。もちろん、国家間では歴史的に見て、戦争が繰り返し勃発してきた。特に20世紀前半には、二度の世界大戦を人類は経験している。しかし、第二次世界大戦後は、大国間戦争は起きておらず、むしろ内戦や地域紛争が多発してきた。特に冷戦後には、米ソ2つの**超大国（super power）**の間の第三次世界大戦や核戦争の勃発のような大きな脅威は低下し、より低強度な国際紛争がさらに多発してきた。

そして、近代以降の国際秩序は、地理的には、国際秩序の中心のヨーロッパ地域と周辺の非ヨーロッパ地域との二重構造であった。ヨーロッパの大国(great power)にとって、ヨーロッパの外へと拡張していく地理的な余剰が存在していたのである。ヨーロッパ以外の地域は、ヨーロッパの大国に植民地化されていく。まず大航海時代に、スペインとポルトガルが新大陸（アメリカ大陸、西半球）に到達する。ポルトガルは、アフリカの南端の喜望峰を回って、アジア地域まで勢力を広げた。これら二国の動きを追ったのが、オランダやイギリス、フランスである。

(2) 国際システムそのものの変化――古代から中世へ、中世から近代へ

ヨーロッパ中心に世界史を振り返れば、古代の時代は、ギリシャの都市国家（ポリス）の時代から、ローマ帝国の帝国秩序の時代へと移行した。

ローマ帝国は、紀元前509年から共和政、紀元前27年から帝政の時代を迎えた。紀元前2世紀には地中海世界をほぼ支配下に治め、2世紀には領土が最大となった。375年のゲルマン民族の大移動で帝国内は不安定となり、やがて東西に分裂した。476年には西ローマ帝国が崩壊する。このことは、古代の終わりを象徴した。ただし、東ローマ帝国は、15世紀まで残存した（イベリア半島は、イスラーム文明の支配下に入ってしまうが）イスラーム文明がヨーロッパ地域に勢力を伸ばすことを防ぐ防波堤の役割を担った。

中世の時代は、西ヨーロッパ地域は「キリスト教共同体」と呼ばれる、カトリックの教えに基づく中世なりの秩序であった。封建社会で、ほぼ自給自足の自己完結的な国際システムであった。第一に、ヨーロッパ全体でローマ教会のローマ教皇の宗教的権威が定着していた。しばしば皇帝や国王よりも上位とされた。第二に、神聖ローマ帝国や領邦国家など中世なりの国家、都市国家などが存在し、政治権力関係は複雑であった。第三に、ヨーロッパの中世は、「暗黒時代」ではない。キリスト教を土台に、中世なりの秩序と文明が形成され、

関連TOPICS

▶「国家」の英語？

「国家」を意味する言葉としては、“power” の他にも、“state” や “nation” がある。“nation” は、「国民」や「民族」を意味する時もある。したがって、“nation state” は、「国民国家」である。「民族」は、最近では、“ethnicity” がよく使われる。

▶古代ギリシャの都市国家（ポリス）

古代ギリシャの都市国家は、紀元前10世紀から紀元前8世紀、王政が貴族政に移ったころ、集住（シノイキスモス）によって成立した。アテネやスパルタ、テーベ、コリント、デルフィ、イオニア諸市などが代表的で、その数はギリシャ本土だけで150を数え、海外植民地を加えると1000にも及んだ。人口規模はアテネを例外として数千人ないし数万人程度であった。

▶「トゥキディデスの罠」

古代ギリシァの歴史家トゥキディデスの『戦史』は、アテネとスパルタのペロポネソス戦争を描いた古典である。アテネとスパルタは、相互の疑心暗鬼から安全保障のディレンマに陥ってしまい、戦争が不可避となってしまったと論じられた。21世紀の国際秩序では、中国の台頭とアメリカのパワーの相対的な低下により、米中間で「トゥキディデスの罠（trap）」にはまってしまうのではないか、と危惧されている。

維持されていた。第四に、外部との接触は限定的であった。

近代の主権国家システムの変遷については、以下で改めて取り上げるので、ここでは割愛する。

関心を深めよう

●近代以降の国際秩序の仕組みが変化する可能性について考えよう
●古代と中世の国際秩序について調べよう

第２節　国際秩序の変遷について

学びのポイント！

●近代はじめの国際秩序のあり方
●冷戦とその後

(1) 近代の始まりと「西欧国家体系」

近代の始まりは、17世紀半ば、30年戦争を終結させた1648年のウェストファリア講和条約に求めることができる。ヨーロッパの主要な大国が国際会議を開き、お互いに主権国家として認め合い、外交交渉をしたからである。これを機に、ローマ教会の教皇や神聖ローマ帝国の皇帝など中世からの普遍的な権威が凋落し、権力はそれぞれの主権国家に分立されていく。またこれ以降、主権国家の間で、外交や国際法が発達していくこととなる。他国の国内政治に干渉してはならないという内政不干渉の原則もでき上がっていく。

近代はじめの国際秩序は、「**西欧国家体系**」と呼ばれ、“多極”の国際システムで、20世紀はじめの第一次世界大戦まで約270年間も継続した。地政学的に最も重要なドイツがヨーロッパ大陸の真ん中で統一されておらず、いくつかの領邦国家がばらばらに存在していたため、オーストリアとフランス、イギリス、プロイセン（ドイツ）、ロシアの5大国の間で勢力がほぼ均衡していた。しかも大国同士が、**勢力均衡（BOP）**を意図的に追求し、国際秩序の安定を図った。特に島国のイギリスがヨーロッパ大陸に領土的な野心を持たず、「バランサー」としての役割を担った。

30年戦争は、最後の宗教戦争となった。これ以降、大国は、戦争を徹底的に戦うこと

関連TOPICS

▶21世紀の国際秩序の行方？

21世紀の国際秩序の問題は、単極から双極へ、あるいは多極へと、極構造の変化にとどまるのか。それとも、近代の時代が終わり、「ポスト・モダン」の世界に突入するのか、ということである。

▶古典的リアリズム

古典的リアリズムは、多極の国際システムの方が双極の国際システムよりも相対的により安定的である、という議論を展開する。柔軟な同盟の組み換えが可能だからである。「西欧国家体系」、特に19世紀の「ヨーロッパ協調」の時代となった「ウィーン体制」が念頭に置かれている。古典的なリアリストとしては、たとえば、ハンス・モーゲンソーやヘンリー・キッシンジャーがいる。

▶ネオリアリズム

これに対して、ケネス・ウォルツ流のネオリアリズムは、双極安定論の立場をとる。誤解・誤認が生じる可能性がより低いためである。ロバート・ギルピン流の覇権安定理論は、単極安定論ということになる。背景には、ウォルツらは安全保障問題を比較的により重視し、ギルピンらは経済問題を比較的により重視したということがある。こうして、同じリアリズムでも、意見が異なる点が存在するのである。

を避けるようになっていく。戦争目的が限定的であったのである。さらに、ヨーロッパの大国は、キリスト教を土台とした文明・文化を共有し、王や貴族は国境を越えて婚姻などを通じて結びついていた。コミュニケーションがとりやすかったのである。しかも、ヨーロッパ以外の地域にヨーロッパの大国が拡大していく地理的な余剰があった。このことは、ヨーロッパ大陸で大国間戦争が起こる蓋然性を著しく低下させたのであった。

(2) 冷戦とその後

二度の世界大戦の後には、**冷戦（Cold War）**の時代となり、“双極”の国際システムであった。アメリカとソ連を中心として東西の陣営に分かれ、対立し続けた。冷戦の定義は、2枚で定義する必要がある。すなわち、冷戦とは、力の対立であると同時に、資本主義と共産主義をめぐるイデオロギーの対立である。冷戦は、1990年10月3日のドイツ統一による冷戦の終結まで、43年間も続いた。第三次世界大戦は勃発せず、「長い平和（long peace)」の時代であった。核兵器の存在は、米ソ2つの超大国の野心的な行動を抑止した。

振り返ってみれば、冷戦には、米ソ2つの超大国は直接に戦わないとか、お互いの勢力圏に干渉しないなど、ゲームのルールが存在していた。特に1962年10月の「13日間」のキューバ・ミサイル危機で核戦争の瀬戸際まで危機を高めた後は、米ソ間で核不戦が“暗黙の了解”となった。さらに、1972年5月の戦略兵器制限に関する米ソ間の暫定協定（SALT I）と弾道弾迎撃ミサイル（ABM）制限条約は、こうした核不戦の暗黙の了解を軍備管理の条約で“制度化”し、米ソ間で「戦略的安定」を実現した。この時には、米ソ両国は「関係の基本原則に関する米ソ宣言（基本原則)」も調印している。しかし、こうした米ソ間の**緊張緩和（détente）**によって、冷戦が終結したわけではなかった。むしろ、第三世界でのイデオロギー対立は激化した。

1979年12月のソ連軍のアフガニスタン侵攻で、米ソ間のデタントは終結した。これ以降、1980年代にかけて、「新冷戦」の時代となる。しかし、1985年3月にソ連の書記長にミハエル・ゴルバチョフが就任し、11月からペレストロイカとグラスノスチを断行し、対外的にも新思考外交を展開し、米ソ間で関係改善を図った。1987年12月には、中距離核戦力（INF）全廃条約が締結された。1989年夏以降の東欧革命や11月9日のベルリンの壁崩壊、1990年10月のドイツ統一で冷戦は終結した。1991年12月26日には、ソ連が崩壊している。

冷戦の終結後は、長らく「冷戦後」と呼ばれてきた。アメリカ中心の“単極”の構造となった。西側に限定されていたアメリカ中心のリベラルな国際秩序が、グローバルに拡大したのである。しかし、2006年頃から**リベラルな国際秩序（LIO）**は、崩壊し始めた。アフガ

関連
TOPICS

▶ゴルバチョフ・ファクター

1989年の東欧革命から1990年10月のドイツ統一にかけて、冷戦の終結のプロセスに突入した最も大きな原因としては、まずゴルバチョフ・ファクターが指摘される。「歴史の if」となるが、もし彼がソ連の書記長になっていなければ、こうしたタイミングで冷戦は終結していなかった。21世紀まで、ソ連が崩壊せずに、存在し続けていた可能性が高い。

▶レーガン・ファクター

レーガン・ファクターも無視できない。新冷戦の時代には、「強いアメリカ」を目指して、「悪の帝国」ソ連に対して、「力による平和（peace through strength)」のアプローチをとったロナルド・レーガン大統領であったが、この「冷戦の闘士」は、ゴルバチョフ政権の新思考外交に交渉路線で応じ、米ソ首脳会談が繰り返されることなった。

ニスタン戦争(2001年10月7日から)やイラク戦争(2003年3月20日から)でのつまづき、2008年9月15日のリーマン・ショックなどがあり、国際秩序は不安定となり、中国など新興国の台頭も国際秩序を揺さぶった。

関心を深めよう
●近代以降の国際秩序はいかに形成されたのかを考えよう
●なぜ冷戦は終結したのかを考えよう

第3節　なぜ第二次世界大戦後、大国間戦争は起こっていないのか？

学びのポイント！
●大国間戦争は時代遅れになったのか？
● 21世紀の国際秩序の行方？

(1) 大国間戦争は時代遅れになったのか？

なぜ第二次世界大戦後、大国間戦争は起こっていないのか、いくつかの要因を指摘することができる。まず軍事的に、**核兵器**の存在によって、核抑止が効いた。これに対して、核兵器が存在しなくとも、二度の世界大戦の教訓から、第三次世界大戦が抑止されたという議論もある。

また政治的に、民主主義国家が増えたことで、戦争が起こる蓋然性が低下した。「**民主主義による平和（democratic peace）**」論である。

経済的に、相互依存が深化して、戦争が起こる蓋然性が低下した。冷戦後から21世紀へかけては、**現代グローバリゼーション**の時代へ突入した。

国際連合（国連）などの国際機関や世界銀行や国際通貨基金（IMF）など国際経済制度など､国際政治経済の“制度化”が進んだことに注目する議論もある。国際会議などで会って話し合えば、戦争が起こる蓋然性は低下する。なぜなら、**信頼醸成措置（CBM）**が高まるからである。

アメリカ中心のリベラルな国際秩序のおかげで、世界平和が維持されたという議論もある。覇権安定理論である。ただし、冷戦の時代、アメリカ中心のリベラルな国際秩序は西側世界に限定されていた。アメリカ中心のリベラル・オーダーがグローバルに拡大するの

関連
TOPICS

▶双極安定論

ケネス・ウォルツなどネオリアリストたちは、どの極構造が相対的により安定的かを議論し、多極よりも双極の国際システムの方が相対的により安定的である、と結論づけた。また同時に、核兵器の存在によって抑止が効くことにも注目した。

▶「歴史の終わり？」

フランシス・フクヤマの「歴史の終わり」の議論は、ゲオルク・ヴィルヘルム・フリードリヒ・ヘーゲルの哲学・政治思想の影響を受けつつ、「近代」を複数の思想やイデオロギーの闘争として捉え、冷戦の終結によって、自由民主主義ないしリベラリズムが統治イデオロギーとして唯一残った、と論じた。

▶民主主義の促進

フクヤマの「歴史の終わり」論は、「民主主義による平和」論とともに、冷戦後のアメリカ外交にダイレクトな影響を持った。たとえば、クリントン政権の下では、民主主義の「拡大（enlargement)」戦略が構想され、推進されていった。こうして、冷戦後のアメリカ外交は、「民主主義の促進」を推進していくこととなる。

は、冷戦後の出来事である。

これらの要因は、相互に排他的ではない。相互に作用して、第三次世界大戦の勃発を抑止してきたと想定できるのである。

たとえば、ブルース・ラセットら一部のネオリベラリストたちは、政治的な民主化と経済的な相互依存の深化、国際政治経済の“制度化”という三つのレベルの変化が相互作用して、戦争が起こる蓋然性を著しく低下させてきた（いる）、と議論する。「平和を創る三角形」という議論である。

(2) 21世紀の「新しい戦争」と「古い戦争」

21世紀はじめには、2001年に「9.11」同時多発テロ攻撃が起こり、アメリカのW. ブッシュ政権は、「テロとの戦い」を掲げた。「国家対非国家」の非対称的な「新しい戦争」である。アメリカは、アフガニスタン戦争とイラク戦争に突入していく。

イラク戦争でのつまづきは、アメリカ中心のリベラルな国際秩序を揺さぶり、アフガニスタン戦争は、アメリカ外交史上、最長の戦争となった。2021年8月15日にタリバン政権が戻ってきて首都カブールが陥落し、8月30日には米軍が撤退した。「何のためにアフガニスタン戦争を始めたのか」が厳しく問われている。

アフガニスタン戦争もイラク戦争も、出口戦略を明確に描かないまま、戦争に突入してしまった。「テロとの戦い」そのものも、出口戦略を描きにくい。「テロとの戦い」とは、アメリカにとって、「自由民主主義対専制主義」との対立であり、思想・イデオロギーをめぐる対立である。当初から、長期戦となることは予測されていた。しかし、オバマ政権とトランプ政権、バイデン政権の下では、アメリカ国民は、中東地域での介入疲れから、対外関与に消極的となり、世論は内向きである。

バイデン政権は、「中間層のための外交」を掲げ、中国の脅威を念頭に置いた「インド太平洋（Indo-Pacific）」戦略を積極的に推進してきた。はたして、アメリカ中心のリベラルな国際秩序への有権者の支持をとりつけることができるのか、注目された。

2022年3月24日に勃発したロシア・ウクライナ戦争、「プーチンの戦争」は、大国間戦争ではないが、比較的に大きな戦争である。隣国の主権国家への全面的な侵略であり、20世紀はじめまで、あるいは19世紀まで歴史の時計の針が戻ってしまった、と指摘される。21世紀の「古い戦争」である。第二次世界大戦後に継続してきたアメリカ中心のリベラルな国際秩序にいかなる影響を及ぼすのかが注目される。

繰り返しになるが、21世紀の国際秩序の問題は、単極から双極へ、あるいは多極へと、

関連
TOPICS

▶「マルチ・プレックスの世界」のアナロジー

「マルチ・プレックスの世界」は、マルチ・プレックスの映画館のアナロジーから着想を得ている。マルチ・プレックスの映画館には大きな劇場もあれば、小さな劇場もあり、それぞれ異なる監督と俳優による映画が同時に上映され、観客は好みの映画を選ぶことができる。小さな劇場で上映されていた映画が人気を博せば、より大きな劇場での上映へと移行する。

▶「マルチ・プレックスの世界」へようこそ！

注目すべき点は、アチャリアの「マルチ・プレックスの世界」は、不安定で混乱した未来像を提示しているわけではないということである。主権国家だけではなく、国連などの国際機関、国際経済制度、多国籍企業、市民社会など行為主体（アクター）の重要性が相対的により高まり、それぞれの地域世界の重要性も相対的により高まった世界がイメージされているのである。

極構造の変化にとどまるのか。それとも、近代の時代が終わり、「ポスト・モダン」の世界に突入するのか、である。近代の国際秩序が大きく変容することを想定する議論として、たとえば、田中明彦の「新しい中世」をはじめとして、リチャード・ハースの「無極」の世界やイアン・ブレマーの「G ゼロ」の世界、アミタフ・アチャリアの「マルチ・プレックスの（複合的な）世界」などの議論がある。

関心を深めよう
●なぜ大国間戦争が時代遅れになったのかを考えよう
● 21 世紀の国際秩序についてイメージを膨らまそう

第 4 節　国際関係論の理論的アプローチについて

学びのポイント！
●国際関係論のマクロな理論
●国際関係論のミクロな理論

(1) マクロな理論的アプローチ

国際関係論の第一義的な理論・モデルは、**リアリズム（現実主義）**であり、国家中心のアプローチで、軍事•安全保障問題や「安全保障のディレンマ」を相対的により重視する。国家間の協力は不可能である、と結論づける。国際関係の変化しない側面を切りとって、説明しようとする。思想的なルーツは、トゥーキュディデースやニッコロ・マキャベリ、トマス・ホッブス、クラウゼヴィッツである。

これに対して、**リベラリズム**は、国家以外の行為主体にも注目し、経済や環境、民主化などの問題領域（issue areas）も重視する。国家間の協力は、特に国際制度が存在すれば、可能であると結論づける。国際関係の変化する側面を切りとって、説明しようとする。思想的なルーツは、イマニュエル・カントである。

国際関係論は、主にリアリズムとリベラリズムの論争によって、発展してきた。

リアリズムとリベラリズムの論争から距離を置いた**グローバリズム**の理論もある。従属論や世界システム論である。特に世界システム論は、近代以降の資本主義システムの成立と発展を説明しようとする。いずれもの理論も、カール・マルクスの思想を国際関係に適応したものである。

冷戦の終結後は、アイディアや規範、アイデンティティなど、目に見えない側面に注目

関連
TOPICS

▶「英国学派」
英国学派の理論は、アメリカの理論と比べて、歴史や思想を重視するアプローチである。代表的な研究者であるヘッドレー・ブルーは、『無秩序な社会（*Anarchical Society*）』で国際レベルでも〈社会性〉が存在することを議論した。思想的なルーツは、フーゴー・グロティウスである。

した**コンストラクティヴィズム（構成主義）**のアプローチが台頭した。コンストラクティヴィズムは、リアリズムとリベラリズムの合理的なアプローチを批判した。国際システムの構造とユニット、“全体”と“個”との間の相互作用に注目し、国際システムの変化を説明しようとした。

(2) ミクロな理論的アプローチ

ミクロな理論アプローチとしては、**政策決定理論**がある。グリアム・アリソンの三つのモデルとロバート・パットナムの「2レベル・ゲームズ」が有名である。

アリソンは、まず「合理的選択モデル」を想定した。国家中心のアプローチで、リアリズムの世界観とほぼ同じである。主権国家は統一的で合理的なアクターであると仮定される。政策決定者は、合理的に政策目標を設定し、複数の選択肢のなかから費用便益の計算に基づき、最善の道を選びとると仮定される。アリソンは、二つ目に「組織過程モデル」を想定した。組織が本来持つ行動準則、標準作業手続き（SOP）に基づく政策過程が仮定される。ここでは、国益ではなく、組織益が優先される。アリソンは、三つ目に「官僚政治モデル」を想定した。政権内部で政策決定に直接関与するプレイヤーとしての政治家や外交官、官僚に注目し、彼らのせめぎ合いや駆け引き、妥協による政策決定を仮定した。

こうしてアリソンの三つのモデルは、視点がマクロからミクロへと移行するが、それぞれのアプローチは、相互に排他的ではなく、相互に作用し合うものである、と指摘された。

アリソンは、1962年10月のキューバ・ミサイル危機を事例研究した。合理的選択モデルによれば、海上封鎖は軍事的手段だが、空爆よりは危険が少なく、相手の出方を見るのに好都合だと判断されたため、と説明できる。組織過程モデルによれば、空爆を実行する空軍がSOPに基づき、空爆の成功率は90%としか保証できないと答えたため、と説明できる。官僚政治モデルによれば、ロバート・ケネディ司法長官やセオドア・ソレンセン大統領補佐官、ロバート・マクナマラ国防長官らが海上封鎖を支持し、空爆派を抑え込んだため、と説明できるのである。

パットナムの「2レベル・ゲームズ」は、A国とB国の間での国際交渉とそれぞれの国内交渉を同時に想定する。いかなる条約も国内で議会によって批准されなければならない。そのため、国内の合意の範囲で、国際交渉が展開されることになる。パットナムは、国内の合意の範囲を「勝利連合（win-set)」と読んだ。勝利連合は、政府の働きかけによって、大きくもなれば小さくもなる。しかも、A国の政府やマスメディアがB国の勝利連合に働きかけることが可能であるとされる。こうした比較的に変数の少ない（パーシモニアス）

関連
TOPICS

▶政策決定と認知モデル

最もミクロな政策決定理論として、人間の認知や心理、イメージ、信念、イデオロギー、「認知地図」、個人的経験、パーソナリティーなどから政策決定を分析するアプローチも存在する。主要な政策決定者の頭のなかのフィルター機能に焦点を絞るのである。アリソンの三つのモデルに加えて、第四のモデルとして位置づけることもある。

モデルは、たとえば、日米貿易摩擦など、特に二国間の経済交渉を分析する上で示唆に富むものであった。他方で、国際政治と国内政治との相関関係や因果関係を明らかにしにくい安全保障問題では限界を見せた。また、アメリカや日本、ヨーロッパの民主主義国家にはよくあてはまるが、国内政治の“抑制”がほとんど効かない権威主義体制の国家には適用できないという問題点もあった。

最後に、ミクロな政策決定理論や「対外政策の理論」の研究をいくら積み重ねても、マクロなレベルの「国際政治の理論」とはならない点は注意が必要である。

(3) ネオクラシカル・リアリズムとは何か

1979年のケネス・ウォルツの『国際政治の理論（*Theory of International Politics*）』後、ネオリアリズムは、攻撃的リアリズムと防御的リアリズムに分化した。これら二つのリアリズムのアプローチの違いは、攻撃的リアリズムのジョン・ミアシャイマーによれば、国家がどこまでパワーを欲しがるのかをめぐる見解にある。攻撃的リアリズムは、国家は相対的なパワーを最大化し、最終的には地域 覇権ないしグローバルな覇権を求める、と想定する。これに対して、防御的リアリズムは、国際秩序の原理である無政府状態を比較的に緩く想定し、国家は「安全保障のディレンマ」が過度に高まる時に限って、攻撃的リアリズムのような行動をとるのであって、通常はバランスを保とうとする、と議論する。

こうした攻撃的リアリズムと防御的リアリズムに批判的なリアリストたちがとった新しいアプローチがネオクラシカル・リアリズムである。

ネオクラシカル・リアリズムを〈発見〉したギデオン・ローズによれば、「ネオクラシカル・リアリズムは、国家の対外政策の範囲と野心は第一義的に国家の相対的な物理的パワーによって規定される、と主張する。しかし同時に、対外政策に対するパワーや能力のインパクトは、間接的で複雑である、と主張する。なぜならば、システム上の制約は、政策決定者の認識や国家構造といったユニット・レベルの媒介変数を通じて“翻訳”されるからである」。

ネオクラシカル・リアリズムと防御的リアリズムの相違としては、何を独立変数として設定するのかであり、因果関係の論理構造が異なる。前者のアプローチは、国家の対外政策やグランド・ストラテジーを説明する上で、システム・レベルの構造を独立変数としつつ、媒介変数として国内政治要因・個人要因を想定するのである。ローズによれば、ウォルツ流のネオリアリズムとコンストラクティヴィズムの中間的なアプローチであるという。

注意すべきは、ネオクラシカル・リアリズムは、ウォルツのような「国際政治の理論」ではなく、「対外政策の理論」であるということである。すなわち、ネオクラシカル・リアリズムは、アリソンの三つのモデルとパットナムの「2レベル・ゲームズ」の政策決定理論に連なるアプローチなのである。

関心を深めよう

- どの理論が最も説得力があるかを考えよう
- マクロな理論とミクロな理論の関係について考えよう

第4章　中国を決定した50年

【この章の目的】

1912年に中華民国政府が南京で成立し、これをもって中国は2000年続いた帝政時代の幕を閉じ、近代国家時代が始まった。その後、軍閥割拠、日中戦争、国共内戦等を経て、1949年に中華人民共和国政府が北京で成立した。その後、朝鮮戦争、「大躍進」、中ソ対立及び文化大革命を経て、1978年に**改革開放**が始まった。この章の目的は、1970年代以降、特に改革開放後の中国の社会経済と対外政策の変容を学び、その背後の原動力が何であったかを究明し、現代中国変革のメカニズムを理解することである。

【課　題】

□ 1970年代から今日までの中国経済成長の要因は何かを考える。
□ 1980年代以降の中国外交政策調整の目的は何だったかを考える。
□経済成長にとっての制度改革の意味を考える。

第1節　改革開放とは何か

学びのポイント！

● 1978年以降の中国経済成長の要因は何かを理解する
●コロナ後の中国政府の取り組みを理解する

1978年の中国のGDPは世界の1.8%しか占めていなかったが、2022年の中国のGDPは世界の18.8%に達した。中国一人当たりのGDPは1978年には383米ドルであったが、2022年には1.27万米ドルに達し、高所得国の水準に迫った。この節では、この40年余りの中国の高度経済成長を回顧し、その背後にある要因を明らかにする。

(1) 市場経済の導入と中国共産党の変身

1978年に始まった中国の「改革開放」は経済制度の改革であると同時に、政治制度の改革でもある。

1980年代の改革の成果は、主に「農村生産請負制」と「沿海地域開放戦略」の2つが挙げられる。しかし、1989年の「天安門事件」は、中国社会に大きな打撃を与え、その後の中国経済は一時停滞に陥った。1992年に鄧小平（1904-1997）は中国南部を視察し、メディアに「改革開放へ加速せよ」と訴えた。後に鄧小平の改革加速を呼びかけるこのスピーチは「**南巡講話**」と呼ばれた。鄧小平の呼びかけを受けて中国共産党が「**社会主義市場経済**」の導入を決めたが、これは中国共産党の一党支配を温存する前提での市場経済の制度である。

▼ Note

江沢民（1926-2022）はもともと中国共産党上海市書記であった。天安門事件後の 1989 年に急遽中国共産党の総書記に抜擢された。着任後、江沢民は中国を導き、更なる経済成長を実現させた。彼は「**3 つの代表理論**」を提起し、中国共産党規約に記入させた。これは中国共産党趣旨にとって大きな制度革命である。なぜなら、この改正で今まで党の革命対象である資本家階級が党内に迎えられ、党の構成員になったからである。

2002 年、胡錦涛（1942-）は中国共産党総書記に就任した後、「**和諧社会**」概念を提起し、沿海地域と内陸部の地域格差の是正に取り組んだ。

(2) 経済の高度成長と制度改革

中国経済躍進の背景にある要因は 1990 年代以降のグローバル化によるものが大きかったが、中国政府の制度改革によるものも軽視すべきではない。

1978 年以来、中国政府は大規模な制度改革を 3 度にわたって断行した。1 回目は 1978 年の中国共産党第 11 期 3 中全会である。この会議では、中国政府は「階級闘争を要とする」方針を廃止し、経済を発展させることを国家の活動の中心の戦略と位置づけた。1980 年代には中国は沿海地域に深セン、珠海、汕頭、アモイをはじめ続々と経済特区を設け、数多くの外資系企業を受け入れた。

2 回目の大規模な制度改革は市場経済の導入である。天安門事件の後、中国経済は暫く停滞した。このとき中国は、改革開放が失敗だったとするか、それともさらに改革開放を進めるか、という選択局面に迫られた。しかし鄧小平は「発展こそが絶対的道理だ」と一喝し、中国は「市場経済」制度を導入した。

3 回目の大規模な制度改革は **WTO（世界貿易機関）の加盟**である。1990 年代の後半、中国経済は再度減速局面に陥ったが、2001 年の WTO 加盟がその後の中国経済の躍進の起爆剤となった。WTO 加盟によって中国経済は世界経済と一体化し、21 世紀の今日の中国経済大国の基盤を作った。

(3)「共同富裕社会」

改革開放以前の中国では 2 つの格差が存在していた。一つは都市と農村の格差であり、もう一つは沿海地域と内陸部の格差である。それに加えて改革開放後は、国民の中に豊かになったグループとそうではないグループの格差が新たに生まれた。

▼ **Note**

鄧小平時代の中国は、国を挙げて経済成長という目標の実現に取り組んできた。鄧小平は、「先に豊かになれる人は先に富め」と述べたことがある。これは「**先富論**」と呼ばれる。この政策の理由は先に豊かになった人がそれ以外の人々に模範を見せ、その他の人々が豊かになるのを促すためであった。しかし、鄧小平の「先富論」の狙いは外れた。21世紀に入ってから中国では、貧富格差の拡大が継続しており、さらに固定化の傾向さえみられる。

江沢民時代及び胡錦濤時代は、農村の都市部への自由移動を通じて農村地域の貧困を解消させ、さらに東南沿海地域の産業の内陸部への移転、政府の内陸部への支援政策及び大型投資を通じて格差を解消しようとしていた。

2012年、中国政府は「**共同富裕社会**」を提起し、貧富格差の是正に取り組んでいる。2020年12月、中国の指導者は農村部の貧困撲滅の目標を達成したと宣言した。1億人近くが貧困状態を脱したといわれる。

(4)「新時代」の中国経済

コロナ後の中国は様々な意味で「新時代」を迎えた。中国政府は内需拡大やイノベーションを通じて、さらなる発展を図ろうとしている。

いかに中間層の拡大を実現するかは中国にとって重要な課題である。中国政府は都市化の発展を通じて、より分厚い中間層を作り中国経済の成長を推し進めると共に、社会の安定にも寄与できるとしている。ここ40余年において、中国では十数の人口1000万以上の巨大都市が生まれた。そして中国の都市化率はすでに60%を超えた。その一方で、現在中国では都市戸籍と農村戸籍という**戸籍制度**が依然として残っているが、2020年1月、中国国務院は常住する人口300万人以下の都市への戸籍取得制限を撤廃すると公表した。

このほか、工業化及び急速な都市化は深刻な環境問題を引き起こし、大きな社会問題になった。その解決策として中国では「新型都市化」政策が提唱され、省エネ、低汚染の都市化に取り組んでいる。大規模なライトレールや地下鉄の建設、電気自動車使用の奨励、スマートシティ等の都市インフラ整備が急速に進められ、主要都市がほとんど近代的景観を呈している。

関心を深めよう

- この40余年の中国の制度改革は経済成長にどのような影響を及ぼしたのかを考えよう
- 人類は「共同富裕社会」を実現できるのかを考えよう

関連 TOPICS

▶中国貧富格差の拡大

2020年、中国の上位1%の富裕層が持つ富は全体の30.6%で、2000年より10ポイント上昇した。[*1] 一方、中国の人口14億人のうち6億人の平均月収は1000人民元(約1万5000円)前後またはそれ以下である。[*2]

▶農村部の貧困撲滅の目標の達成

中国農村部の極度貧困の定義は一人あたりの年収4000人民元(約580米ドル)未満である。これは現在の為替レート(2023年2月4日)で1日当たり約1.61米ドルに相当する。しかし、世界銀行の国際貧困ラインは1日当たり1.90米ドルである。

*1 東洋経済ONLINE https://toyokeizai.net/articles/-/510642(2022年2月2日閲覧)。
*2 東京新聞web版 2020年6月2日 https://www.tokyo-np.co.jp/article/32675(2023年2月2日閲覧)。

▲「798 芸術区」（北京）にある壁画
「1950 年代に東ドイツの援助によって作られた工場は、開放後、閉鎖された。その跡地に日本人を含む多くの芸術家が入居し、創作活動を行っている。今は観光地として人気が集まっている。壁画は工場の壁に描かれたものである。

◀
天津市平和区にある西開教堂（天主教西開総堂）の内部の風景。

▶
北京にある国子監（近代以前の中国における最高学府）に続く路地。

第2節　中国の対外関係の変化

学びのポイント！
- 1978年以降の中国外交政策と中国経済成長の関係
- 日中関係の現状

1976年の中国経済は崩壊の寸前であった。しかし今日の中国は世界第二の経済大国となり、世界最大の貿易国である。その過程においてグローバリゼーションは中国に計り知れない影響を与えた。

このような変化の原因はどこにあるのか、前節は中国の制度改革の視点から考察したが、この節は中国を取り巻く国際環境の変化という視点から考察し、その変化の意味を明らかにする。

(1) 主要国との関係改善及びその発展

1978年以来の中国経済の成長は、中国政府が常に経済成長のためにより良い外部環境を整えるために外交努力をしてきたことと密接な関係がある。1970年代の中国外交は外部の脅威を取り除くためにアメリカをはじめとする西側との関係改善に取り組んでいた。

1971年7月ニクソン大統領補佐官キッシンジャーが、秘密裏に中国を訪問して周恩来総理と会談を行い、ニクソン訪中の準備を行った。1972年2月ニクソンアメリカ大統領が中国を訪問し、米中両国は上海コミュニケを公表した。この米中関係の劇的改善は日本に大きな衝撃を与えた。1972年初め、中国政府は日本に**日中外交関係「復交3原則」**を提示した。

1972年9月田中角栄首相が中国を訪問し、日中国交正常化が実現した。同9月29日、日中双方は「**日中共同声明**」を発表した。

アメリカをはじめとする西側諸国関係の改善は西側の長年の対中封じ込め政策の解除を意味しており、1970年代末の「改革開放」のために良き国際環境を切り拓いたといえる。

1982年中国共産党総書記胡耀邦(1915-1989)は日本訪問後、3000名の日本の若者を中国に招待した。その後日本政府も中国の若者を日本に招待した。更に日中両国の指導者の個人間の関係も良好であった。

1978年8月12日に日中両国の外相が北京で「日中平和友好条約」に署名した。同年10月23日に東京で批准書の交換が行われた後に同条約が発効した。

1998年11月日中平和友好条約20周年を記念し、中国国家主席江沢民が日本を訪問し

関連TOPICS

▶上海コミュニケ

この条約では、米中双方各自の立場が記されている。台湾問題について中国側は、①「一中一台」「2つの中国」に反対すること、②アメリカの部隊及び軍事施設は台湾から必ず撤退すべきであること、③台湾は中国の1つの省であること、と指摘している。

一方アメリカ側は、①台湾は中国の一部であることを「認識」し、「この立場に異議を申し立てない」こと、②台湾からすべての武力と軍事施設を撤去する最終目標を確認すること、③中国人が自ら平和的に台湾問題を解決することに関心をもつこと、と述べている。

た際に、小渕恵三首相と「平和と発展のための友好協力パートナーシップの構築に関する日中共同宣言」を発表した。2008年5月に中国国家主席胡錦濤が日本を訪問した際には、福田康夫首相と共同で「戦略的互恵関係の包括的推進に関する日中共同声明」に署名した。

上述の日中両政府が発表した**日中関係の4つの政府文書**は両国関係にとって極めて重要なものであり、両国関係の基礎を築いたものともいわれる。

(2)「独立自主外交」路線の確立

毛沢東（1893-1976）の存命中、彼は世界戦争を回避できないと考えていた。しかし1980年代に入り、中国を取り巻く国際環境が大きく変わり、戦争の危険は少なくなった。鄧小平は平和と発展は世界の二大潮流であり、世界大戦は回避可能であると判断した。このために、中国の外交方針は「ソ連包囲網の構築」から経済成長のために良好な外部環境をつくる方向へと大きく転換した。1982年9月胡耀邦総書記は、中国共産党第12期全国代表大会で「**独立自主外交**」を提起した。1980年代以降、中国は更に「**全方位外交**」を提起し、この外交方針のもとで中国はソ連との和解及びベトナムとの関係の改善を実現し、東南アジア諸国との国交も樹立した。

1982年3月24日、ソ連のブレジネフ共産党書記長が中ソ関係に関する談話を発表し、中国を社会主義国家として認め、中国に国境交渉の開始を申し入れる。彼は無条件で中国と関係改善に取り組むと述べた。これを受けて中国は、中ソ関係改善のためにソ連に「**三大障害**」を取り除くことを求めた。

1985年、ゴルバチョフソ連共産党書記長は中国の要求に応じ、中蒙国境、中ソ国境の軍備削減を約束し、さらに中国に対してベトナム軍のカンボジアから完全に撤退する努力目標を合意した。さらに1989年5月、ゴルバチョフは中国を訪問し、中ソ関係正常化が実現した。

米中国交は1979年に樹立した。1980年代は、「米中関係の蜜月の時代」といわれる。1980年、アメリカは中国に対して最恵国待遇を開始し、両国では軍事協力、情報協力、科学技術など様々な分野での交流が幅広く展開された。

天安門事件後及びソ連東欧崩壊後、欧米諸国の中国に対する圧力が高まった。これに対応して鄧小平は、無意味な衝突を避け、「冷静観察、沈着応対、穏住陣脚、韜光養晦」という16字方針を提起した。この方針は**「韜光養晦」戦略**とも呼ばれる。この戦略に従って中国は国際社会で「低姿勢」を一貫していた。

9.11同時多発テロの後、中国国家主席江沢民はブッシュ大統領に直ちに電話し、ブッシュ

関連TOPICS

▶日中平和友好条約

この本文では①平和共存5原則の下で両国間の恒久的な平和友好関係を発展させること、日中両国は、前記の諸原則及び国際連合憲章の原則に基づき、相互の関係において、すべての紛争を平和的手段により解決し及び武力又は武力による威嚇に訴えないことを確認する、②両締約国はアジア・太平洋地域においても又は他のいずれの地域においても覇権を求めるべきではなく、また、このような覇権を確立しようとする他のいかなる国又は国の集団による試みにも反対することを表明する、③両締約国は、善隣友好の精神に基づき、かつ、平等及び互恵並びに内政に対する相互不干渉の原則に従い、両国間の経済関係及び文化関係の一層の発展並びに両国民の交流の促進のために努力する、④この条約は第三国との関係に影響を与えるものでないことと記されている。[*3]

*3　外務省 HP https://www.mofa.go.jp/mofaj/area/china/nc_heiwa.html

政権の対テロ戦争を支持し協力する意向を伝えた。その後アメリカの対中強硬論は沈静化した。2008年の世界金融危機の後、中国は緊急の経済対策を出動させ、経済を速やかに回復させた。その後、胡錦涛政権の後半、特に習近平（1953-）時代に入ってから、中国は「積極外交」を展開した。2012年以降、習近平共産党総書記は「中華民族の偉大な復興」、「一帯一路」等を提起した。これらの中国の対外政策は、アメリカの警戒心を引き起こすことになった。オバマ政権の時代、アメリカは中国を牽制するために、アジア太平洋リバランス政策を導入した。

(3) 中国と周辺諸国との関係

中国は多くの国に囲まれており、陸地だけ国境を接する国（**周辺国家**）は14カ国がある。これらの国々との関係の維持は国家の安全保障、国民生活の安定にとって極めて重要である。改革開放以降、特に21世紀に入ってから、中国は積極的に「**周辺外交**」に取り組んできた。2002年11月に開催された中国共産党16期全国代表大会は「以隣為善、以隣為伴」の周辺外交方針を提起した。翌年10月、温家宝総理はASEAN指導者と対話する際、「睦隣、安隣、富隣」の六字方針を提起した。

中国は国家間関係以外にも、**SCO（上海協力機構）**、**RCEP（地域的な包括的経済連携協定）**、**AIIB（アジアインフラ投資銀行）**など地域協力組織や金融機構を通じて、周辺地域諸国と安全保障の対話や経済貿易関係の強化を図っている。

1972年の日中国交正常化以来の50年間、両国は平和を維持してきた。中国は日本にとって最も重要な貿易パートナーになった。2021年、日本の対中輸出は日本対外輸出総額の21.6%を占めており、日本の対中輸入は日本の対外輸入総額の24.0%を占めている。良好な日中関係は日中両国の経済繁栄、両国民の生活安定だけでなく、アジア太平洋地域の国々の安定と繁栄にとっても大変重要な意味を有している。

確かに日中両国は歴史認識問題や尖閣問題など難題を抱えている。しかし、その最大の問題は、依然両国民の感情の対立である。2021年8～9月に日本の「言論NPO」[*4]が行った調査によると、日本側では、中国の印象について「良くない」「どちらかと言えばよくない」と答える割合が90.9%を占める。中国側では、日本の印象について「良くない」「どちらかといえば良くない」と答える割合が66.1%を占める。しかし、内閣府が行った2021年度の調査では、18-29歳の日本若者の4割は、中国に対して好印象をもっているという結果になっている。一方、海外旅行を希望する中国人のなかでは最も訪れたい国は日本である。[*5]

---

*4　言論NPO「日中共同世論調査結果」2021年10月。https://www.genron-npo.net/world/archives/11542.html
*5　GMO「海外旅行に関する意識調査」2022年11月。（2023年2月2日閲覧）
https://gmo-research.jp/pressroom/survey/voluntary-survey-20221125

▲「「Universal Creative Park（UCP）の夕日」
UCP は北京北東に位置するイノベーションエリアで、多くのベンチャー企業が入居している。構内には「松下記念館」が作られている。

2019 年、1.55 億以上の中国人が海外へ旅行した。コロナで日中間の人的交流等が一時中断され、相互の意思疎通も大きく阻害されたが、日中両国の入国の水際対策が次第に緩和されつつあるので、2023 年以降の日中間の人的、文化的交流は回復するであろうと期待される。

(4) 米中対立の行方

トランプ政権時代、アメリカは中国対米輸出製品への関税を引き上げ、中国もこれに応酬する形でアメリカの対中輸出品に関税を引き上げ、「米中貿易戦」が始まった。2021 年 3 月、バイデン政権ブリンケンアメリカ国務長官は、「アメリカの中国との関係は、必要なときは競争的、可能なときは協力的、必須なときは敵対的」になると述べた。2022 年 10 月にバイデン政権の国家安全保障戦略が発表され、中国を「国際秩序を変革する意図とともに、これまで以上にこの目標を達成する経済的、外交的、軍事的、技術的なパワーを有する唯一の競争相手（the only competitor）」としている。[*6] 現在は、米中経済の「デカップリング」が拡大され、米中経済、政治関係が更に悪化することが懸念されている。2022 年 11 月に、米中首脳は対面会談を行い、「競争が衝突に発展することを避ける」ためにそ

*6　森聡「バイデン政権の国家安全保障戦略」、NPI（中曽根平和研究所）。
HP https://npi.or.jp/research/2022/11/16150327.html（2023 年 2 月 2 日閲覧）

のレッドラインを模索している。一方、米政府のデータでは、2022年1月から11月の米中貿易額は過去最高の記録を更新し、両国経済の関係の緊密さを物語っている。

アメリカは台頭している中国に対してデカップリング政策をとり、先端技術の封鎖政策を講じている。しかし、デカップリング政策は中国経済の成長を脅かすだけでなく、世界経済秩序の乱れをももたらす可能性がある。この場合、中国と密接な経済貿易関係を有する日本がどのような対中政策を取るべきか、は注目すべき問題である。

今日の世界は空前の不確実性の高い時代に突入した。コロナの影響やエネルギー価格の高騰などで、世界的なインフレが多くの国の庶民の生活を直撃している。一方で、ロシアとウクライナの戦争がおわる気配を見せないばかりか、この戦争で世界的な核戦争が引き起こされる危険性さえある。このような未曾有の人類危機の時代に、中国を含む全人類はいかに団結して共通の危機に対処すべきであろうか。

関心を深めよう

●この40余年の中国外交政策の背景には何があったかを考えよう
●アメリカの対中デカップリング政策がどんなものであるのかを考えよう

▼ **Note**

第II部　まとめ課題

① 近代以降の国際秩序の変遷を踏まえつつ、国際秩序の仕組みについてまとめてみよう。

② 第二次世界大戦後の冷戦とその後、なぜ大国間戦争が起こってこなかったのかについてまとめてみよう。

③ どの理論が最も説得力があるか、その理由をまとめてみよう。

④ 改革開放以降の中国の発展を振り返りながら、経済成長のために中国政府が実行した改革措置を調べてみよう。

⑤「独立自主外交」とは何か、1970年代以来の中国外交政策の変容を調べて、その意思決定の背後にある要因を考察しよう。

⑥ 米中対立のなかで日本が取るべき外交政策について考えてみよう。また、その政策を選ぶべき理由を考えてみよう。

第II部 参考文献

第3章

高坂正堯『国際政治—恐怖と希望』中公新書、2017〔1966〕年。
石井修『国際政治史としての二〇世紀』有信堂高文社、2000年。
細谷雄一『国際秩序—18世紀ヨーロッパから21世紀アジアへ』中公新書、2012年。
君塚直隆『近代ヨーロッパ国際政治史』有斐閣、2010年。
島村直幸『〈抑制と均衡〉のアメリカ政治外交—歴史・構造・プロセス』ミネルヴァ書房、2018年。
島村直幸『国際政治の＜変化＞を見る眼—理論・歴史・現状』晃洋書房、2019年。
アンドリュー・プレストン（島村直幸訳）『アメリカの対外関係を俯瞰する』晃洋書房、2023年。
山田敦、和田洋典、倉科一希編『新版 国際関係学』有信堂高文社、2024年
島村直幸『〈逆〉から読み解く国際問題—「ポスト・バイデン」から中国問題、第四次産業革命まで』一藝社、2025年

第4章

福本智之『中国減速の深層——「共同富裕」時代のリスクとチャンス』日本経済新聞社、2022年。
小池政就『中国デジタルイノベーション』岩波新書、2022年。
毛里和子『現代中国内政と外交』名古屋大学出版会、2021年。
佐橋亮『米中対立—アメリカの戦略転換と分断される世界』中公新書、2021年。
楊鳳春著・井田綾他訳『図解　現代中国の軌跡　中国政治』科学出版社東京株式会社、2018年。
益尾知佐子他『中国外交史』東京大学出版会、2017年。
高原明生『開発主義の時代へ　1972—2014』岩波新書、2014年。
天児慧『日中対立——習近平の中国を読む』ちくま新書、2013年。

第III部

社会と政治学

アメリカの政治学者D.イーストンは、政治を「社会に対する価値の権威的配分」と定義した。彼は、社会が求めるすべての価値（金銭、名誉など）を、「社会により正当性を与えられた権威」が配分している行為を、「政治」と捉えた。

政治学は、おもに、「権威」に当たる政治家、官僚などの様々なアクターや、その決定プロセスを対象とした研究を行う。

第5章　政治とは何か　—妥協か決定か—

【この章の目的】

政治は難しそうでわかりにくいと言う声が多い。政治家と官僚のどちらが**政策**を決めているのか。政策論争よりも、政治家の汚職事件やスキャンダルなどの論戦が目立つ国会。専門的で、多岐にわたり、理解しにくい政策。何より、政治への入り口の選挙がわかりにくい。本章では、決め方のルール、選挙、政策決定過程、政治体制を「決め方」という視点から考えてみよう。

【課　題】

□政治は、多様な意思を集約し、決定をしていく必要がある。意見集約のためには妥協が必要だが、妥協は意思を変えてしまい、決めることは意思を無視してしまう。政治の役割とはなんだろう？

第1節　決めることの難しさ　～多数決と全会一致～

学びのポイント！

●私たちは集団で意思決定をする際、子どものころから多数決が当たり前だった。学級会や児童会、生徒会などでの決定、友だち同士で決める際にも、多数決を行ってきたのではないだろうか

図表1　3人の選好順

	和洋中の順位付け
新川さん	和食 > 洋食 > 中華
野崎さん	洋食 > 中華 > 和食
あなた	中華 > 和食 > 洋食

＊和食 > 洋食は、洋食より和食を好むということを意味する

集団で意思決定をする際には、多数決の他に、全員が反対しない全会一致という決定ルールもある。しかし、私たちは、日常的に多数決ルールで決め事をしていることが多い。多数決だったら、すぐ決まるし民主的じゃないか、と思った人もいるだろう。

こんな話を聞いていたら、お腹が空いてきたあなたは、仲の良い友達3人とご飯を食べに行くことになった。近くにあるレストランは、和食、洋食、中華のお店である。3人は民主的に、多数決でレストランを決めようと考えた。3人が食べたいものはバラバラで、図表1のようになっている。

3人は、それぞれ自分が食べたい優先順位に基づいて、レストランを選ぶことにした。まず和食と洋食について、考えてみよう。新川さんとあなたは、和食が良いと言っている。野崎さんだけ、洋食が良いと言っているので、多数決では和食が良いということになる。同じように、残りの中華と和食を比べてみよう。新川さんだけが和食、野崎さんとあなたは中華が良いと言っているので、中華が良いとなり、みんなで中華を食べにいった。

食事が運ばれてくるまでの間、あなたはふと考えてみた。和食と洋食、中華と和食だけを比べてみたが、試しに洋食と中華についても調べてみたらどうなるだろう？やってみよう。洋食と中華を比べると、洋食が選ばれる。中華を食べようと思っていたけれど、洋食のほうがいいのか。別のレストランに行かないと！困った！…とはならないが、このように多数決で物事を決めていくと、永遠に結論が出ないこともあり得る。

ということになると困るので、あなたは黙って自分の一番好きな中華料理を食べ続けた。

図表 2　多数決による決定

	和洋中の順位付け	和と洋	中と和	洋と中
A	和食＞洋食＞中華	和＞洋	中＜和	洋＞中
B	洋食＞中華＞和食	洋＞和	中＞和	洋＞中
C	中華＞和食＞洋食	和＞洋	中＞和	洋＜中
多数決の結果		和	中	洋

それでも頭にモヤモヤが残るので、中華が選ばれた結果について考えてみることにした。あなたがトリックを使ったり、不正をしたりしたわけではなく、中華が選択された。その結果を、表と同じように書いてみると、「中華＞和食＞洋食」となる。デザートの杏仁豆腐を口に入れた時、あなたは気がついてしまった。「中華＞和食＞洋食」という多数決の結果は、あなたの順位づけ**そのもの**だった。本当に「トリックを使ったり、不正をしたりし」ていなかったのだろうか。

実は投票を意図的に変えることで、選択されるレストランが異なってくる。はじめに中華と和食の順番を決めると中華が選ばれる。次に残りの洋食と中華の順番を決めると洋食が選ばれることになる。すなわち決める順番を変えることで、結果を操作することができてしまうのである。それ以上に重大なのは、結果を操作することで、特定の人物の順位づけと同じ結果を導き出せてしまうことだ。あなたは（意図的かどうかに関わらず）決める順番を整えたことで、結果を操作していたのだ。

図表 3 は、意思決定にかかる費用（＝手間）をグラフにしたものである。右端が全会一致、左端は独裁の状態を意味する。意思決定にかかる費用は、人数が多ければ多いほど、その説得に費用がかかる。一方で、意思決定における外部費用とは、決定にあたって多数派による少数派に対しての強制を意味する。決定費用と外部費用を足したものが、意思決定費用になるが、すべての意思決定で最適多数が同じとは限らない。過半数が常に正しいとは限らないのである。

食事に行くだけならば、「また次回」で済むだろう。しかし社会のルールを決める場合、よほどのことがない限り、一度決めた事物を「また次回」ということはない。まして、特定の人物の好き嫌い（選好）が優先されてしまうと、独裁となる。多数決は、時として誤作動をする可能性がある決定方法であり、それを踏まえて意思決定をしていくことが望ましい。 しかし、世の中のすべての人の要望を実現することは難しい。そのためには、できるだけ多くの人の声を社会的な決定に反映

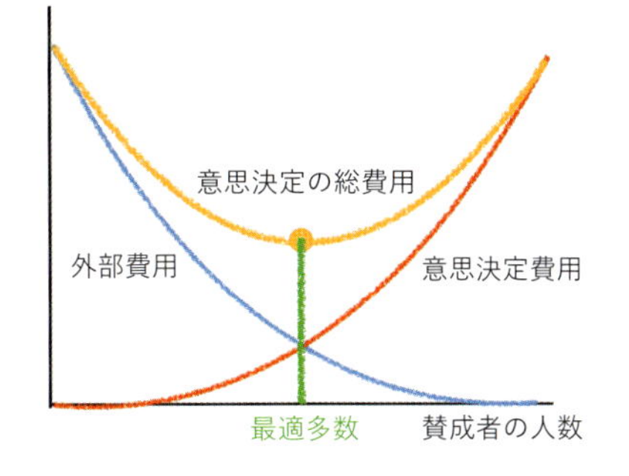

図表 3　意志決定の総費用

出典：小林良彰『公共選択』東京大学出版会 1988 年、p.63 を参照した。

させるような工夫が必要になる。決定までに時間を掛ける事ができるのであれば、丁寧な合意形成のプロセスを設定すれば良い。他方、合意形成に時間をかけることができない場合でも、事前に十分な議論をすることが大切だ。

第2節　日本の選挙制度

学びのポイント！

●わが国では、衆議院では小選挙区比例代表並立制、参議院では選挙区と**比例代表制**の組み合わせの、類似した選挙制度が採用されている。私たちの代表を選択する大切な選挙について、考えてみよう

国会は、衆参の「両議院は、全国民を代表する選挙された議員」（日本国憲法第43条）から組織されており、試験などで選ばれる公務員や裁判官とは異なり、国民が直接選挙している。わが国は議院内閣制を採り、行政を統制する権限が付与されている国会の権力は大きい。ここでは国会議員の選挙制度について考えてみたい。

現在は、衆議院と参議院の二院制である国会だが、大日本帝国憲法下の帝国議会も、衆議院と貴族院の二院制であった。貴族院は、皇族、華族（戦前の貴族階級）、勅任議員（学士院会員、高 額納税者など）等、階級を前提とした議院であった。衆議院でも、1925年に普通選挙が導入されるまで選挙権は納税要件があったほか、男性に限定された。

戦後日本国憲法でも二院制が採用され、衆議院と参議院が設置された。一般に政権選択選挙を「**総選挙**」と呼び、わが国では衆議院議員選挙を指す。総選挙は、議員任期の4年で行われたのは1976年の第34回総選挙のみで、平均して2年半ごとに行われている。

日本国憲法下での衆議院議員選挙制度は、1947年の第23回総選挙以来、中選挙区制が採用されてきた。中選挙区制は、同一選挙区から3~4名程度の当選者を出すわが国独自の選挙制度であった。**小選挙区制**では、同一政党の候補者が複数立候補した場合、同一政党の候補者は一人になる。これに対し複数の当選者を出す中選挙区制の場合、より多くの議員を当選させたい政党は、複数の候補者を立てた。必ずしも大政党に有利というわけでもなく、少数政党も議席を確保することができる制度であった。

だが、同一政党から複数候補が当選する中選挙区制は、候補者どうしが政策論争ではなくサービス合戦や金権選挙になりやすいという批判が多くあった。やがて1980年代後半に政治家への不正献金が引き金となって政治不信が強まると、政治資金規制と選挙制度改革が俎上に載せられていった。

1994年政治改革関連四法案が成立して、現行の小選挙区比例代表並立制が導入された

関連
TOPICS

▶議員の任期

議員の任期は、衆議院議員の場合、総選挙の期日が開始日とされる（任期満了による総選挙が任期満了前に行われたときは、任期満了日の翌日）。参議院議員の場合は、前の通常選挙による参議院議員の任期満了の日の翌日とされる（改選議員の任期満了後に選挙が行われる場合は、通常選挙の期日）。

▶重複立候補と惜敗率

衆議院の選挙制度では、小選挙区と比例代表選挙で重複立候補が認められている。小選挙区で落選した議員が、比例代表名簿に同一順位で掲載されている場合があるが、惜敗率の高い順に順次当選順位が決まっていく（なお法定得票数を得られなかった議員の比例区での当選は認められない）。惜敗率は、「小選挙区における当該議員の得票数÷その選挙区の最多得票数」で算出される。

第 49 回衆議院議員総選挙小選挙区　得票率と議席率

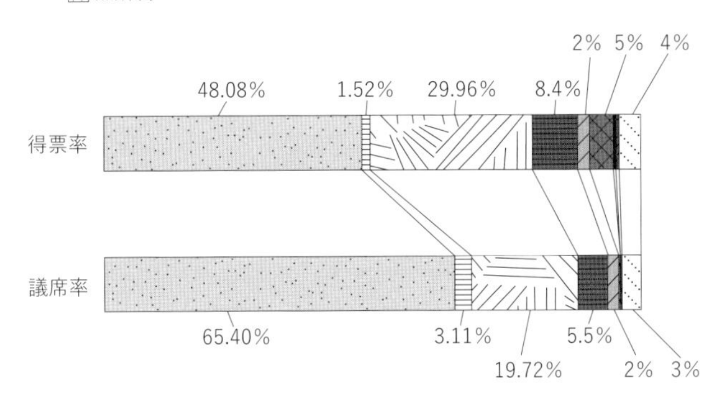

図表 4　小選挙区における得票率と議席率
出典：「令和 3 年 10 月 31 日執行　衆議院議員総選挙・最高裁判所裁 判官国民審査速報結果」のデータ[*1]に基づき、筆者が作成した。

図表 5　衆参両院の選挙制度

衆議院	衆議院	参議院
4 年 （解散により任期満了前に改選もあり）	任期	6 年（3 年毎に半数改選）
全国 11 ブロック拘束名簿式 （政党名で投票）176 名	比例代表制	全国 1 ブロック非拘束名簿式 （政党名か個人名で投票）96 名
289 選挙区 289 名	選挙区	45 選挙区 146 名（1 選挙区 1 ～ 6 名） うち、定数 2 名の改選 1 人区は 32 区
解散あり 小選挙区と比例代表の重複立候補可能	その他	鳥取県と島根県、徳島県と高知県は合区 比例代表制に「特定枠」あり （優先的に当選人となるべき候補者を上位に指定する）

出典：総務省の Website[*2]に基づき、筆者が作成した。

*1　令和 3 年 10 月 31 日執行衆議院議員総選挙・最高裁判所裁判官国民審査速報結果」https://www.soumu.go.jp/senkyo/senkyo_s/data/shugiin49/

*2　総務省 Website https://www.soumu.go.jp/senkyo/senkyo_s/naruhodo/naruhodo03.htmlhttps://gmo-research.jp/pressroom/survey/voluntary-survey-20221125

関連
TOPICS

▶「紫の袱紗」が送られると「万歳三唱」

衆議院の解散のうち、「7 条解散」は天皇の国事行為で、内閣の助言と承認により行われる。このため首相の「伝家の宝刀」と言われ、解散権が首相の専権事項と呼ばれる。閣議で解散が決まると、解散詔書に天皇が署名、首相が副署を行う。原本は内閣官房に保管、詔書の写しが「紫の袱紗」に包まれて国会に送られる。詔書が議長によって読み上げられると、衆議院議員全員が失職するとともに「万歳三唱」がはじまる。

(1996年の総選挙から)。小選挙区と、比例代表は重複立候補が認められているが、選挙に際し有権者は小選挙区1票と比例代表1票の2票を投じる。政策論争による選挙運動や、小選挙区制による緊張感のある制度が期待された。

制度導入前後は、フランスの政治学者の名にちなんだ**デュベルジェの法則**で説明されるように、小選挙区制は二大政党制をもたらし、政権交代可能な選挙制度であるとされてきた。有権者は、自らの票が死票にならないように第三党以下に投票しなくなり、結果として二大政党制に収束するという。

政治改革の結果、小選挙区比例代表並立制が導入されたのだが、政党制は多党化している。また二大政党制は、政策本位の選挙をもたらすと期待されたが、選挙期間中はもとより、国会の論戦もみられない。スキャンダルや政治腐敗などの政局が中心だ。図表4に見られるように、小選挙区の得票率と議席率が乖離していることも問題視されることが多い。

参議院の選挙制度も、比例代表制と選挙区制の組み合わせである点で衆議院の制度と似通っている。「参議院は衆議院のカーボンコピー」と言われ、選挙制度を含めた参議院改革がしばしば議論される。参議院選挙の比例区選挙は全国1区となっており、衆議院のものとは異なっている(衆院は全国11ブロック)が、選挙区選挙は45選挙区のうち32選挙区が1人区で、7割近くが小選挙制となっている(定数ベースだと4割)。実は、二大政党制 が実現しない背景は、参議院の選挙制度にあると考えられている。

両院の選挙に比例区があることで、少数政党の議席が確保される可能性は高い。また、参院選で小選挙区制と2〜6人の選挙区の組み合わせからなっているので、衆議院で小選挙区制が導入されても二大政党制に収斂しない。両院の存在意義と、それに即した選挙制度について、今一度検証を行うべきなのだろう。

関心を深めよう

二院制を採る国では、両院に別々の性格をもたせていることが多い。アメリカの場合上院は各州2議席ずつ、下院は人口により議席配分される。わが国の衆参両院は、どうなっているだろうか。

第3節　日本の政策決定

学びのポイント!

●「政府と与党が合意」といった報道を目にすると、違和感を覚える人も多いだろう。わが国では、内閣総理大臣は国会における与党から選出されているのであり、「合意」していて当然ではないのか?

関連 TOPICS

▶内閣総理大臣と議院

日本国憲法第67条は「内閣総理大臣は、国会議員の中から国会の議決で、これを指名する」とだけ謳い、衆参両院いずれから選ばれるのか、という規定はない。ところが、日本国憲法下で、参議院から首相が選出されたことは一度もない。背景には、憲法第7条に基 づく解散権を首相が有しており、参議院議員の解散権行使では自らが失職しないので公正さを欠くという永田町の論理、があると言われている。

▶自民党三役

自民党の党三役とは、自民党幹事長、政務調査会長、総務会長を指す。幹事長は、党総裁=内閣総理大臣に代わり党の責任者として党運営に当たり、国会開会中は野党に対応するなど大きな役割を果たす。政務調査会長は、党の政務調査会部会の取りまとめを行う役職であり、政策責任者である。総務会長は、党の最高決定機関総務会を統べる。選挙対策本部長か参議院議員会長を入れて「党四役」と呼ぶこともある。

図表6 令和の通常国会における**閣法と議員立法**

区分／国会会期	内閣提出法律案		議員立法		計	
	提出件数	成立件数	提出件数	成立件数	提出件数	成立件数
第208回（常会） 令和4年1月17日〜6月15日	61件	61件	96件	17件	157件	78件
第204回（常会） 令和3年1月18日〜6月16日	63件	61件	82件	21件	145件	82件
第201回（常会） 令和2年1月20日〜6月17日	59件	55件	57件	8件	116件	63件
第198回（常会） 平成31年1月28日〜令和元年6月26日	57件	54件	70件	14件	127件	68件

出典：内閣法制局「過去の法律案の提出・成立件数一覧」のデータ[*3]に基づき、筆者が作成した。

私たちは、小学生の頃から「三権分立」という言葉を見聞きしている。このうち司法については、憲法や法律というルールにより、私たちの権利を守ったり、違反した人や組織を裁いたりする国家の作用で、立法や行政との違いは分かりやすい。立法と行政は、法律や予算を作成する立法と、憲法や法律、予算に従ってサービスを提供し権力を行使するのが行政、とされ、立法は国会で、行政は内閣と省庁によって担われる。

国会と内閣は別の組織だが、わが国では議院内閣制が採られ、内閣は議院（＝国会）を基盤として成立している。内閣の最高責任者である内閣総理大臣は、「国会議員の中から国会の議決で」指名（日本国憲法〔以下憲法〕第67条）されている。また、内閣を構成する閣僚（＝各省大臣）は、過半数以上が国会議員である。

「国会は国権の最高機関にして、唯一の立法機関」（憲法第41条）とあり、国会は内閣よりも上位に位置づけられている。

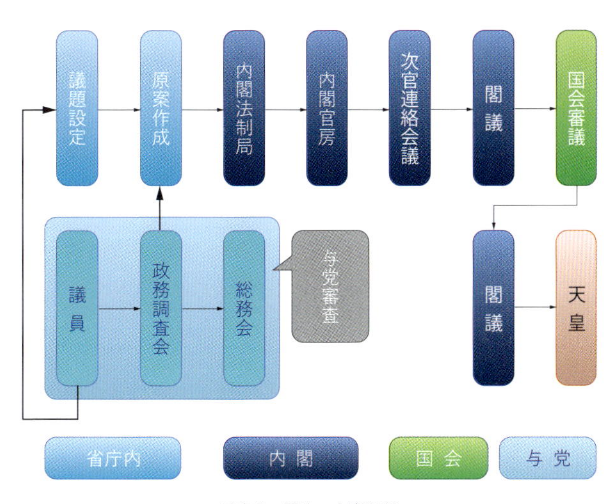

図表7 閣法の立案過程

大日本帝国憲法下の内閣は、天皇の行政大権を輔弼（ほひつ）する国務大臣（大日本帝国憲法第55条）によって構成され、国務大臣は個別に天皇に対して責任を負っていた（単独輔弼責任制）。内閣は議院に基盤を置かず、むしろ議院や政党に左右されない超然内閣が目指された。議院に基盤がなく、天皇に対して個別に責任を負う戦前の内閣制度は不安定であった。このため、日本国

*3 内閣法制局「過去の法律案の提出・成立件数一覧」https://www.clb.go.jp/ recent-laws/number/

憲法下の内閣制度は、連帯して国会（＝国民）に対して責任を負うこととし、内閣の一体性を確保しようとする。議院内閣制を採る現行憲法下の内閣は、大日本帝国憲法下の行政主導を廃し、政治主導の政策決定を目指す制度設計がなされたと言えよう。

日本国憲法下では、政治主導の政策決定へと変化したのだろうか。1955年自由民主党が誕生したが、自民党による事前審査とか与党審査と呼ばれる過程は、1962年頃に制度化された。わが国の政策立案は内閣提出法案（閣法）が多く、図表6を見ると、閣法の成立率は90%以上であるのに対し、議員立法は20%前後である。閣法は各省庁内で立案が始まり、内閣を経て、国会に上程される。国会審議を経て可決されると、閣議決定後に天皇の裁可を得て交付される。各省庁内での立案過程では、自民党各機関である自民党内の組織である政務調査会（政調会）や総務会での承認が前提となる。

閣法の立案過程で、行政主導の象徴とされたのが、2009年に廃止された事務次官等会議である。現在は次官等連絡会議と呼ばれ機能は異なるが（後述）、閣法が国会提出前にかけられる閣議の直前で開かれる。各府省の事務次官が出席し、事務方の官房副長官が会議をまわしていた。事務次官等会議が反対した案件は、閣議に上程されない慣例となっており、政策決定への行政介入と批判された。廃止の後、2011年の東日本大震災の発災により、各府省連絡会議として復活し、2012年には次官連絡会議として設置されたが、「事務次官等会議とは性格が異なる」[*4]とされた。

近年では、内閣と政党の関係は官邸主導と言われるように、内閣の力が相対的に強まっている。1994年の政治改革以降、候補者選定と政治資金管理が党本部に集中し、総理総裁の権力が強まり、官邸主導の政策決定が行われるようになった。行政との関係でも、2014年に内閣人事局が置かれたことで幹部公務員に対する官邸の関与が位置づけられた。その結果として、官僚が官邸に忖度した行動をとる様になったとの指摘もある。

関心を深めよう

「政治主導の政策決定が望ましい」のはなぜだろう？また、政治主導の政策決定を阻むものはなんだろうか？
なぜ官僚は、行政主導（官僚主導）が望ましいと考えるのだろう？

*4 参議院における安倍首相の答弁、平成25年1月11日。https://www.sangiin. go.jp/japanese/joho1/kousei/syuisyo/182/touh/t182005.htm

関連
TOPICS

▶政高党低

冬の気圧配置を示す気象用語「西高東低」をもじり、政府（首相官邸）の力が、政党よりも強い状況を表した言葉。1955年体制で、族議員が活躍した時代には、政府よりも政党の影響力が強いとされ、「党高政低」と言われていた。

▶族議員

特定の政策に通じ、各省の政策決 定過程に影響力を持つ議員のことを族議員という。政策に関連 する業界の利益を代弁し、党の政調会部会や国会の委員会を中心に活動する。省庁名を冠した族の名前が多いが、文教族（文部科学省）、国防族（防衛省）など省庁名と異なる族の名称も少なくない。

▶国会対策委員会

わが国の政党に置かれる組織で、法案内容や審議時間等の審議を行う組織だが、国会の公式組織ではなく、各党の組織のことを指す。1955年体制下、国会で対立する与野党が、国会対策委員会で合意を図っていたため、「国対政治」として批判されていたほか、国会内でなく近隣の赤坂の料亭などで実質的な政治的決定を行っていたため「料亭政治」と批判された。現在でも国会対策委員会は設けられているが、与野党の対立の場となり議論が平行線をたどることが多い。

第4節　合意形成と多数決

学びのポイント！
●わが国の公共的意思決定は、どのようなルールが望ましいだろうか。第1節で見た多数決なのか、全会一致なのか。また私たち有権者はどのように振る舞えばいいんだろう。決定ルールから考え直してみよう

わが国の意思決定について、決定が遅く、無責任体質であると指摘されることが多い。丁寧に意見調整を図り、全会一致に近い形で決定を行う、ボトムアップ型の意思決定だと言われる。欧米の意思決定では、リーダーが迅速に意思決定を行い、失敗すれば責任を負う。トップダウン型の意思決定と言われる。第2節に見た1990年代の政治改革では、**派閥**の合議による選出より、強い「リーダー」の出現を期待した改革が志向された。小選挙区制を軸とした選挙制度が導入された背景には、このようなリーダー論の隆盛もあった。

行政の意思決定の象徴と言われる稟議(りんぎ)制は、「行政における計画や決定が、末端のものによって起案された稟議書を関係官に順次回議して、その印判を求め、さらに上位者に回送して、最後に決裁者に至る方式」[*5]と定義される。ボトムアップ型意思決定の典型例である。意思決定に時間を要するほか、多くの文書を処理するので、決裁をしたという認識が薄れるほか、責任の所在が不明確になっていく。

丁寧に意見調整を図ることは、民主主義の根幹である。ヨーロッパ諸国では、丁寧に多様な主義主張を調整している。多様な言語や宗教、民族が存在しており、それが対立の要因になっているからだ。一つの国家の中であっても、宗教や言語によって分断されている事例も少なくない。その代表的な国家が、ベルギーやオランダである。オランダの政治学者アーレンド・レイプハルトは、祖国が分断的であると認識し、宗教やイデオロギーによる分断がありながら、それぞれの指導者による協同的姿勢によって連立政権が組まれ、安定的に保たれていると論じた。レイプハルトは、このような体制を**多極共存型民主主義**として、多数決型民主主義と対置した。

レイプハルトが多数決型民主主義として挙げたのは、イギリスやカナダ、オーストラリアなど英連邦諸国である。議会における相対的な多数派が、リーダーとなって政治運営を行っていくもので、イギリスの議院内閣制をモデルとしている。保守党と労働党の二大政党制で、小選挙区制を基盤として強い首相のリーダー シップにより統治が行われている。「小選挙区制で強い首相」というと、現行の選挙制度下のわが国の政治体制も、多数決型民主主義と理解されることが多い。

1955年体制下の中選挙区制の下では、わが国の政治体制は合意形成型の民主主義であったと捉えることができる。中選挙区制は、結果が比例代表制に近いとされる制度で、少数政党も現在より議席を獲得していた。ただし連立政権が誕生したことはごく僅かな期間で、

*5　辻清明『新版日本官僚制の研究』東京大学出版会、1969年、p.155。

関連 TOPICS

▶寛容のパラドクス

イギリスの哲学者 カール・ポパーが、1945年に『開かれた社会とその敵』において述べた寛容に関する逆説である。無制限に寛容であることを絶対とした場合、不寛容なものに対しても寛容でなければならない。不寛容なものによって寛容が奪われ、破壊されるとした。ただし不寛容には、理性的な議論で対抗し、それに不寛容なものが鉄拳や拳銃の使用で応えた場合、不寛容に対して不寛容である権利を要求すべきだという。

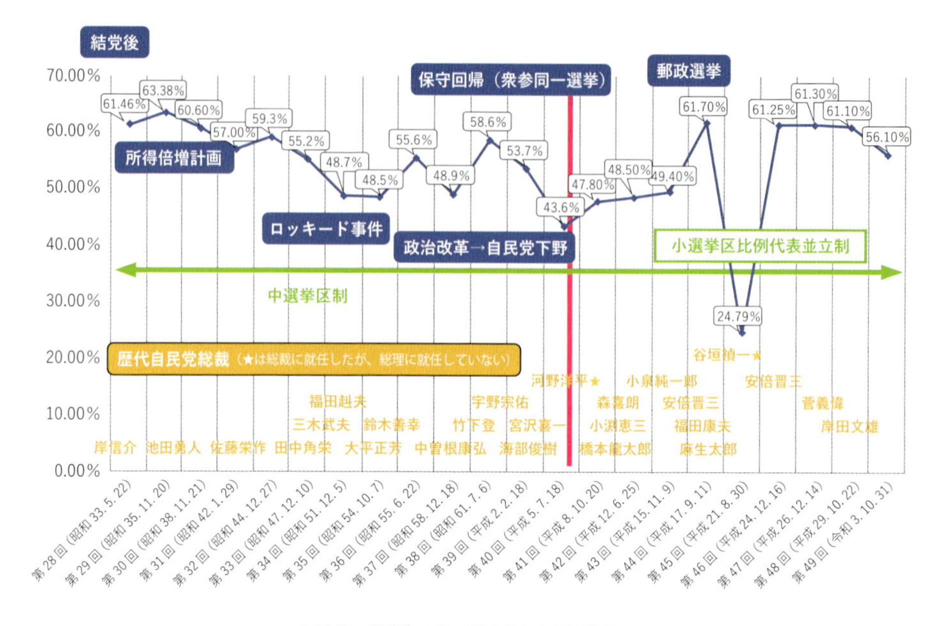

図表 8　戦後自民党の離席率と自民党総裁

出典：議席率は衆議院 Website の「国会関係資料」[*6]に基づき、筆者が作成した。

自民党の単独政権が続いていた。他党との関係では安定的だった自民党内閣は、自党の派閥に翻弄される事が多くあった。派閥を政党に、自民党政権を連合政権に、首相の交代を疑似政権交代に置き換えると、政権は安定していたわけではなかった。むしろ内閣が派閥の影響力を受けたという点で、コンセンサス型内閣であったと言うことができる。

いっぽう、小選挙区制下の内閣は、第 3 節でも述べたように、首相の権限が強大化し、多数決型の内閣に変容し、首相の指導力は強化された。しかし与野党の政策論争になることはなく、与野党対決は政局のみである。典型的な多数決型のイギリスでは、EU 離脱（Brexit）以降分断が拡大し、政治的混乱が続いている。多極共存型民主主義のオランダでは、既存政党が弱体化し、少数政党が勢力を拡大しているという。わが国でも分断が進んでいるが、コロナウイルス感染症の拡大により、さらにその傾向は顕著になっている。政治は決定をすることが求められているが、有権者の意見集約も求められる。決定や迅速性ばかりでなく、丁寧な議論を通じて有権者の声が集約されるような政治制度も必要だが、有権者や政党の政治姿勢も問われているのだ。

関心を深めよう

“Democracy” という言葉は、民主主義と訳されるが、その語源は、ラテン語の “dêmos”（民衆）と “kratos”（権力・支配）をあわせたもので、民衆による支配、国民主権を意味する。民主 主義を実現するためには、どんな制度が必要だろう？

*6　衆議院 Website「国会関係資料」https://www.shugiin.go.jp/internet/index.nsf/html/shiryo_top.html

第6章 政治から社会を考える —歴史の再現性—

【この章の目的】

2022年2月、ウラジミール・プーチン大統領の指示の下、ロシア軍が特別軍事作戦と称してウクライナへの侵攻を開始した。この一連の動きは国際連合憲章や不戦条約に違反する行為であり、世界の秩序を乱す行いであると言えよう。本章では、戦後ロシアのウクライナ侵攻と戦前日本が行った中華民国侵攻について、どの程度、類似点・相違点がみられるのかを考察する。

第1節 集団安全保障体制の構築と戦争の違法化

学びのポイント！

●ロシアによる侵攻は、敵に成りすまして自軍に攻撃をしかけ、被害を受けたと見せかけるという偽装作戦をきっかけとしているが、これら一連の自作自演劇のことを偽旗作戦と言う。なぜ、ロシアは回りくどいことを行う必要があるのか

1914年7月から始まった第一次世界大戦は、18年11月に連合国とドイツとの間で休戦条約が締結されたことで終戦を迎えたが、この条約締結までに約4年もの歳月を費やし、兵士のみで約1000万人を数える戦死者を出した。すなわち、これまでの局地戦から総力戦への移行によって膨大な戦死者を出したという歴史的事実は、その後の世界各国における安全保障政策に大きな影響を及ぼしたのである。

象徴的な事例として、ウッドロー・ウィルソン大統領は、18年1月、アメリカ議会の演説において14カ条の平和原則を唱え、最後の第14条において各国の政治的な独立と領土保全を相互に保証する国際機関の設立（集団安全保障体制の構築）を謳ったことが挙げられる。その結果、20年1月のヴェルサイユ条約の発効と共に、**国際連盟**も発足した。

こうして戦前は国際連盟規約、戦後は国連憲章によって、国際紛争を武力で解決することを禁じ、取り決めを破った国があれば、他の加盟国が一致結束して制裁を加えるという仕組みが整ったことになる。

ただし、提唱国のアメリカや、大国のソビエト連邦が連盟発足当時には加盟していなかったことから、連盟という枠組みとは別に、国家間で条約を取り結ぶ必要があった。そこで、アメリカを中心とした15カ国が集まり、「戦争抛棄ニ関スル条約」（以下、不戦条約）も同時期に結ばれることになった。この条約には、他の連盟不参加の国も含めて、最終的には63ヶ国が調印し、各国間に存在する紛争を武力によって解決する手段を国際社会が禁止する動きが加速していった。

しかし、これら一連の動きをもって世界に平和が訪れたわけではなく、欧米列強の利害関係が複雑に絡み合った連盟は、当初から実効性が伴っていなかったことが指摘されている。また、連盟規約においても不戦条約においても、自衛権の発動は制限しないという解釈が一般的であり、国連憲章でも第51条において自衛権の行使を許容する文言があり、自衛権は各国固有の権利として保持していると現在も考えられている。もっと言えば、そもそも侵略戦争と自衛権の境目が何処なのかということも曖昧であり、自衛権行使の範囲

の定義付けをすることすら難しいと考えられる。

その後の歴史において、この曖昧さを利用して侵略をする国は多々あり、後述する日本以外にも、例えば39年9月にはドイツがドイツ系住民の保護を理由にポーランドへ、39年11月にはフィンランド兵の発砲による自衛権行使を理由に、ソ連がフィンランドへ侵攻を開始しており、枚挙にいとまがない。

参考1：集団安全保障の構築

1914年7月～18年11月	第一次世界大戦
1919年1月	国際連盟の発足
1928年8月	不戦条約調印
1939年9月～1945年8月	第2次世界大戦
1945年10月	国際連合の発足

参考2：国際聯盟規約（1920年1月10日発効）

三. 國際紛争ノ平和的處理（甲）總則

第十二條ニ於テハ聯盟國間ニ國交斷絶ニ至ル虞アル紛争發生スルトキハ聯盟國ハ之ヲ仲裁裁判又ハ聯盟理事會ノ審査ニ付スヘキ義務アルコト及仲裁裁判官ノ判決後又ハ理事會ノ報告後三月ヲ經過スルニ非サレハ如何ナル場合ニ於テモ、戦争ニ訴ヘサル旨ヲ規定セリ。

出典:「国際聯盟規約 同盟及聯合国ト独逸国トノ平和条約並議定書概要」14頁、『国立国会図書館デジタルコレクション』（2022年5月14日閲覧）より抜粋し、下線は著者が記した。

参考3：国際連合憲章（1945年10月24日発効）

第33条1項

いかなる紛争でもその継続が国際の平和及び安全の維持を危くする虞のあるものについては、その当事者は、まず第一に、交渉、審査、仲介、調停、仲裁裁判、司法的解決、地域的機関又は地域的取極の利用その他当事者が選ぶ平和的手段による解決を求めなければならない。

第51条

国際連合加盟国に対して武力攻撃が発生した場合には、安全保障理事会が国際の平和及び安全の維持に必要な措置をとるまでの間、個別的又は集団的自衛の固有の権利を害するものではない。

出典：国際連合広報センター「国連憲章テキスト[*1]」より抜粋し、傍点は著者が記した。

*1　https://www.unic.or.jp/info/un/charter/text_japanese（2022年5月14日閲覧）

参考4：戦争抛棄ニ関スル条約（1929年7月24日発効）

> 第一條
> 締約國ハ國際紛爭解決ノ爲戰爭ニ訴フルコトヲ非トシ且其ノ相互關係ニ於テ國家ノ政策ノ手段トシテノ戰爭ヲ抛棄スルコトヲ其ノ各自ノ人民ノ名ニ於テ嚴肅ニ宣言ス

出典：昭和4年7月25日付「パリ不戦条約」『官報號外』『国立国会図書館デジタルコレクション』(2022年5月14日閲覧)より抜粋し、下線は著者が記した。

関心を深めよう
これまでの戦争は当事国が戦場に軍隊を集結させ決着をつける局地戦が主流であったが、第1次大戦からは全国力を総動員して立ち向かうという総力戦となった。なぜ総力戦へと移行したのか考えて欲しい。

第2節　戦後ロシアと戦前日本の場合

学びのポイント！
●一般的な近代国家では、その国の軍隊の最高指揮官は国民から選ばれた政治リーダーが就任する（文民統制）。日ロでは、軍の指揮命令系統が異なっているが、この違いは憲法の仕組みによるものである

(1) 戦後ロシアの場合

先述の通り、2022年2月にプーチン大統領はロシア軍に軍事作戦の遂行を命じたが、国内外には、①侵攻前日の21日にウクライナ東部で**親ロシア派勢力**およびロシア系住民がウクライナ軍の攻撃を受けているので彼らを保護すること、②ロシアに対する欧米諸国の脅威を排除することを理由とした正当防衛の主張を行った。

ここで、章の冒頭に問題提起したことについて言及すると、プーチン大統領はウクライナへの侵攻を特別軍事作戦という形で取り繕った理由は、戦前・戦後に調印した不戦条約や国連憲章を破ったわけではないことを強弁する必要があったからであると推測できる。

更に言えば、先ほど述べた39年11月のソ連によるフィンランドへの侵攻は、国際社会からの非難を浴びることになり、侵攻から翌月の12月には連盟から除名された苦い経験があったことも、今回の行動と関係しているであろう。

従って、国際社会がどう捉えられているかどうかは別としても、ロシア自身の軍事作戦を侵略戦争であると認めることはないと考えられる。

▼ Note

では、なぜロシアは国際社会からの批判を浴びてまで、ウクライナを影響下においておきたいのか。それにはロシアとウクライナが兄弟国と称される程、密接な関係を持つことが関係している。

そもそも地理的にウクライナとロシアは隣国同士で血統、文化、言語が似通っている箇所も多くあり、歴史上でも深い関係にあった。また、近代では、ウクライナはロシア帝国の影響下にあったことに加えて、1922年12月にソ連が成立するとウクライナも連邦の構成国とされた。やがて、91年12月にミハイル・ゴルバチョフ大統領がその職を辞して、ソ連という枠組みが解体されると、相前後してウクライナも独立を表明し、現在に至っている。

その後は、ウクライナの大統領が代わる度に、政策もロシア寄り・欧米寄りと変わってきたが、2014年3月のロシアによるクリミア併合やNATOの東方拡大の影響もあり、19年5月に就任したゼレンスキー大統領がNATOへの加盟を目指すと、ロシアとウクライナの対立は決定的となった。

(2) 戦前日本の場合

一方、戦前日本の偽旗作戦は、どのような経緯で行われていったのか。具体例としての関東軍による満州制圧計画を取り上げる前に、基礎知識について述べていく。

第一次世界大戦の際、日本は連合国の一員として参戦・勝利したため、当時の内閣を率いていた原敬首相が、元老の西園寺公望を首席全権に命じてフランスに派遣し、1919年6月、ヴェルサイユ条約に調印することで、集団安全保障体制の枠組みにも参加することになった。

また、不戦条約についても、田中義一内閣の下で内田康哉全権委員が28年8月に調印式に出席している。同時期に田中首相は3度におよぶ**山東出兵**を行うなど、日本の外交方針を協調外交から強硬外交へと転換を図った人物として知られているが、欧米列強への配慮は行っていた。

しかし、独自の思想の下、田中首相とは異なる方針を打ち出して実行にうつす陸軍部隊が出てきた。それが本章での主役であり、後述する張作霖爆殺事件や満州事変を起こした関東軍となる。

関東軍とは19年4月に配備された中国駐屯の陸軍部隊の名称である。05年9月に**ポーツマス条約**が調印されたことによって、ロシアの持つ関東州の租借権が日本へ譲渡されたことから、06年9月、関東都督府が設置された。軍権と民政を一手に握る関東都督が関東州の統治および南満州の権益保護を行い、同時に守備隊を置いて治安維持を行ったのである。その後、関東都督府が関東庁と関東軍司令部に改組され、関東都督に代わって関東長官が民政を取り仕切り、関東軍司令官が軍権を握ることになった。

▼ **Note**

大日本帝国憲法下では、陸海軍組織の指揮命令の権限（統帥権）は天皇にあるとされた。この事実は、天皇に直隷する陸軍参謀本部と海軍軍令部が国防や用兵を司ることとなり、統帥権は政府の閣僚である陸海軍大臣の補弼責任の範囲外とされていたことを意味する。つまり、関東軍のみならず日本の陸海軍は、形式上、政府のコントロールを受けないことになる。

このような役割分担は、やがて統帥権の解釈をめぐって政府の方針と統帥機関の方針が対立することにつながり、関東軍の暴走へとつながっていったと言えよう。

参考5：ポーツマス条約（1905年10月15日発効）

第五條
露西亞帝國政府ハ清國政府ノ承諾ヲ以テ旅順口、大連並其ノ附近ノ領土及領水ノ租借權ニ關聯シ又ハ其ノ一部ヲ組成スル一切ノ權利、特權及該與ヲ日本帝國政府ニ移轉讓渡ス露西亞帝國政府ハ又前記租借權カ其ノ効力ヲ及ホス地域ニ於ケル一切ノ公共營造物及財産ヲ日本帝國政府ニ移轉讓渡ス…

出典：「日露講和条約」『公文類聚 第二九編』（国立公文書館所蔵）、三〜四頁より抜粋し、下線は著者が記した。

関心を深めよう
軍権（軍隊の編成権や統帥権）は、政府が一手に握っていることが望ましいが、戦前日本では、あえて権限を分けることとなった。憲法制定の際、この決定は正しかったのかどうかを考察してみると興味深い。

第3節　関東軍による満州制圧計画

学びのポイント！
●戦前の日本では、制度上、軍隊の暴走を止めることが出来なかった。文民統制の大切さについて、戦前の憲法体制の反省を踏まえて理解を深めていく

(1) 張作霖爆殺事件

20世紀初頭の中国大陸では有力な軍閥が各地に割拠しており、権力の一元化がなされていなかったが、1926年7月に開始した蒋介石率いる国民革命軍が中国統一を図るべく**北伐**を開始した。この北伐は、日本の山東出兵や国共分裂によって、一時、中断していたが、28年4月に蒋介石が進軍を再開すると、満州一帯を支配していた軍閥の張作霖は追い詰められていった。

この時、かねてより張を支援してきた日本の立場は、政府と関東軍の間で意見が分かれることになった。すなわち田中首相は、引き続き、張を利用して満州への権益を維持する

▼ Note

考えを持っていたが、関東軍は張を排除して満州に新国家を樹立し、中国から分離させることを企図していたのである。

やがて、関東軍参謀の河本大作大佐が張の謀殺および満州の制圧計画を練り、28年6月4日、北京から奉天に引き上げてきた張の乗る列車を爆破、殺害した。また、河本は張の死によって動揺した奉天軍の混乱に乗じて満州全域を制圧しようと試みたが、事件の真相を知った息子の張学良が奉天軍の沈静化に成功して、12月には国民政府に合流したため、作戦は失敗に終わった。

事件から約1週間後の6月12日、関東軍から国民革命軍の仕業であるとの報告を受けた陸軍省は内外への発表を行ったが、19日、実は河本大佐の犯行であったことを田中首相や陸軍幹部は知ることとなった。田中首相は西園寺に事件を報告すると、西園寺は暗殺事件の関係者を軍法会議にかけた上で、国際社会への信用を得るためにも、真相を明らかにするよう指示をしたため、田中首相は、昭和天皇にも責任追及をする旨、上奏し、調査を開始した。

10月8日には河本大佐らへの尋問結果が田中首相に報告されたため、いよいよ事件の真相を明らかにして関係者の処分をするかどうかの議論が閣内でなされたが、中国の要人を暗殺したことが国際社会に明らかになれば日本への非難は避けられないという理由によって、小川平吉鉄相、白川義則陸相などの閣僚から反対意見が相次いだ。また陸軍からも反対意見が相次いだため、田中首相は進退窮まった。

結局、反対意見に押し切られる形で、翌年の29年7月1日に、田中首相は本事件に日本人は無関係であるが、関東軍の警備上の責任を問うという形で、村岡長太郎関東軍司令官の予備役編入、河本大佐の停職を発表した。また、同時に田中首相は事の顛末を昭和天皇に上奏したが、天皇から以前の報告と異なっていることを理由に叱責を受けた。田中は天皇からの叱責を重く受け止め、総辞職を決断したと言われている。

このように、満州制圧という関東軍の謀略が失敗に帰したことについて、事後の責任追及が不十分であったことから、関東軍に更なる謀略をめぐらす機会を与えることになったのである。

(2) 満州事変

張作霖爆殺事件の後、国民政府に合流した張学良は満鉄包囲線を計画するなど、中国の国権回復運動を積極的に行っていくと、満州制圧をもくろむ関東軍の将校らは危機感を募らせていき、参謀の板垣征四郎大佐、石原莞爾中佐を中心に次の謀略を練った。

特に本事変の首謀者である石原中佐は、持論として満州一円を支配下に収めることで大豆などの農産物、鉄・石炭などの鉱物資源を確保すること、資本の投資先といった利権の確保をすること、ソ連への備えや華北への進出の拠点とすることが重要であると主張して

▼ Note

おり、彼の考えは、関東軍参謀部のみならず、陸軍省の永田鉄山軍事課長や参謀本部の東條英機編成動員課長などの陸軍中堅幹部の一部にも賛同を得ていた。

1931年9月18日、石原中佐は、事前に立てた計画に従って、奉天郊外の柳条湖において南満州鉄道の線路を爆破し、この爆破を中国軍の仕業として軍事行動に移った（柳条湖事件）。つまり、自衛のために反撃することを理由として満州全滅への進撃を開始したのである。

関東軍は近くに設営していた中国軍を攻撃して退却に追い込むと、奉天、長春といった南満州における満鉄の沿線都市を占領していった。

この事態を受けて、19日、第2次若槻礼次郎内閣は不拡大方針を打ち出して事態の収拾を図ることを決定したが、21日には政府の待機命令を無視して独断で朝鮮軍が越境を行った。朝鮮軍が関東軍の支援にまわると、陸軍も政府に対して、関東軍の行動の承認を迫ったため、若槻首相は、関東軍・朝鮮軍・ひいては陸軍の要望を追認せざるを得なくなっていった。

更に、24日になると、日本政府は自衛のために日本軍が反撃に転じたこと、ただし、これ以上の戦線拡大は行わないことを、政府の公式声明として改めて発表したが、その発表とは裏腹に関東軍の暴走は止まらなかった。満州南部の錦州に張が拠点をうつすと10月には錦州を爆撃、11月には満州北部のチチハルを攻略するなど、関東軍は着実に満州制圧を進めていった。その後も関東軍の進撃は止まらず、32年1月に錦州制圧、32年2月にはハルビンを制圧して、満州の主要都市と鉄道沿線は関東軍占領下となった。

関心を深めよう
板垣、石原らは、一夕会という陸軍内部のグループに所属しており、当初は志を同じくしていたが、事態の進行によって意見対立が顕在化していった。彼らの意見の相違はどうして生まれていったのか。

第4節　その後の国際情勢と日ロの比較

学びのポイント！
●国際社会から孤立していった国が、その後、どのような末路をたどるのか、歴史の再現性はどこまであるのかについて考察を深める

(1) 国際社会の反応

この項は後日談となるが、一連の日本の行動に対して、国際社会は、どのような反応を示したのかということについて言及を行う。アメリカのヘンリー・スチムソン国務長官は**九カ国条約**および不戦条約違反であると非難して、日本の一連の自衛行為を認めないことを32年1月に日中両国に通告した。

▼ Note

また、同年2月に連盟は、イギリス人のヴィクター・リットン卿らを派遣して柳条湖事件に関する調査を開始したが、その間、日本は既成事実を作るために9月には日満議定書を取り交わして満州国を建国し、独立国家として承認した。しかし、リットン卿らの報告書では、日本の主張や既得権益について一定の配慮がなされていたものの、日本の軍事行動は自衛行為とは認められないこと、満州国は彼の地の民族による自発的意思に基づいて建国されたものではないことなどが記載されていた。この報告書の記載を踏まえて、33年2月の連盟総会では満州国承認の撤回と日本軍撤兵の勧告案を42票対1票（棄権1票）で可決した。この採決の結果を不満として3月に日本は連盟を脱退の道を選んだ。

一方で、総会での勧告案可決の前日、日本は満州国南部に位置する熱河省もまた同国の領土であるとして攻め込み、北京近郊まで迫ったが、中国側の停戦に応じる形で5月に塘沽（タンクー）協定が結ばれた。この停戦協定により柳条湖事件から始まった一連の軍事的衝突（満州事変）は収まった。関東軍の企ては成功に期し、満州における日本の支配権を中国が黙認するに至った。

また、40年9月に日独伊三国同盟を締結したドイツやイタリアも、連盟を脱退した日本と同じ道をたどることになった。ドイツではアドルフ・ヒトラー率いるナチスが台頭すると、ヴェルサイユ体制の打破を目指して33年10月に連盟を脱退し、連盟設立時の常任理事国であったイタリアも、ベニート・ムッソリーニが独裁体制を確立してエチオピアに侵攻したことを理由に連盟が経済制裁を行うと、37年12月に脱退した。両国は国際社会からの孤立を深めていくと同時に、同じ道を選んだ日本と手を組んで枢軸国を形成し、第2次世界大戦を引き起こしていくことになった。

(2) 日ロの類似点・相違点

最後に戦後ロシアと戦前日本の類似点・相違点についてまとめたい。

前者であるが、まず、ロシアは国連憲章や不戦条約、日本は連盟規約と不戦条約を批准しており､条約の存在を無視して行動すれば国際社会からの非難を避けられなかったため、表だった侵略戦争はしにくかったという点である。しかし、偽旗作戦、いわゆる自作自演劇を演出して、あくまで自衛行為を行ったことを強調して侵攻したところは、両国の類似点として挙げられよう。

次に、国民は政府や軍の情報操作により自国が正しいと信じ込まされていたという点である。ロシアの場合、情報操作、情報統制が行われたものの、テレビやインターネットといった各種メディアの発達により、政府の発表と国際社会の反応が異なることに気がつい

▼ Note

ているロシア国民は多いのではなかろうか。

対して日本の場合、張作霖爆殺事件も柳条湖事件も、当時、日本国民に対して情報開示はなされておらず、関東軍の偽旗作戦であったことが明らかになったのは戦後になってからであった。この当時は新聞やラジオが情報源の主流となっていたため、情報操作、情報統制が容易であったことも追記しておきたい。

後者の相違点については、まず、ロシアがプーチン大統領による事実上の独裁の下、政府・軍が一体で行動していること対して、日本の場合、関東軍が独自に計画立案・実行にうつしていたことである。偽旗作戦であったことを事後に知らされた政府は事態の収拾を図るが失敗しており、なし崩しに軍の行動を追認していった。

次に、国際機関での両国の振る舞いについて触れたい。ロシアの場合、例えば2023年2月23日に開かれた国連総会の緊急特別会合において、即時撤兵を求める決議が141票対7票（棄権32票）で賛成・採択されているが、現在も国連の常任理事国の地位を保持しており、脱退もしていなければ、除名もされていない。

この事態は国連憲章第6条の「この憲章に掲げる原則に執ように違反した国際連合加盟国は、総会が、安全保障理事会の勧告に基いて、この貴校から除名することができる」という条文に依拠する。すなわち、除名手続きは安保理の勧告に基づかなくてはいけないため、ロシアが拒否権を行使すれば除名は実現しないことになる。

対して日本の場合、先述のように圧倒的な勧告案の賛成票により、除名されるよりも自ら連盟脱退の道を選んでいる。

連盟・国連という組織の違いや、拒否権の有無という制度の違いがあるために、一概に比較はできないが、両国の振る舞いは対照的となる。

以上みたように、20世紀の世界において集団安全保障体制が構築されてからは、戦争自体が違法化された。この措置によって、ある国家が戦争をしかけて領土を拡張することが思うようにでき なくなったと言えよう。結果として、他国を侵略する際には、相手に攻撃されたことを演出して、自衛権発動の下、戦争をしかけていく手段が取られるようになっていき、対外的にも国内的にも説明される様になったと考えられる。

関心を深めよう

日ロ両国において世界情勢などが異なるにも関わらず、類似点があることが興味深い。「歴史は繰り返す」、「歴史は繰り返さないが韻を踏む」といった言葉を踏まえながら歴史を俯瞰してみてほしい。

▼ Note

第III部　まとめ課題

① 多数決と全会一致、決定ルールとしてのメリットとデメリットを考えてみよう。そのうえで、どのような場面でどのようなルールが望ましいだろうか。具体的な場面も考えながら討議してみよう。

② 選挙制度について、それぞれどんな特徴があるかをまとめてみよう。わが国の選挙制度は、どれがふさわしいだろう。小選挙区制、大選挙区制、比例代表制を比べて考えてみよう。

③ わが国は、多数決型民主主義、コンセンサス型民主主義のどちらが望ましいだろう。選挙制度、政策決定（省庁、政党、内閣、国会)、様々な場面で考えてみよう。

④ 戦争手段の変化によって、20 世紀の人類は、どのような対応を求められたのかをまとめてみよう。

⑤ 戦後ロシアと戦前日本の偽旗作戦について、具体的にはどのような共通点・相違点があるのか、記述されていることが全てではないので、それ以外にも調査・研究して、まとめてみよう。

⑥ 本稿は、戦後ロシアと戦前日本の偽旗作戦について比較したが、他の事例について調査・研究を行い、まとめてみよう。

第III部 参考文献

第 5 章

加茂利男、大西仁、石田徹、伊藤恭彦『現代政治学　第 4 版』有斐閣、2012 年。
田村哲樹、松元雅和、乙部延剛、山崎望『ここから始める政治理論』有斐閣、2017 年。
J.M. ブキャナン、G. タロック『公共選択の理論－合意の経済論理－』東洋経済新報社、1979 年。
待鳥聡史『代議制民主主義―「民意」と「政治家」を問い直す』中央公論社、2015 年。
中北浩爾『自民党―「一強」の実像』中央公論社、2017 年。
山本圭『現代民主主義―指導者論から熟議、ポピュリズムまで』中央公論社、2021 年。

第 6 章

井上寿一『政友会と民政党』中公新書、2012 年。
川田稔『昭和陸軍七つの転換点』祥伝社新書、2021 年。
中村隆英『昭和史　上巻』東洋経済新報社、2012 年。
升味準之輔『日本政治史 3』東京大学出版会、1988 年。
「「ロシアが作戦」米警戒　ウクライナで意図的衝突、準備」『朝日新聞』、2022 年 01 月 16 日付。
「秩序と民主を侵す暴挙だ」『朝日新聞』、2022 年 2 月 25 日付。
「フィンランド　隣国の生存戦略」『朝日新聞』、2022 年 6 月 15 日付。
「ロシア撤退要求、採択　国連決議、賛成 141 カ国　ウクライナ侵攻 1 年」『朝日新聞』、2023 年 02 月 25 日付。
神田文人、小林英夫編『決定版 20 世紀年表』小学館、2001 年。
朝尾直弘、宇野俊一、田中琢編『新版 日本史辞典』角川書店、1996 年。
『国史大辞典 第 1 ～ 15 巻』吉川弘文館、1979 ～ 1997 年。

第IV部

社会と健康福祉学

人間が生きていく上で、避けることが容易ではない問題は数多い。例えば、病気、老い、障がい、あるいはそれに伴う様々な生活上の諸問題である。人間は、それらの諸問題に協同して対処するために、共同生活の場としての社会の中で様々な制度を作ってきた。福祉政策は、人々の福祉（＝よい暮らし）の達成を目的とした政策で、様々な健康問題に対処するための健康政策も包含している。

第7章　社会福祉の原理と政策

【この章の目的】

社会福祉は、傷病・失業・高齢等の影響で「よい暮らし」が損なわれたときにその安定を図り、安心をもたらす「社会的セーフティネット（社会的安全装置）」であり、それは、個人間または世帯間での所得移転（税方式）や、保険料の徴収と給付（社会保険方式）によって実行される。その本質は、最低限の生活保障と生活上のリスク分散を目的とした**福祉資源**の社会的な（再）分配制度であることを解説する。

【課　題】

□社会福祉は、人々の「よい暮らし」の源となる福祉資源の分配制度であり、国民という見知らぬ他者同士の間で福祉資源を分け合う仕組みであることを理解する。また、社会福祉における中心的な問いである、「誰に負担を求め誰に分配するべきか」、あるいは「誰が誰を支援するべきか、そしてそれは、なぜ、どこまで強制できるのか」を考える。その上で、国家が福祉資源の分配を行う福祉国家の特徴について理解する。

第1節　社会福祉とは何か

学びのポイント！

●人々の「よい暮らし」を達成するために必要な福祉資源の所有は様々な要因で格差が生じる。社会福祉にはその格差を縮める機能がある

広い意味での社会福祉は、イギリスで1950年代以後に一般的に用いられるようになった社会サービスと同様に、全国民の福祉の達成を目指す施策・施設・サービスなどを総称したものである。一方で狭い意味での社会福祉は、児童、高齢者、あるいはなんらかの障がいを持つ人々など、社会的に**バルネラブル**な（社会的に弱い立場にある）状態におかれている人々に提供される社会サービスの一つである。かつては、**慈善事業**、**感化救済事業**、**社会事業**などと呼ばれ、一部の人たち、特に低所得者を対象として、選択の余地がない、恥辱感（**スティグマ**）を伴う限られた援助であったが、時代とともにその対象は拡大し、今日では社会に不可欠な社会制度の一つになっている。

一般に社会とは人間の集団や共同生活を意味し、福祉とは幸福を意味するので、社会福祉は、人々の幸福な生活を実現するための社会的な仕組みや取り組み、と言うことができる。福祉という言葉が、政策や学会において welfare の訳語として定着したのは、第二次世界大戦後で、ウェルは良い、フェアは暮らしで「良い暮らし」、ウェルフェアは生活の豊かさに重点を置いている概念であるのに対して、近年では、自己実現を含めた総合的な人間としてのあり方に重点を置いた福祉は、**ウェルビーング**（well-being）という用語で表現されている。今日、人々の幸福については、多様で個人が決めることとされているが、どのような人であっても社会生活上の基本的要求は共通していて、経済的安定、職業的安定、医療の機会、家族的安定、教育の機会、社会的共同、文化・娯楽の機会などが十分でない場合、福祉ニーズがあると判断されることになる。そして福祉を「よい暮らし」とするならば、それを達成あるいは生産するために必要な資源は、福祉の源たる福祉資源と呼ぶことができる。

福祉資源には、現金・食料・衣類・住宅などの物的資源、話し相手・友人・介護者など

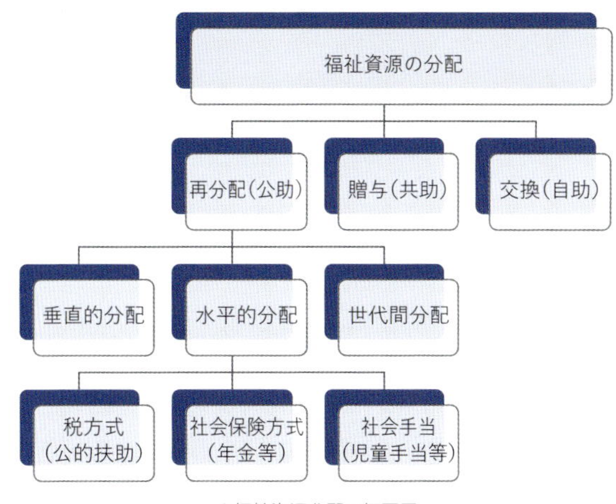

▲福祉資源分配の概要図

の人的資源、または知識・情報・教育などの文化的資源などが含まれる。その他にも仕事や、なんらかの障害がある場合の車椅子、自助具、施設、バリア フリーなども福祉の達成に必要な福祉資源といえる。

福祉資源は、まず家族による贈与や市場における交換によって獲得される。しかし、すべての人が同じように福祉資源を獲得・所有できるわけではない。個人の努力かあるいは天賦の才・属性・運（例えば生来の能力、生まれた場所、不慮の事故、災害等）によって、有する福祉資源に差が生じる。獲得できる福祉資源が社 会的な標準より少ない場合には、その社会が福祉資源の獲得を支援することになる。さらに獲得した福祉資源を適切に活用することができない人に対してはその活用を支援する。

このような福祉資源の社会的な獲得支援は、福祉資源をより多く持つ人から少なく持つ人へ移転する､福祉資源の再分配という形式で行われる。**再分配**（移転）の方向としては、まず所得の高い人から低い人へ行われる垂直的分配がある。たとえば累進的所得税や資産課税で徴収した租税を財源とした、**基礎年金**や**生活保護**給付がそれにあたる。同一所得階層内で働いている人々から一時的に働けなくなった人々への医療給付や失業給付は、水平的分配と呼ばれる。若者世代から高齢世代への所得移転としての年金は、世代間分配と呼ばれる。

福祉資源の再分配は、福祉資源を集めて配りなおすことになるので、それに資源の種類（現金か現物かの 2 つ）をかけあわせることで､4 種類のパターンが考えられる。一つめは、生活保護のように現金を集め、現金を低所得者などに給付する方法である。二つめは、税金を財源とした公的な施設で介護サービスを提供するなど、現金を集め、それを現物に換えて供給するという方法である。三つめは、チャリティーバザーなどでその売り上げを寄付するなど、現物を集め、それを現金に換えて給付する方法である。最後に、災害時に衣類などを集め、被災地で配るなど、現物を集め、その現物を配りなおす方法がある。

関心を深めよう
実際の福祉資源の再分配 制度には、病気や失業時に保険料負担に応じた一定額の給付を行う社会保険方式と、拠出と無関係に生活に困窮したときに生活状況に応じた給付がされる税方式がある。

第2節　社会福祉の基礎となる哲学(1)

学びのポイント！
●社会福祉における中心的な問いは、誰に負担を求め、誰がどのように誰に対して分配するべきか、そしてそれはどこまで強制できるのか、というものになる。その基礎づけをするのが哲学である
●正義論においては、正義にかなった正しい行為や制度のみ人々に強制できるとされる。では、人々に強制することができる正しい行為や制度の基準となる正義とは一体いかなるものであるのか

(1) 功利主義

功利主義は、ジェレミー・ベンサムによって18世紀末に提唱され、19世紀のジョン・スチュアート・ミルやシジウィックなどによって洗練された倫理学説である。ベンサムは一つの究極の**道徳原理**、つまり「功利性の原理」が存在すると主張する。この原理によると、幾つかの行動あるいは社会政策を選択する場合はいつも、関係者全員にとって最高の結果をもたらす方を選ばねばならない。功利主義においては、それがもたらす帰結のみから行為や制度の正しさが判断される。とはいえ、あらゆる帰結を考慮するわけではない。功利主義が重視するのは、**効用**と呼ばれる各人の感じる主観的な快楽と苦痛あるいは欲求の充足であって、客観的な利益というものではない。本人の心理状態や選好とは無関係に利益なるものが存在するとは考えないし、人間にとっての本質的な利益や、人間としての真の幸福といったものは想定されることもない。あくまで人々の効用に対する影響のみが問題とされるのであって、効用に関係がない帰結は無視される。

さらに、行為や制度の正しさは、その行為主体のみの効用を最大化することではなく、それによって影響を受けるすべての人の効用の和を最大化するかどうかで判断される。ベンサムに代表される古典的功利主義において効用は基数的に測定可能で足し算できるか、あるいは個人間比較が可能であることが前提となっている。効用を集計する際には、すべての人を平等に扱い1人として数え、各人の効用に優劣をつけずに単純に足し合わせる。たとえば効用を快楽と苦痛のような心理状態で符号が異なるだけの通約可能な一元的変数として、量的に差し引きすることによって計算が可能と考える。行為主体は、ある行為を

◀
Jeremy Bentham(1748-1832)
From Wikimedia Commons, the free media repository
https://commons.wikimedia.org/wiki/File:Jeremy_Bentham_by_Henry_William_Pickersgill_detail.jpg

する前にその行為の影響をうけると思われる関係者全員の総効用を計算してそれを最大化する行為を選択するか、あるいは前もって総効用を最大化すると思われるルールに従って行為するよう求められる。したがって、古典的功利主義に従えば、富者から貧困者へ福祉資源を再分配する政策は、総効用を最大化するという意味において正義にかなったものとして支持される。

(2) リベラリズム

ジョン・ロールズの「正義論」(1971年)は、福祉国家の正当化理論になりうるものとして今日においても広く受け止められている。ロールズ自身は、彼の正義論を福祉国家による事後的な所得の再分配や社会的ミニマム保障の正当化と直接結びつけることには慎重であったが、全般的にロールズをはじめとするリベラルな正義論は、平等主義的であり、福祉国家や社会保障の権利を正当化する傾向を持っている。

ロールズは、あるべき社会の原理を見出だすための思考実験として、人々が、自分の社会的地位、天賦の資質、人生についてどんな目標を持っているのかが分かっていないという状況「**無知のヴェール**」を仮定する。人は、自分に関する情報を知っていれば、自分に有利になるように社会の原理を選択してしまうが、これでは、公正な原理を見出せない。そこで、誰も自分に関する情報がわからないとの仮定を置いて社会の原理を選択するという状況を考えるのである。そしてその場合には、人々は、「誰もが社会の最も恵まれない立場に置かれる可能性を想定し、それをできる限り良いものにする」ような社会の原理を選択するはずであるとした。

ロールズによれば、才能と能力の開発も生まれ落ちた環境条件に依存しており、これに必然性は認められない。優れた才能と能 力を有する者は、偶々そのように生まれついてきただけである。それゆえ、彼らの才能と能力は全体の利益に奉仕するように使われるべきであるとして、経済的自由を制限し、基本的自由を保障するための再分配が許容される。

ロールズのアイデアのベースにあるのは契約論あるいは合意論である。無知のヴェールによって自分自身の社会的立場がわからない状況下では、正義の原理について同一の判断に至り、全員一 致の合意を達成することが可能になる。それは、自分自身が最悪の場合には極貧状況であるかもしれない可能性を考えての、富める者は貧しい者を支援しなければならないという合意である。自らが契約・合意したルールに従うことは強制ではなく各人の自由を尊重することになるので、福祉資源をより多く持つ人はより少なく持つ人にそ

▶ ジョン・ロールズ著、川本隆史／福間聡／神島裕子訳(2010)『正義論改訂版』紀伊国屋書店。個人蔵。

の資源を分配するという社会福祉制度は公正なルールとして正当化されるのである。

関心を深めよう

●社会福祉の基礎づけに関連した議論は、主として欧米を中心とした政治哲学の分野で展開されてきた。すなわち正義論の展開が社会福祉の原理論に関わる問題提起をすると同時にその方向づけを与えてきたと言えよう

●ロールズの正義論が導出する正義の原理は「社会的基本財の平等」である。社会的基本財とは、基本的自由、所得や富、権利や特権、自尊心の基盤など、社会生活を営むなかで各人がいかなる目的を追求しようとも、そのために最低限必要となるような一般的財をさす

第3節　社会福祉の基礎となる哲学 (2)

学びのポイント！

●そもそも人間の本性はどのようなものであるのか。その本質は他者支援や福祉資源の分配とどのような関係があるのか

●今日、人々の多様なニーズに応答できる社会福祉のあり方に関わる原理的視座の再構築と提示が求められているが、正しさの基準としての「正義」のアイデアは一つではなく、どの「正義」に基づく制度を構築すべきか、という議論は今なお続いている

(3) 共同体主義（コミュニタリアニズム）

共同体主義（コミュニタリアニズム）は、基本的に他者支援や富の再分配を支持する点では功利主義やリベラリズムと一致しているが、その理由や形態が異なる。

共同体主義はもともとアリストテレスの徳の倫理学に根ざすもので、それによれば人間は特定の性質や機能を備え、それゆえに人間にふさわしい固有の目的を持つとされる。またその目的とは人間本性にかなった生を実現することであり、各人はそのために必要な徳を身につけ自己完成に至らねばならないとする。徳とは人間の性質や機能において優れていること、すなわち**卓越性**（アレーテ）を意味し、卓越的であることが、人間の目的達成を可能 にすると主張する。このような卓越主義においては、人々が人として自らの能力を発揮し、人間として望ましい「善き生」をおくることに最大の価値を認める。たとえば、家族や地域住民と積極的に交流し、人間関係を深めるとともに、文化活動に参加するなどであり、我々は自らの能力や資質を向上させるべく日々努力しなければならないとする。

共同体主義では、人間のテロス（目的）とは、人間らしくよく生きる行為することであり、我々が人としてなすべき道徳的に正しいことは、善き生（行為）の実現であると考える。何を共同体と呼ぶかは論者によって様々であり、政治的単位としての州や国家であっ

◀
Aristotle(BC384-BC322)
From Wikimedia Commons, the free media repository
https://commons.wikimedia.org/wiki/File:Aristotle_Altemps_Inv8575.jpg

たり、あるいは家族なども含めたもっと小さな組織であったりするが、基本的な特徴としては、共同体は、ある特定の共通の善の構想（**共通善**）を持ち、それにコミットしているような人々からなる集団である。そこで共有される文化や行動様式など伝統の多くは善き生（行為）の概念を我々に明示する源になるため、典型的な共同体主義者は、共同体の歴史や伝統に従った行為を善き行為として推奨し、さらにそれが共同体の維持に必要不可欠なものであればある程度強制できるものとする。歴史的には、ほとんどの共同体が伝統的に、その社会的結束を重視し、連帯をその共通善として持っているので、社会福祉のような連帯の理念を具現化した福祉資源の分配制度は、当然のことながら支持されることになる。

(4) リバタリアニズム

他方で福祉国家に反対するのは、リバタリアニズムである。前述したロールズを中心としたリベラリズムと同様に自由を尊重する自由主義であるが、自由競争市場を最大限尊重するこの立場は、再分配的な社会正義の概念や福祉国家に対して、個人の自由の侵害や官僚主義的非効率などを理由に厳しい批判を展開する。

フリードリヒ・フォン・ハイエクは、市場の自動調整機能を損なうような、強制的手段による弱者保護や累進課税を否定した。ハイエクによれば、福祉や再分配の領域における国家の政策では、分配の基準について、国家が判断することとなるが、こうした基準の設定を限定的な知しか持ち得ない国家が行うことは、恣意的な分配にしかなり得ない。国家が計画を策定し、特定の目的を達成するため資源を再分配することは、個人の自由を侵害するだけでなく、それ自身に任せておけば全ての人に利益を与えるはずの市場プロセスを非効率なものにして、長期的には社会の発展を阻害することになるとした。また、ミルトン・フリードマンは、①裁量的な福祉政策は現に望ましい結果をもたらしてはおらず、②家族の絆や社会のダイナミズムを失わせ、人々の自由を阻害しているとして、福祉国家・大きな政府に反対した。

ロバート・ノージックは、古典的な**夜警国家**（ノージックはこれを「**最小国家**」と呼ぶ）こそが正義にかなうとの立場から、ロールズの議論の平等主義的・介入主義的な側面は、個人の自由を不当に侵害するもので、本当の平等も実現できないとして痛烈に批判した。ノージックのいう正義とは、人々が自分のものをどう処分するかを自ら自由に決定できるよう、自己の身体の自由、自己の労働の産物やその代価としての財産を保有する権利を尊

▶ロバート・ノージック著、島津格訳(2010)『アナーキー・国家・ユートピア』木鐸社。個人蔵。

重することであるという考えに基づき、「権原理論」を唱えた。**権原理論**によれば、富裕者の保有資源の貧困層への移転は、富裕者が自発的に行うものでなくてはならず、国家が再分配社会保障などを行うことは、個人の財産権の不当な侵害にほかならないと考える。そして、最小国家以上の機能を備えた国家は「拡張国家」であり、それは正義の観点から正当化されないことになると考えた。

関心を深めよう

●共同体主義者のマッキンタイアは、人間にとって普遍的な「善き生」が存在するわけではなく、各人は、それぞれが生活する共同体のもとで、理想の生き方に少しでも近づくように努力するべきであると主張した

● 1980 年代から、イギリスのマーガレット・サッ チャー政権、アメリカのロナルド・レーガン政権、日本の中曽根康弘政権において新自由主義と言われる政策が実行され、福祉国家路線から大きく転換した

第 4 節　福祉国家と福祉レジーム論

学びのポイント！

●人々の福祉＝（「よい暮らし」）の達成に必要な福祉資源の分配に積極的に介入する国家は、福祉国家と呼ばれる。そしてその分配への介入の規模は各国で異なり、ある程度類型化することができる

福祉国家とは、所得保障、医療保障、社会サービスなどの社会保障政策と完全雇用政策を基本政策とし、国家が積極的に社会に介入していくことによって、資本主義経済が構造的に生み出す社会問題に対処することを目的とする国家・国家体制のことを指す。

福祉の生産システムを構成する 3 つの部門である家族、市場、社会のバランスをどのようにとるかは、各国の社会福祉・社会保障政策によって大きく異なる。その組み合わせ方を整理すると大きく 3 つの類型に分けることができる。このような類型のことを福祉レジームという。デンマーク出身の社会政策学者であるイエスタ・エスピン - アンデルセン（Gøsta Esping-Andersen, 1947-）は、「福祉（資源）が生産され、それが国家、市場、家族によって配分（分配）される総合的なあり方」としての「福祉レジーム」の相違が、福祉国家の類型を決定するとした。

福祉レジームは、自由主義、社会民主主義、保守主義の 3 レジー ムに類型化される。福祉レジームの相違は、①個人又は家族が労働市場参加の有無にかかわらず社会的に認められた一定水準の生活を維持することがどれだけできるか「参加支援指標」、②職種や社会的階層に応じて給付やサービスの差がどれだけあるか「平等化指標」、③家族による福

▼ Note

祉の負担がどれだけ軽減されているか家族支援がどの程度充実しているかの程度の観点「家族支援指標」等から測定される。

自由主義レジームでは、「市場」と「家族」の役割を重視し、「市場」と「家族」が機能できない例外的残余的な場合に、「社会サービス」が一時的に機能する。ミーンズテスト付きの扶助、最低限の所得移転、あるいは最低限の社会保険と市場が福祉資源を供給する方法の中心となる。このレジームでは「社会サービス」が残余的にほかの部門を補充するため「残余的福祉モデル」とも呼ばれる。該当国は、アメリカ、カナダ、オーストラリアなどである。

社会民主主義レジームでは、すべての住民を対象とする普遍的な「社会サービス」を重視する。単一の普遍主義的な保険制度と社会サービスが福祉資源を供給する方法の中心となる。「社会サー ビス」は「市場」とかかわりなく、社会的必要性ニーズにもとづいて給付される。このレジームでは「社会サービス」がほかの部門から独立した制度として確立しているため「制度的再分配モデル」とも呼ばれる。該当国は、スウェーデン、ノルウェー、デンマークなどである。

保守主義レジームでは、職業上の地位ごとに分立する社会保険と家族が福祉資源を供給する方法の中心となる。「市場」と「社会サービス」の連携を重視し、労働「市場」における地位や功績に「社会サービス」が連動するものと位置づけている。労働者以外の福祉については「家族」が主たる役割を担うことを前提としている。このレジームでは、産業における業績や地位が社会サービスに関係することから「産業的業績達成モデル」とも呼ばれる。該当国は、フランス、ドイツ、オーストリアなどである。

日本では、雇用保障に力点を置き、社会民主主義レジーム諸国と同様の低失業率を実現してきた。少子化対策が進展せず、家族給付が少なかった結果、高齢者向けの社会保障給付が多い点や、戦後に構築された、男性の正規労働者夫と専業主婦妻というモデルが示すように、性別役割分業の点において家族主義が強く、「家族支援指標」が低い点で、保守主義レジームの要素を持っているといえる。医療給付がアメリカや英国とほぼ同規模で、子育て支援などの年金及び医療以外の給付水準がヨーロッパ諸国をかなり下回っており、全体として見れば社会保障給付支出の規模が小さい点で、自由主義レジームの要素も持っている。

エスピン - アンデルセンは、日本の現状の福祉システムは、自由主義レジームと保守主義レジーム双方の主要要素を均等に組み合わせているが、いまだ発展途上であり、独自のレジームを形成するかどうかについては結論を留保している。日本をどのような社会にし

▼ **Note**

たいか、社会保障はどうあるべきかを議論するに当たっては、「国家」、「共同体家族や地域」、「市場」という3つの福祉の供給主体それぞれの特徴や機能を踏まえ、他の先進諸国の状況も参考にしながら、これらをどのように組み合わせていくのが最適なのかという視点を入れて考える必要がある。

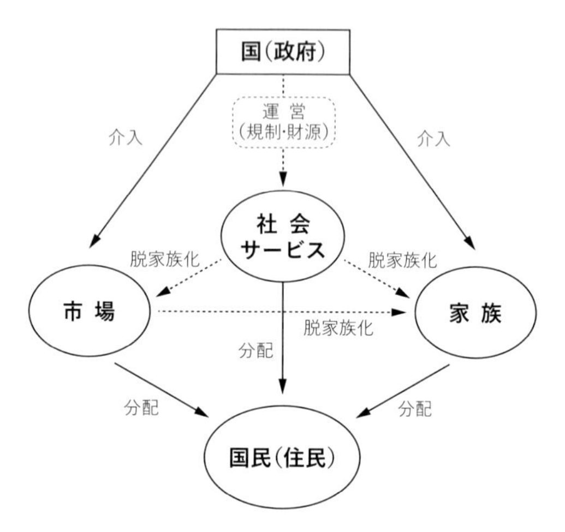

▲福祉国家における福祉（資源）の生産・分配モデル（筆者作成）

関心を深めよう

●福祉国家的な政策が主流となった背景には、国家が積極的に公共事業を行うことで経済を成長させる「大きな政府」と、「社会的弱者や貧困者に対する支援は国家が責任を持つべき」という声への支持の集まりがあった

● 1970年代ごろより財政的問題から「国家が国民の生活を手厚く保障する」という福祉国家路線政策が批難されるようになった。また、「自分の生活は自助努力で何とかするべきだ」という自己責任の考え方が浸透した

●先進諸国は1980年代から福祉国家路線から大きく転換した。各国の福祉国家路線の政策は、政府の財政支出を切り詰め、国民に自助努力を求め、「小さな政府」を志向する新自由主義に基づくものに代わり、現在に至っている

▼ Note

第8章 内なる国際保健

【この章の目的】

国際保健学は、Global Health とも言われ、世界の国や地域で発生している様々な健康格差の縮小を目指す実践的な学問分野である。私たちの健康は、保健医療だけではなく、政治、経済、教育など、様々な分野から直接的・間接的に影響を受けている。健康格差の縮小を実現するためには、それぞれの地域における健康課題を把握し、学際的で、エビデンスに基づくアプローチが求められる。

【課題】

□国と地域の間には健康水準の格差が存在する。日本国内でも在留外国人は、日本人と比べて保健医療サービスへのアクセスや健康水準に格差が生じており、その解消に向けた取り組みが急務である。

第1節　国際保健学とは

学びのポイント！

●健康とは病気ではないということに留まらず、多面的に考えられるべきものである。その健康は、国や地域の間で格差が存在する。その格差の解消を目指すのが国際保健学である

日本政府によると、2024年5月2日現在、世界には196の国がある。196カ国には中国やインドのように人口が10億人を超える大国から、1000人にも満たないバチカンまで様々な国がある。赤道直下の国、四季がある国、経済的に豊かな国や貧しい国など、自然環境、社会経済の状況も様々であることから、それぞれの国の健康水準や健康課題も多様であることが想像できるであろう。

ところで健康とは何か。**世界保健機関**（WHO）は、「健康とは、病気でないとか、弱っていないということではなく、肉体的にも、精神的にも、そして社会的にも、すべてが満たされた状態にあること[*1]」と定義している。通常、健康について考えるとき、病気ではないことが健康であると考えてしまうかもしれない。また、自分自身の心身の状態に注目して考えることが多いため、「肉体的にも、精神的にも満たされた状態」ということはわかりやすいと思われる。では「社会的にも満たされた状態」というのはどういうことだろうか。一般に、人は他者との関わりの中で生きていく動物であり、「社会的」には、まわりにいる人々との関係や集団における役割などが関わってくる。新型コロナウイルス感染症の流行を抑制するために、私たちはまわりにいる人々と「ソーシャル・ディスタンス」を取ることを求められた。流行前と同じ様に周囲の人々と関わることができなかったことが原因で、心身ともに不調をきたした人も多数いた。肉体的、精神的、社会的な状態は、それぞれが独立して存在しているのではなく、相互に影響し合っているのである。

WHOの健康の定義は包括的であるが、抽象的でもあり、国や地域の健康水準を測定し、比較するには適しているとは言えない。健康水準の指標もたくさんあるが、ここでは**平均寿命**を使用し国や地域による健康水準の違いをみてみたい。煩雑にならないようにするために、全ての国ではなく、日本、タイ、ネパール、ウガンダの平均寿命を比較してみる（**図**

*1　日本WHO協会 https://japan-who.or.jp/about/who-what/identification-health/

1)。2022年の男女あわせた平均寿命は、日本84年、タイ80年、ネパール70年、ウガンダ64年で、日本とウガンダとの平均寿命の差は20年であった。同時代に生を受けた人の平均的な命の長さが、どこで生まれたかによってこれだけ異なっているのである。国際保健学は、このような国や地域の間にある健康格差を縮小することを目指している。

健康格差を縮めるためには、健康水準を上げることが必要であるが、そのためには何をすることが重要であろうか。病気になったときに治療を受けられるように医療施設を整備することは大切ではあるが、WHOの健康の定義から考えてもそれだけでは十分とは言えない。1984年にWHOがカナダのオタワで開催した**ヘルスプロモーション**を推進するための国際会議においてオタワ憲章が採択された。オタワ憲章は、健康のための基本的な条件や資源として、平和、住居、教育、食物、収入、安定した生態系、持続可能な生存のための資源、社会的公正と公平性をあげている。これは、健康を維持・増進していくためには、社会の様々な分野の関わりが重要であること意味している。

国際保健学は、国や地域の間の健康格差の縮小を目指していると述べたが、国際保健学の対象は外国の健康問題だけに留まらない。同じ国の中においても様々な理由で健康格差は生じている。現代社会は国際化が急速に進んでおり、日本においても外国から多くの人が留学や就業の目的で入国し、生活をしている。そんな日本において、国籍によって健康水準の違いが生じているようであれば、それは国内の課題ではあるが、国際保健学が対応すべき課題であるとも言える。

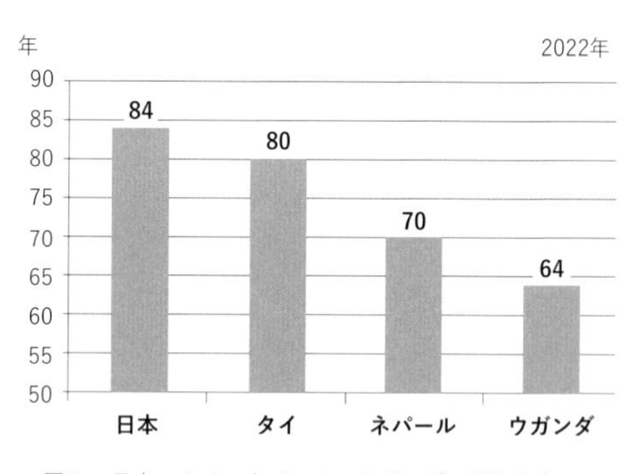

図1　日本、タイ、ネパール、ウガンダの平均寿命（男女合わせて）

出典：世界銀行のデータ[*2]に基づき筆者が作成した。

関心を深めよう

年間に1000人生まれてそのうち1歳の誕生日を迎える前に亡くなる子どもの数を乳児死亡率（出生1000対）という。日本は乳児死亡率が世界で最も低い国の一つである。

第2節　国際化が進む日本

学びのポイント！

●日本は1980年代後半から様々な制度により外国人労働者を受け入れてきた。現在は340万人超の外国人が日本で暮らしている。少子高齢化人口減少が進む日本にとって外国人労働者は重要な存在である

日本の国際化が進んでいる。外国との貿易や交流だけではなく、日本に住む外国人が増

*2　https://data.worldbank.org/indicator/SP.DYN.LE00.IN

加している。新型コロナウイルス感染症への対策として世界的に出入国が厳しく制限されたことから、2020年と2021年はそれぞれ前年よりも減少傾向にあったが、2023年12月には340万人を超える外国籍の人々が日本に住んでいた（**図2**）。出入国の規制が撤廃されたため、在留外国人数が今後増加することが予想されている。国籍別にみると、中国が89万人と最も多く、次いで近年増加が著しいベトナムが56万人、韓国41万人、フィリピン32万人、ブラジル21万人、ネパール17万人という順番で、近隣のアジア諸国出身者が上位の大半を占めていた。

2023年12月末時点の在留資格別の人数をみると、永住者が89万人と最も多く、次いで技能実習40万人、技術・人文知識・国際業務36万人、留学34万人、**特別永住者**28万人、家族滞在26万人、これらの資格で在留外国人の75%を占めていた（**図3**）。

日本は少子高齢化・人口減少が進んでおり、既に様々な分野で労働力が不足している。女性や高齢者の就業者の増加を図ったり、ITや人工知能を活用することにより生産性を向上させたりすることだけで不足する労働力を補うことは難しい。合計特殊出生率が劇的に上昇し、近い将来人口減少から人口増加に転じることも現実的ではないことを勘案すると、外国人の受入れは労働力不足を補い、活力ある社会を維持していくために重要な対応策と言える。

実は、日本は、1980年代後半から不足する労働力を補うために外国人労働者を受け入れてきている。南米へ移民した日本人の子孫である日系南米人の受入れ、経済連携協定による看護師、介護福祉士候補者の受入れ、**技能実習制度**、そして、2019年には**特定技能**

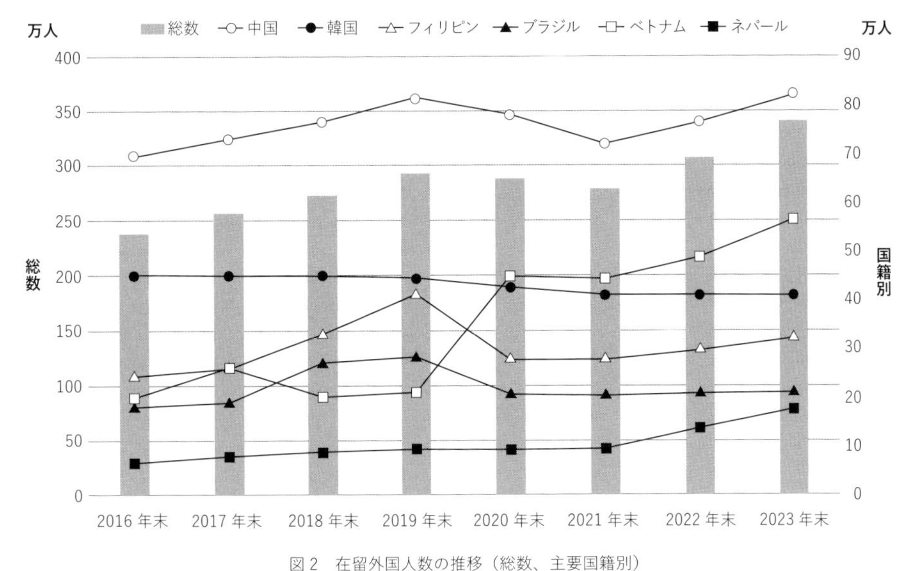

図2　在留外国人数の推移（総数、主要国籍別）
出典：出入国在留管理庁「在留外国人統計（旧登録外国人統計）統計表」[*3]より作成。

*3　https://www.moj.go.jp/isa/policies/statistics/toukei_ichiran_touroku/html

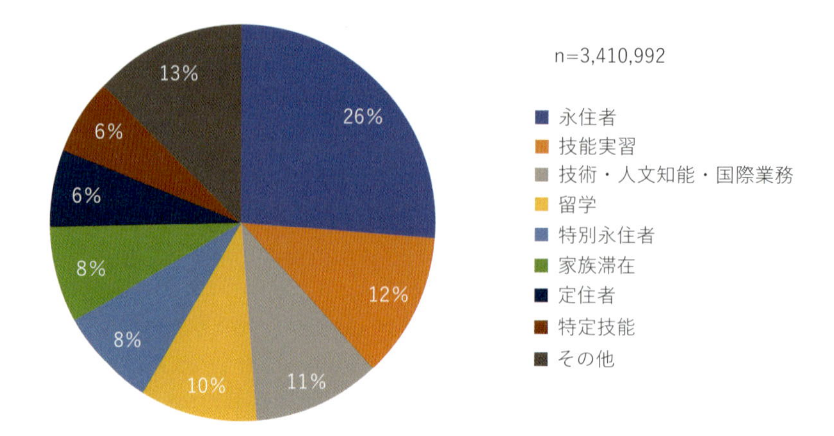

図3　主な在留資格別在留外国人の割合（2023年12月）

出典：出入国在留管理庁「在留外国人統計（旧登録外国人統計）2023年12月末」[*4]より作成。

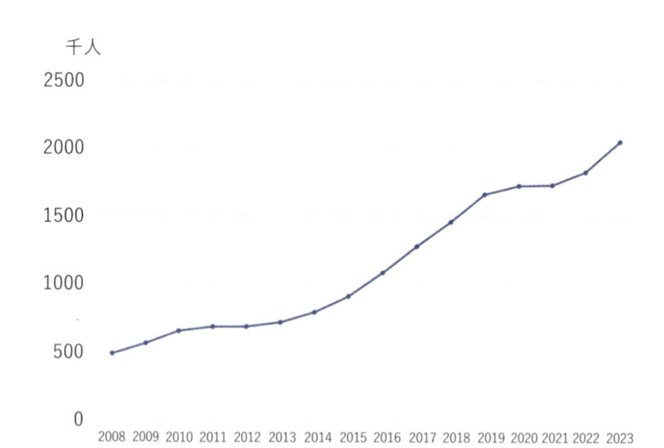

図4　外国人労働者の推移（2008年～2023年）

出典：厚生労働省「外国人雇用状況の届出」の届出状況のまとめ（平成29年10月末現在）と（令和5年10月末現在）[*5]より作成。

---

*4　https://www.e-stat.go.jp/stat-search/files?page=1&layout=datalist&toukei=00250012&tstat=000001018034&cycle=1&year=20230&month=24101212&tclass1=000001060399

*5　https://www.mhlw.go.jp/stf/seisakunitsuite/bunya/koyou_roudou/koyou/gaikokujin/gaikokujin-koyou/06.html

という新しい在留資格ができ、アジアの周辺国から一定の技能を持った人々を受け入れることになった。

外国人の雇用に関する統計を取り始めた2008年には既に48万人の外国人が就労していたが、その後も増加し、新型コロナウイルス感染症流行の影響により横ばいの期間もあったが、2022年に増加に転じ、2023年には204万人が就労をしていた（**図4**）。しかし、今後も、外国人労働者が増加し続けるかどうかは予断を許さない。それは、この約20年間、日本の経済成長率は低く、賃金の伸びもほぼ横ばいであった上に、2024年前半に円安が急激に進んだため、欧米だけではなく、アジア周辺国と比較して、働く場所として日本を選択する外国人が減少する可能性があるからである。技能実習生の劣悪な労働条件や賃金の未払い問題なども時々報道されている。「働き方改革」が政策として掲げられているが、日本人だけではなく、日本で働く外国人にとっても働きやすく過ごしやすい環境を整えていくことが労働力不足の解消につながる近道であることは論を待たない。

関心を深めよう

2023年5月1日時点の留学生は279,274人であり、前年から48,128人（20.8%）増加していた。多い順に中国、ネパール、ベトナム、韓国、ミャンマーの出身者で、全体の76%を占めていた。

第3節　在留外国人の健康問題と医療へのアクセス

学びのポイント！

●日本人と同様に、在留外国人もそれぞれの年代に応じて様々な健康問題を抱えているが、保健医療サービスを適切に利用できていない可能性がある。その改善に向けた取り組みも行われている

2024年4月1日現在、日本の老年人口の割合は29.2％で、日本は世界で最も人口の高齢化が進んだ国と言われている。一方で、2023年12月末現在の在留外国人は男女とも20～30歳代の人数が多く、男女あわせて全体に占める割合は54.1％であり、日本人の年齢構成とは大きく異なっていた（**図5**）。

一般に、若くて勉強や仕事をするために異国から渡って来る人々の多くは健康で、異国での生活を始めてからも健康上の大きな問題を抱えることは少ないと考えられる。一方で、ライフステージに応じた様々な健康問題は、国籍に関係なく発生する。

例えば、20～30歳代では、妊娠・出産・子育てといったライフイベントを経験する年代である。日本では、妊娠を自治体に届け出ることで妊婦は母子健康手帳を受け取り、様々な行政サービスを利用することが可能となる。また、必要に応じて出産や子育ての期間には保健師に相談することもできる。しかし、言葉の壁や習慣の違いから、外国籍の妊婦全員に母子健康手帳が届いていない可能性が指摘されている。保健師に相談する外国籍妊産婦は多くなく、保健師の側も言葉の問題等からサービス提供に困難を感じているようである。東京都大田区では、12ヶ国語対応タブレット通訳とやさしい日本語の活用によって外国籍妊産婦に対応している。また、国際保健の課題に取り組むNPO法人SHAREは、外国人コミュニティーの協力を得て母語による資料の開発を行っている。

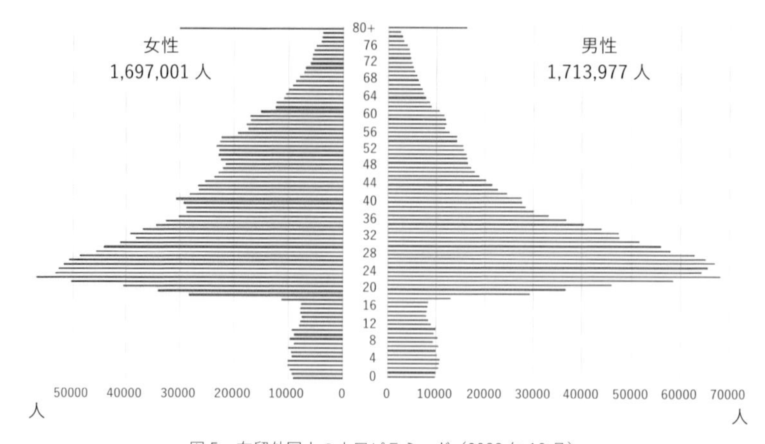

図 5　在留外国人の人口ピラミッド（2023 年 12 月）

出典：出入国在留管理庁「在留外国人統計（旧登録外国人統計）統計表」2023 年 12 月末[*6]より作成。

来日後に生活環境の変化や文化や価値観の違いなどにより体調を崩したり、加齢に伴い生活習慣病になったりすることは十分に考えられる。外国人労働者の雇入時の健康診断で男女それぞれ約 2 割がその後の受診が必要となったという報告もある。さらに、日本が生活の拠点となり、そのまま老後を過ごすことになる外国人も今後増加することが考えられる。その場合、介護や終末期のケアへのニーズが高まることも予想される。現に、2023 年 12 月末時点の在留外国人おける 65 歳以上の割合は 6.5% で、日本人に比べると低いものの、在留外国人も高齢化社会の入口にいることを示している。

少し古いデータではあるが、**図 6** は 2010 年の総数及び主要死因別の年齢調整死亡率（人口 10 万人）を国籍別（日本・外国）で示している。総数（全死因）では、日本国籍に比べて外国籍の人が死亡するリスクが高かった。また、悪性新生物、心疾患、脳血管疾患など、主要な死因別でも外国籍の死亡率の方が高かった。このような差異が発生している要因として医療や福祉サービスへのアクセスに関する課題があると考えられる。在留外国人も公的医療保険に加入することが義務付けられているが、保健医療サービスに関する情報の大半は日本語で提供されている。日本語が十分に理解できないため、医療者等とのコミュニケーションをとることが難しかったり、利用できる保健医療福祉サービスに関する情報を得られず、適切なサービスを利用できなかったり、利用するのが遅れたりする可能性がある。近年は、タブレット通訳やアプリケーション等を利用して多言語でのコミュニケーションがとれるようにしたり、医療通訳者を配置したりする医療機関も増えてきている。多言語対応ができる保健医療施設が増えることは望ましいが、日本にいる外国人の全ての言葉に医療通訳者を用意することは不可能である。在留外国人の多くは日本語での会話を全くできないわけではないため、外国人にもわかりやすい「**やさしい日本語**」を活用すること

*6　https://www.e-stat.go.jp/stat-search/files?page=1&layout=datalist&toukei=00250012&tstat=000001018034&cycle=1&year=20230&month=24101212 &tclass1=000001060399

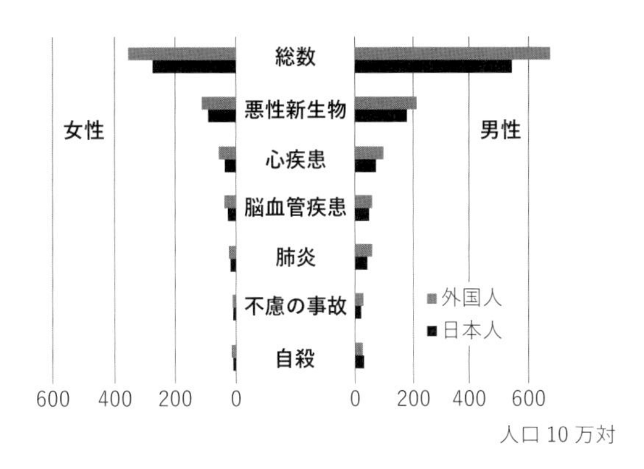

図6 主要死因別死亡率の国籍（日本・外国）別にみた比較 2010年

出典：厚生労働省「平成26年度 人口動態統計特殊報告 日本における人口動態－外国人を含む人口動態統計」[*7]より作成。

も重要である。また、言葉だけではなく、出身者の文化にも配慮した対応も在留外国人の保健医療サービスへのアクセスを改善するためには不可欠である。

関心を深めよう

外国人が安心して医療を受 けられるようにすることを目的として、外国人患者受入れ医療機関認証制度が作られ、2022年12月末時点で全国にある約8000か所の病院のうち60施設が認証を受けていた。

第4節 事例：在留外国人を対象としたHIV検査会

学びのポイント！

●在留外国人の約半分は20～30代であるため、HIVを含む性感染症の予防や治療を利用しやすくすることも重要である。ここでは筆者らが取り組んでいるHIV検査の多言語対応の取り組みについて紹介する

日本の新規**HIV**感染者・AIDS患者数は減少傾向にあったが、2023年は前年に比べ増加し、それぞれ669人、291人、計960人であった。国籍別の内訳は、日本国籍で523人、252人、外国籍で146人、39人であり、新規HIV感染者・AIDS患者に占める外国籍の割合は19.3%と、前年よりも高くなっていた（**図7**）。近年、外国籍の新規HIV感染者のうち、AIDSを発症してHIV感染が判明する割合は低下傾向にあり、2023年は21.1%で、日本国籍（32.5%）に比べて低かった（**図8**）。

早期にHIV感染を発見し、治療を開始することができれば、AIDSを発症せずに生活を継続することが可能であるため、HIVに感染するリスクのある人がHIV検査を受けることはとても重要である。日本では、**保健所**においてHIV検査を無料匿名で受けることが

*7 https://www.e-stat.go.jp/stat-search/files?page=1&layout=datalist&toukei=00450013&tstat=000001067688&cycle=8&tclass1=000001067692&tclass2val=0

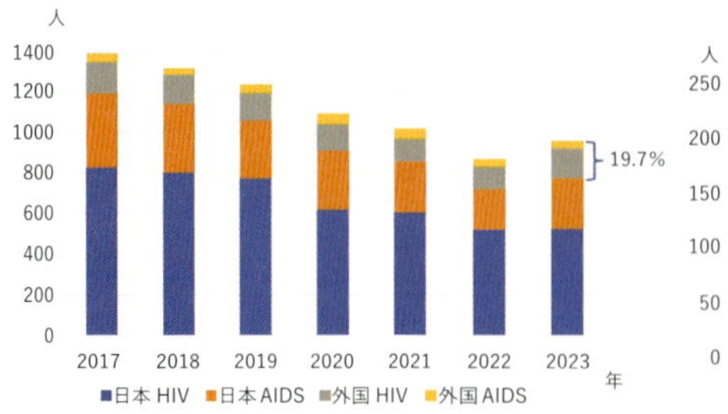

図7 HIV 感染者の年次推移
（日本国籍／外国籍別、2017～2023年）
出典：エイズ動向委員会「年報」[*8]より作成。

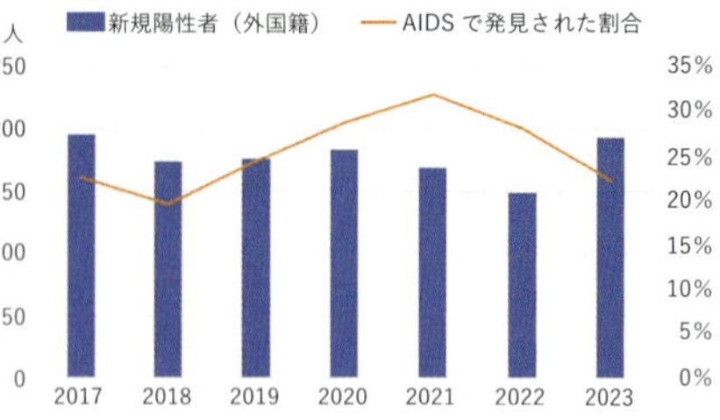

図8 新規陽性者数（外国籍）とそのうち AIDS で発見された割合の推移（2017年～2023年）
出典：エイズ動向委員会「年報」[*8]より作成。

できるが、一部を除いて日本語ができる人を対象としている。また、2020～2021年については、新型コロナウイルス感染症流行の影響で、保健所における HIV 検査が停止または縮小したため、在留外国人にとっては更に検査を受ける機会が減少した可能性がある。

筆者は、国内外の研究者とともに在留外国人を対象とした HIV 検査と医療へのアクセスを改善するための研究を行っている。この8年間でのべ500人以上の医療通訳者に対して HIV や結核、**セクシャリティー**や保健所の役割に関する研修を提供してきた。また、都内の日本語学校に通う中国、ベトナム、ネパール出身の在留外国人を対象とした調査からは、回答者の55％が HIV 検査を受検したいとし、主な受検促進要因が、無料、プライバシー遵守、通訳 / 言葉の支援であることが分かった（**図9**）。

そこで、筆者らは、医療機関と上述した研修に参加した医療通訳者の協力を得て、2021年11月から在留外国人を対象に、多言語に対応する HIV と梅毒の検査を無料匿名で提供する検査会の開催を始めた。2023年末までに、全国で21回実施し、のべ167人の在留外国人に HIV 検査を提供した。これらの経験から、(1) 検査会に関する多言語による広報を多方面に展開すること、(2) Web 上で検査予約を多言語でできるようにすること、(3) 受検者が言葉の支援を必要とする場合は、タブレットを介した遠隔通訳で対応すること、で概ね円滑に検査会を開催できることが分かってきた。検査会の広報については、外国語でチラシを作成し（**図10**）、外国人コミュニティーや性的マイノリティーを支援している NPO 等に周知をお願いするとともに、出会い系サイトへのバナー広告、検査会の Facebook（https://www.facebook.com/groups/hivtesting）による情報提供を行っている。

受検者の多くは日本に2年以上滞在していて、日本語でコミュニケーションをとれる人が多いため、検査を受けたいが言葉の壁があり受検できていない人に情報が届いているのか確かめていく必要がある。また、週末の午後から夕方の時間帯で対面の検査を提供してきたが、サービス業などに従事している人には受検しづらい時間帯である可能性があり、郵送検査など時間や場所に制約されない検査方法の多言語化についても検討する必要がある。さらに、保健所等での検査に多言語対応の要素を取り入れてもらうことが今後の課題である。

*8 https://api-net.jfap.or.jp/status/japan/nenpo.html

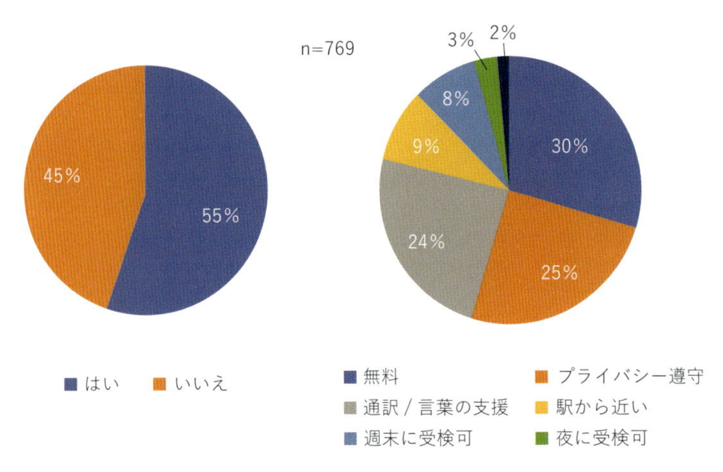

図 9　都内の日本語学校に通う留学生の HIV 検査受検意向と促進要因（2017 年）

出典：「厚生労働科学研究費補助金（エイズ対策研究事業）平成 29 年度分担研究報告書」[*9] のデータに基づき、筆者が作成した。

図 10　沖縄県で実施した HIV 検査会のチラシ（英語版）

このほか、中国語版、ベトナム語版、ネパール語版を作成し、配布した。厚生労働科学研究費補助金エイズ対策政策事業「在留外国人に対する HIV 検査や医療提供の体制構築に資する研究」（研究代表者筆者）の研究活動

関心を深めよう

HIV に感染しても治療を受けて体内のウイルス量を低く抑えることができれば、性行為等で他者に HIV を感染させることはない。このことを「U = U」（Undetectable = Untransmittable）という。早期発見が重要である。

*9　https://mhlw-grants.niph.go.jp/system/files/2017/172121/201719006A_upload/201719006A0004.pdf

第Ⅳ部　まとめ課題

① 福祉資源の分配は現金ですること（現金給付）がよいのか、あるいは現物ですること（現物給付）がよいのか、それはなぜなのかについて考えてみよう。

② 福祉資源の分配においては、誰にその負担を求め誰にどのように分配するべきか、そしてそれはどこまで強制できるのか、それはなぜなのかについて考えてみよう。

③ 福祉資源の分配においては、各人が所有する福祉資源がより平等な状態に近づくことを目指すべきか、あるいは必要最低限な分配にとどめるべきかを考えてみよう。

④ 世界子ども白書 2023（https://www.unicef.or.jp/sowc/data.html）から健康に関連する指標を選択し、図 1 と同様に国際的な比較をし、その違いの要因について考察する。

⑤ 自分が住んでいる自治体が、日本語を十分に理解できない外国籍の住民に対して、住民が利用できる保健・医療・福祉サービスに関する情報をどのように伝えているのか調べてみよう。

⑥ 在留外国人がサービスを利用しやすくするために保健医療機関が実施している取組みの好事例を調べてみよう。

第Ⅳ部 参考文献

第 7 章

エスピン・アンデルセン；岡沢憲芙・宮本太郎監訳『福祉資本主義の三つの世界』ミネルヴァ書房、2001 年。
稲沢公一・岩崎晋也『社会福祉をつかむ』有斐閣、2008 年。
武川正吾『福祉社会』有斐閣、2001 年。
W. キムリッカ；千葉眞・岡崎晴輝監訳『現代政治論』日本経済評論社、2011 年。
土場学・盛山和夫編『正義の論理』勁草書房、2006 年。
塩野谷祐一・鈴村興太郎・後藤玲子編『福祉の公共哲学』東京大学出版会、2004 年。
J・S・ミル著　川名雄一郎・山本圭一郎訳『功利主義論集』京都大学学術出版会、2010 年。 R・ノージック著　島津格訳『アナーキー・国家・ユートピア』木鐸社、2010 年。
F・A・ハイエク著　西山千明訳『隷属への道』春秋社、2008 年。
J・ロールズ著　川本隆志・福間聡・神島裕子訳『正義論』紀伊国屋書店、2010 年。

第 8 章

宮島喬、鈴木江理子『新版　外国人労働者受け入れを問う　岩波ブックレット No.1010』岩波書店、2020 年。
池田成江他「在留・訪日外国人対応の医療チーム」『日本臨床腎移植学会雑誌』8(1)、pp.26–32、2020 年。
武田丈他「外国人母子保健に関する CBPR からみえてくる『地域社会と外国人』」『人間福祉学研究』12(1)、pp.57–71、2019 年。
武田裕子、岩田一成「『やさしい日本語』を用いた外国人診療」『日本医事新報』4961 号、pp.60–61、2019 年。
澤田晃宏『外国人まかせ』サイゾー、2022 年。
Tokyo Sexual Health 2022(https://www.tsh.ncgm.go.jp/about_sexual_health/Sexuality_and_Gender.html)、2023 年。

第Ｖ部

社会と会計学

企業会計は、企業が行う経済活動を主として貨幣単位を用いて、記録し、計算し、情報としてまとめ、利害関係者に対して報告する行為をいう。会計学は、企業における会計行為、企業会計における計算システムの構造、そこでの会計処理、及びその結果としてまとめられる会計情報の開示に関する研究を行う学問である。

第9章　会計の歴史と社会

【この章の目的】
現代の企業で採用されている複式簿記は、その成立から少なくとも600年から700年の歴史をもっていると言われている。会計は、事業組織自体やその事業体を取り巻く社会経済の発展とともに進化してきた。本章では、企業会計のルーツと成り立ちの過程を辿り、事業を行う組織や社会経済の発展と、事業に不可欠なツールとして存在してきた会計との関連性を紐解く。

【課　題】
□商行為においてなぜ会計が必要なのか、その理由を考える。
□事業体の発展によって、会計に求められる機能はどのように変化したかを考える。
□複式簿記とはどのような特徴を持つ計算システムかを考える。

第1節　複式簿記の成立

学びのポイント！
- 中世イタリアの二つの事業組織における資金調達方法の違いを知る
- 中世イタリアで実施されていたとされる二つの損益計算の内容と違いを知る
- 当座企業において全体損益計算が実施されていた理由を知る

現在企業が採用している簿記は複式簿記である。複式簿記を通じて作成される損益計算書と貸借対照表（財務諸表という）は、およそ貨幣数値でトレースできるすべての企業活動を把握して集計した結果であるから、これらの財務諸表は企業活動の縮図と言われるのである。

ではこの複式簿記はいつごろから実践されるようになったのだろうか。現在企業で採用されている複式簿記の発祥の地は中世期のイタリアであるとされている。フィレンツェやジェノバなどイタリア北部の商業都市に11世紀末から15世紀の会計帳簿史料が残存しており、時代を下るに従って複式簿記が成立していく過程を辿ることができる。複式簿記は中世イタリアの商人が自らの商売の取引を記録する営みのうちに慣習として根づき、洗練されて来たと言われている。その発展過程において、記録・計算の合理化が図られてきた。きわめて初期には取引を文章形式で記録するところから始まり、勘定科目の使用が一般化すると、記録は簡潔になっていった。複式簿記が成立したと考えられる14世紀の帳簿記録には、貨幣資産や**債権債務**の勘定、そして利益も含めて事業主自らの取り分である資本勘定に相当する科目のほか、事業活動を示す収益および費用の勘定科目も見られる。

◀
ルカ・パチオリ肖像画
『スムマ』の著者、フランチェスカ僧団の僧侶、数学者。Galleria Nazionale di Capodionte, Napoli. 所蔵。

▶
Luca Pacioli,"Summa de Arithmetica, Geometrica, Proportion et Propotionalita,"1494.（算術・幾何・比および比例総攬）
Stockholms Universitetsbibliotek 所蔵

商人たちの記帳技術であった簿記が複式簿記へと進化したのには理由がある。一つには当時の商人の合理性ということだが、もう一つはその事業活動の全体を把握し、報告する必要が生じたためである。複式簿記は、**資産、負債、資本（純資産）、収益、費用**の5つに分類された勘定科目の組み合わせによって、その事業体の経済活動を原因と結果の対応関係をもとに複式に記録し、その蓄積された記録を集計し、その事業体の財産の規模と経済活動 による増殖状況、つまり損益を計算する。複式簿記によらない（単式）簿記では明らかにできない事業活動の全体と損益が生み出される過程を示すことができることが、成立して以来長い年月を経ても、複式簿記が今なお営利事業体に採用されている所以である。

中世イタリアの先進的商人は、すでにヨーロッパ各地に支店を設けて広範囲にわたる事業を展開し、かつ事業規模も大きくなっていたことから、事業を効率的に運営するためにはその活動の全体を把握して計算できる仕組みが必要であった。さらに当時のイタリア北部の諸都市は北アフリカ大陸との地中海貿易で栄えたが、船を仕立てて行う貿易事業は多額の資金を必要とし、事業主は本人やその家族以外の他人から資金の拠出を受けて事業を行い、一航海が終了するごとに全ての財産を清算して、拠出された資本と貿易事業によって得られた利益を出資者に分配する必要があった（**当座事業**）。その場合、資金の拠出を受けて事業を運営する者は、その事業の終了時に正確な計算のもとに事業の利益を算定して分配するとともに、事業の状況と成否を明らかにする責任を負ったと考えられる。こうした事業の全体的な管理と正確な利益計算の必要性が、複式簿記を普及発展させたのである。

複式簿記は計算のための器であることから、その態様は会計を行う組織体の性格と、そこでどのような計算を行うかに依存する。当時のイタリアの事業形態には、家族経営により事業を行う同族組合的組織と、本人、家族以外の第三者から出資を募り、事業に必要な資金を調達する期間組合的組織があったと言われる。前者は主に商業都市ヴェネツィアに、後者は金融都市フィレンツェに多く見られたという。同族組合的組織では、主として個々の商品別に販売益を計算する**口別損益計算**（くちべつそんえきけいさん）が一般的に行われていたと言われる。口別損益計算はその事業体が取り扱う個別商品の管理を行うために有用であるが、事業全体の損益計算を行わない。これに対して期間組合的組織では文字通り、期間を区切った事業が想定されており、その事業が一旦終了すれば全ての財産は清算され、事業によって獲得された利益は出資者に分配されるため、**全体損益計算**を行うことが必要である。

15世紀の終わりにヴェネツィア商人が行う複式簿記を解説したルカ・パチオリの著作『スムマ』に示された損益計算は口別損益計算であった。『スムマ』はその後、北ヨーロッパの各都市で翻訳され、イタリア式複式簿記による記録法を伝える役割を果たしたが、そ

関連TOPICS

▶活版印刷と簿記書

15世紀ドイツでは、グーテンベルグが活版印刷機を発明した。この印刷技術の発展は、簿記の歴史にも大きく貢献した。印刷された出版物として刊行された数学書『スムマ』（ルカ・パチオリ著、1494年）に記された当時のヴェネツィア商人が実践していた簿記の記述は印刷物としては世界最古のものである。『スムマ』の出版は、それまでその土地の商人の間で行われていたローカルな計算方法であった複式簿記の技術が、特に商業発展が進むオランダやドイツ、フラン スなど西ヨーロッパの国々に広がる契機となったのである。

の後の時代に複式簿記を発展させ、その仕組みを繋いだのは全体損益計算を指向するフィレンツェ式の複式簿記であった。

関心を深めよう

●中世イタリア北部の都市で商業が発達した要因を調べよう
●金融都市フィレンツェの大商人メディチ家の事業を調べよう

第2節　大航海時代における株式会社の成立と期間損益計算

学びのポイント！

●オランダ東インド会社はどのような経緯で設立されたかを知る
●オランダ東インド会社が世界初の株式会社と考えられる理由を知る
●当座企業と継続企業おける損益計算の違いを知る

17世紀に入りヨーロッパ経済の覇権がイタリアからオランダなどの西ヨーロッパに移ると同時に、複式簿記は翻訳などの形で印刷本を介して北ヨーロッパ諸国に伝播し、その地においてその後の時代に一般的となる帳簿形式や会計処理が考案されていく。その時代に至っては、中世イタリア商人の事業組織とは比較できない規模と事業活動範囲の著しい拡大が見られ、複式簿記は事業体の経済活動にはなくてはならない計算の仕組みとしてヨーロッパ各地の商業都市に定着していった。

16世紀から17世紀にかけてヨーロッパは大航海時代に入る。オランダに東インド会社が設立されたのは1602年である。正式名称はネーデルラント連合東インド会社という。すでにポルトガル、スペイン、イギリスを始め、ヨーロッパ諸国による東南アジア貿易の覇権争いが激化していた時代である。こうした動きに対してオランダ議会は乱立していた国内の貿易会社を結集して、他国に対抗しようとしたのである。オランダ東インド会社では、有力商人たちの出資によって事業資金が調達された。この国策ともいえる東南アジア貿易の商圏獲得のために必要とされる資金を、より多くの出資者の拠出によって賄うため、1640年代にはアムステルダムに証券市場が設立された。

▲14の航海会社を合併して設立されたことから「連合」東インド会社と呼ばれる。図はVerenigde Oost-Indische Compagnieの頭文字をとっているアムステルダム本社の紋章。(https://commons.wikimedia.org/wiki/File:VOC-Amsterdam.svg)

このオランダ東インド会社は株式会社の始まりとも言われている。一般的に株式会社の成立の要件として、株主有限責任制、会社運営の機関の設置、事

関連TOPICS

▶17世紀の貿易大国オランダ

17世紀ヨーロッパ最大の貿易大国オランダの成功は、拠点であるアムステルダムが北海に面し、各国の船が荷積のために入港できるという地の利を得たことのほか、造船技術が発達していたこと、帆船の材料となる帆と帆船の帆を調整するための軸にオランダで一般的に使われていた風車の構造を応用できたこと、そして動力を風力で得ることができたことにあると言われている。そのため17世紀初頭には、オランダ商人が所有する船舶数はヨーロッパ11ヵ国の総数に匹敵する程だった。(永積昭『オランダ東インド会社』講談社学術文庫［2000］pp.57-59)

業の継続性、株式の譲渡可能性が挙げられるが、オランダ東インド会社がその設立時にオランダの連邦議会から交付された東インド貿易を独占する勅許状には、出資者は全て**有限責任**である旨が示されており、会社の機関として「取締役会」が設置されていた。さらに勅許状には20年間の独占的活動が約されており、それまで一航海ごとに事業の清算を繰り返していた当座事業から現代の企業に通じる**継続事業**へと変容し、その進化を見ることができる。そして株式の譲渡可能性については、未だ証券化には至っていなかったものの、社員（出資者）名簿に記載された出資額を他人に譲渡することが可能であったと言われる。1600年に設立されたイギリス東インド会社が上記の株式会社としての要件を満たしていない段階で、オランダの東インド会社は株式会社の体裁は整えていたのである。しかし内実は業務執行を行う機能資本家により構成される取締役会が専制的に事業運営をしており、実際に複式簿記による会計は行われていたものの、定期的な決算報告は行われなかったとも言われている。

これに対して、イギリス東インド会社は、設立当初こそオランダ東インド会社の資本規模には及ばないうえ、貿易商人が事業資本を出し合って事業を運営する期間組合として、1航海ごとに清算を行う当座企業であったが、1657年に護国卿クロムウェルと、王政復古後の1661年のチャールズ2世による組織改革を経て、出資者総会が設置され株主有限責任制が認められるとともに、当座事業から継続事業を行う企業体となった。さらにこの制度改革によって、出資者に分配される配当は利益を原資とすることが定められた。継続事業への変容は、定期的かつ正確な損益計算と会計報告の必要性を生じさせるが、定期的な決算（設立後7年、及びそれ以降は3年ごと）を行うことが決められ、1664年にはその計算の仕組みとして複式簿記が採用された。ここに、現代に通じる民主的な株式会社としてイギリス東インド会社が成立したのである。

オランダにおいて簿記書を通じて複式簿記を初めて紹介したのは、アントウェルペンの商人、ヤン・イムピンであると言われている。彼は1543年に刊行された『新しい手引き』において、イタリア式複式簿記を解説するとともに、15世紀には見られなかった未販売在庫の会計処理についても触れている。また17世紀初期に刊行されたジモン・ステヴィンの『数学的回想録』には、年1回の決算が言及されており、オランダの簿記実務においてはすでに決算に基づく**期間損益計算**が行われていたことが窺われる。そしてステヴィンの簿記書では、正確な期間損益計算を行うために、総勘定元帳を締め切る前の段階で資産・負債・資本による「状態表」と収益と費用による「損益表」の2種の「精算表」を作成することが示されている。このようにこの時代の簿記書は、それまでのようなイタリア式複式簿記の翻訳や解説にとどまらず、当時の会計事情を反映した新しい簿記手続きが考案される段階に至っていることがわかる。

関連 TOPICS

▶ネーデルラント連合東インド会社

1597年にアムステルダムに設立された新航海会社は遠国会社（1594年設立）と合併し、1598年にインドネシアのジャワ島到達に成功した。この航海会社は現地で大量に香辛料を仕入れ、ヨーロッパに持ち帰ると400パーセントの利益を生み出したと言われている。その後次々と設立されるオランダの貿易会社同士の競争が国益に負の影響を与えることが危惧されるようになった。そこでオランダ議会は、14の航海会社を合併させ、1602年に連合東インド会社（VOC）を誕生させた。東インド会社の名称の前に連合とされているのは、こうしたいくつもの会社が集まってできたからである。

▼16-17 世紀に出版された簿記書

刊行年	著者名	国名	書名
1534 年	D. マンツォーニ	イタリア	『ヴェネツィア方式による仕訳帳』
1543 年	J. イムピン	オランダ	『新しい手引き』
1573 年	B. コルトリ	イタリア	『商業および完全な商人』
1605 年	S. ステヴィン	オランダ	『数学的回想録』
1675 年	**J. サヴァリー**	フランス	『完全なる商人』

出典：友岡賛『歴史にふれる会計学』有斐閣、1996 年、p.97 より抜粋し、著者が作成した。

関心を深めよう

大航海時代に設立されたオランダとイギリスのそれぞれの東インド会社の組織の共通点と相違点、及び会計報告のあり方をまとめてみよう。

第 3 節　産業革命がもたらした会計の進化

学びのポイント！

- ●産業革命が株式会社制度を発展させた理由を考える
- ●株式会社の発展が簿記・会計にどのような影響を及ぼしたかを考える
- ●イギリスにおいて会計制度が形成された社会経済的な背景とはどのようなものであったかを考える

17 世紀から 18 世紀にかけて黄金時代を謳歌したオランダは徐々にその勢いを落としていき、それに代わって勢力を拡大したのがイギリスである。イギリスは東インド会社によるインド経営を中心に、綿製品をいち早くヨーロッパにもたらしたが、その後も経済覇権をアメリカ大陸に延ばし、原材料を植民地から調達し、自国で製品化する方向転換を図った。それまで農村の余剰労働力を使って行われていた織物製造は、需要に押されてその製造を集中的に行う工業制手工業へと進化し、18 世紀半ばの産業革命期には、織機や紡績機の発明、ついで蒸気機関の発明によって動力を得ると、都市型の工場制機械工業へと発展していったのである。

都市型の工場制機械製造を行うために必要な多額の資金を集める手段として、株式会社制が利用されたことは言うまでもない。すでに証券市場は機能しており、投資家の投資欲を充足するほど大掛かりな事業が現れたのである。投資資金を効率的に集める資本家は生

関連 TOPICS

▶株式会社における会計情報の役割

株式会社は、不特定多数の出資を募る仕組みであるため、出資者の数が多くなればなるほど、実際に経営に携わる者と資金だけを拠出する者とに役割が分化していく。この考え方によれば、株式会社の実務を担当する経営者は、その会社に資金を拠出している株主から経営を任されている代理人に過ぎず、株主総会による信任を受けなければ事業を行うことができない。そのため、これらの両者の信頼関係を維持するツールとして、貸借対照表と損益計算書を中心とした会計情報つまり財務諸表がある。財務諸表は、資金の運用を委託した株主に対して受託者である経営者がその責任の遂行状況を説明するためにある。この経営者による説明責任をアカウンタビリティ（会計責任）という。

産が利益を呼び、利益が利益を呼び、さらにそれを配当または蓄積するというサイクルを作り上げた。18世紀後半にイギリスで発生した産業革命は、このような経済活性化の起爆剤として作用し、株式会社を近代的な組織として成立させるとともに、その活動の具体的なあり方も大きく変容させ、その影響を社会構造全体に波及させた。

それでは、産業革命下において会計はどのように変化していったのか。この頃には、株式会社は継続企業化しており、期間損益計算を定期的に行う時代に入っている。さらに資本規模が拡大した株式会社においては、不特定多数の投資家の資本参加によって投資と経営の分化が進んだ結果、投資家たちは投資先に対する意思決定を行うために企業の活動実態を反映した会計情報を必要とした。イギリスにおいては、1720年に発生した南海泡沫事件以 降、共同出資会社の設立に慎重な姿勢がとられてきたが、産業革命による経済活動の発展・拡大を背景に、1844年に会社登記法が制定された。ここでは株式会社の設立に際して認可制に代えて準則制が導入され会社の設立が容易になったが、それと引き換えに決算に関する規定が定められ、株主総会における会社の財務内容の開示が求められるとともに、貸借対照表などの会計書類の信頼性を確保するため監査役の設置が義務付けられた。1856年会社法ではこの監査役に職業会計士を選任することができるようになった。

産業革命以降は会計報告の制度化だけでなく、会計方法にも進展が見られた。製造工場のみならず**鉄道会社**や運河会社、石炭採掘事業の運営には、何年にも渡って使い続ける有形固定資産を必要とした。その購入支出を従来の処理法、すなわち購入した一期間にすべて一括費用として負担させるという不合理性が議論されるようになった。こうした背景が**減価償却**処理を考案させるきっかけとなったのである。

このように不特定多数の投資家から資金の拠出を受け、大がかりな事業を行う株式会社が一般化すると、そこにおける会計実務は、投資家の情報ニーズに応じるように発展していった。20世紀前後には今日の企業会計で行われている会計処理が実践されるようになり、そこに会計理論的な説明の必要性が生じてくる。こうした中、上梓されたのがシュマーレンバッハの『動的貸借対照表論』（1919年刊）である。この書物の中で彼は、収益と費用を損益計算の中心に据え、その観点から、それまで財務表の中心をなしていた貸借対照表を再定義した。

このシュマーレンバッハの説は「動態論」とよばれている。彼は、企業活動は動的なも

関連 TOPICS

▶南海泡沫事件

スペインの王位継承をめぐる戦費を調達するため、イギリスはその国債の引受会社として南海会社を利用した。南海会社の本業は不振であったにもかかわらず投資家の株価値上がりに対する期待だけが膨れ上がり、それが南海会社の株価を押し上げ、さらにその投資熱が実体を伴わない他の会社に対する投資へと波及した。証券市場は過熱状態になり俗に南海バブルと言われる状況が作り出されたのである。しかしその後バブルが崩壊し、証券市場の株価が暴落したことでイギリス社会は混乱をきたした。

▶公認会計専門職の始まり

18世紀後半にイギリスで発生した産業革命によって投資需要が高まり、会計を専門に職業とする者が現れた。特に会社法の改正など会計に対する法的規制が強化されるようになり、その重要性は高まった。イギリスに最初に設立された会計士団体はスコットランド勅許会計士協会で、1854年のことである。その後1880年にイングランド・ウェールズ勅許会計士協会が設立された。日本公認会計士協会など、現在先進国に存在する会計士団体の先駆けである。また現在ビッグ4と呼ばれる巨大会計ファーム（2024年3月現在、デロイト トウ シュトーマツ、アーンスト & ヤング、KPMG、プライスウォーターハウス）の前身は、いずれも産業革命時にこの地で開業しており、KPMGを除き、本部は今でもロンドンにある。

のであるので、その活動をトレースする会計もまた本来動的なものであるべきだと考え、その企業活動の結果である損益計算は、期首と期末とを比較し純財産がどれだけ増えたかというストック計算ではなく、企業活動の努力（費用）と成果（収益）との比較によるフロー計算で行うべきだとするのである。つまりそれまでの利益観の転換である。こうしたフロー計算を重視した利益観にもとづくと、期末のストックを一覧表示する貸借対照表には当期の損益計算に関係しない項目が記載されているということになる。シュマーレンバッハの動態論において、貸借対照表に記載される諸項目を以下のように定義される。

●資産項目
貨幣、収益未収入（売掛金などの営業債権）、支出未収入（貸付金などの債権）、支出未費用（棚卸資産、有形固定資産などの費用性資産）
●負債項目
費用未支出（買掛金などの営業債務）、収入未支出（借入金などの債務）、収入未収益（前受金など）

これらの定義づけは、貸借対照表項目を当期の期間損益計算の観点から再定義したものである。この考え方により、それまで貸借対照表の純財産の内訳明細程度の意味しか与えられなかった損益勘定は損益計算書として財務表の地位を得、貸借対照表は当期の損益計算と次期以降の損益計算とを結びつける連結環としての役割を果たすものとして定義づけられた。ここに貸借対照表と損益計算書との関係づけ、及びそれぞれの財務表の役割が明確化され、収益と費用を中心とした利益観の基礎が形作られたのである。この動態論はその後の会計の理論的基礎となり今日に至っている。

関心を深めよう
シュマーレンバッハによって提唱された動態論的会計思考が反映されている今日の具体的な会計処理とは何かを考えてみよう。

第4節　日本における簿記の発展過程

学びのポイント！
●西洋式の複式簿記とは異なる日本固有の簿記法の特徴を考える
●近世期の富商が帳合法を発展させた理由を考える
●明治初期における西洋式複式簿記の移入経路を考える

わが国の江戸期には大きな戦乱もなく、その後の時代の経済基盤が整えられていったが、その中で、一部の「大店（おおだな）」と呼ばれる商人たちは、本家のある京都、大坂、近江といった

関連TOPICS
▶明治期以前の日本と複式簿記
17世紀にオランダ東インド会社が東南アジアを中心に貿易の勢力圏を伸ばしていた時期に日本では江戸時代を迎えていた。バタヴィアのオランダ東インド会社はその支店として1609年に平戸（1641年以降は長崎出島）に商館を設け、幕末に至るまで西洋国として唯一わが国と商取引を行っていた。しかしオランダ東インド会社が採用していた複式簿記がわが国に伝播したということを証明する簿記書や帳簿資料は残されておらず、江戸時代のわが国では固有の帳合法が実践されていたと考えられている。

近畿圏から全国各地に支店を設けて商圏を広げ、富を蓄積していった。明治期に財閥を形成しわが国の近代化を牽引した事業体が生まれたのはこの時代である。わが国固有の簿記（以下、帳合法という）の多くは、たとえば金銭収支や債権債務の推移といった事業体の経済活動の一端のみを示す備忘記録的なものだったが、富商（ふしょう）が実践した帳合法は、先駆的な特徴を持つものが少なくない。

三井家、鴻池家、住友家、中井家などに代表される富商は本店以外にも各地に支店を設けて商品を仕入れ、江戸を中心に販売活動を行った。その経済活動は多角化しており、かつ本家が事業部門に資金を投融資する形態であったことから、支店から本店、さらには本店から本家筋へ定期的に決算報告が行われるとともに内部監査が行われていた事例も見られる。つまり支店管理のほかに 家業の成否と家産の現状を把握するために、その経済活動の全体を計算できる簿記の仕組みが必要とされたのである。そこで行われていた帳合法は、中小の商家に一般的に見られた断片的で備忘記録的なものではなく、**大福帳**形式による多種多様な会計帳簿を設定しながらも帳簿間の関係を維持しつつ、経済的取引の複式記入が行われる結果、財産計算と損益計算を同時に行うことのできる計算方式だった。

近世期において帳合法は、商家それぞれが創意工夫をもって事業体の経済活動の記録と損益計算を行っていた。その大きな特徴は上述した多帳簿制による複記式決算法であるが、その他にも今日の複式簿記に共通する会計処理実践が見られる。すでに事業が継続的に行われていたことから、年2回の定期的な決算を行い期間損益計算が行われるとともに、期間を区切ることによって生じる本店支店間の未実現利益の調整計算や、金銀、商品など財産の繰越処理なども残存史料から確認できる。このような複式簿記に極めて類似した結果をもたらす帳合法の仕組みは、江戸期を通じて実践され続けたのである。

▼わが国において明治初期に出版された簿記書

刊行年	訳・著・編著	書名
1873（明治6）年	福澤諭吉訳	帳合之法初編一・二巻（略式）
	加藤斌訳	商家必用（単式）
	大蔵省編	銀行簿記精法（A シャンド原述）
1874（明治7）年	福澤諭吉訳	帳合之法続編三・四巻（本式）
1875（明治8）年	小林儀秀訳	馬耳蘇氏記簿法
1876（明治9）年	小林儀秀訳	馬耳蘇氏複式記簿法
1877（明治10）年	加藤斌訳	商家必用（複式）
1878（明治11）年	森下・森島訳	簿記学階梯
1879（明治12）年	竹田等著	簿記学精理

出典：著者作成

明治期に入り、最初にわが国に西洋式の複式簿記をもたらしたのは、福澤諭吉による『帳合之法』（1873年刊6月初編刊）とお雇い外国人アラン・シャンドが大蔵官僚に講述した銀行簿記を筆記し書物化した『銀行簿記精法』（1873年12月刊）である。『帳合之法』は米国の商業学校の簿記教科書を訳したものだが、日本の商慣行とそれまで実践されてきた帳合法を意識しつつ、西洋式簿記導入の意義を説き、複式簿記の根本的な思考である貸借平均の原理や借方と貸方を始めとした基本用語の解説を行なっている。本書は教育機関において**簿記教科書**として読まれ、わが国に複式簿記を移入する先導的な役割を果たした。ただ明治初期の段階でわが国の経済を牽引する事業体のうち、江戸期より続く富商はすでに長期にわたりその家固有の帳合法を実践してきており、複式簿記への転換は容易ではなかったが、その一方で**国立銀行**を先駆として、明治期以降に設立された三菱などは比較的早い時期から複式簿記を導入した。三菱会社は海運を中心に明治政府から事業を委託されており、明治政府に対して定期的な決算報告が義務付けられていたためである。

その後、明治政府主導で複式簿記実践が推奨される中、複式簿記の使用を決定づけたのは明治23年に制定された旧商法（明治32年現行商法の成立により破産編を除き廃止）であった。わが国の法制度において、会社は貸借対照表などの計算書類を作成することが初めて法律により規定されたからである。

旧商法が制定される前後から複式簿記を内容とする簿記教科書が多数出版された。わが国の複式簿記の黎明期はアメリカ、イギリス、ドイツなど外国の簿記書の翻訳から始まったが、明治中期頃からは複式簿記の手続きや会計計算の構造を対象とする学術研究や諸外国の会計学者の学説研究の成果が現れた。わが国における会計学の始まりである。

実務においては、明治11年に証券取引所が設立され、株式会社が徐々にわが国の経済に浸透していく中で、特に大企業を中心に複式簿記の採用が進められたが、圧倒的多数の中小商店では、昭和初期においてもなお金銭出入帳をはじめとする旧来型の単式簿記が実践された。今日のように日本津々浦々複式簿記が採用されるようになったのは、第二次世界大戦後に商法及び法人税法が改正されてからである。

関心を深めよう

明治期に財閥を形成した三井家や住友家は、近世期にどのような事業を展開していたのかを調べてみよう。

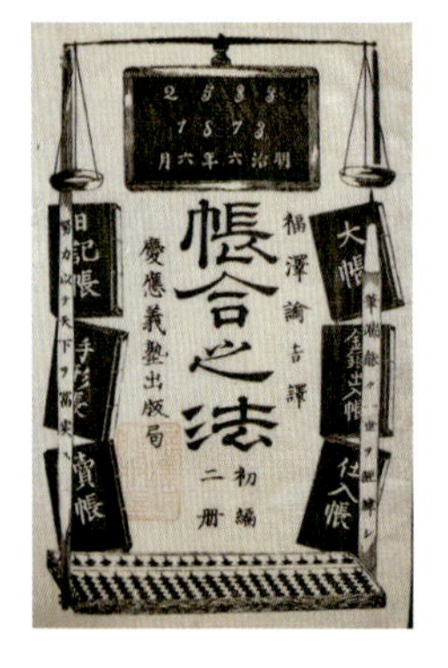

◀ 福澤諭吉抄訳『帳合之法』初編二冊、二編二冊、慶應義塾出版局刊、明治6年。個人蔵。

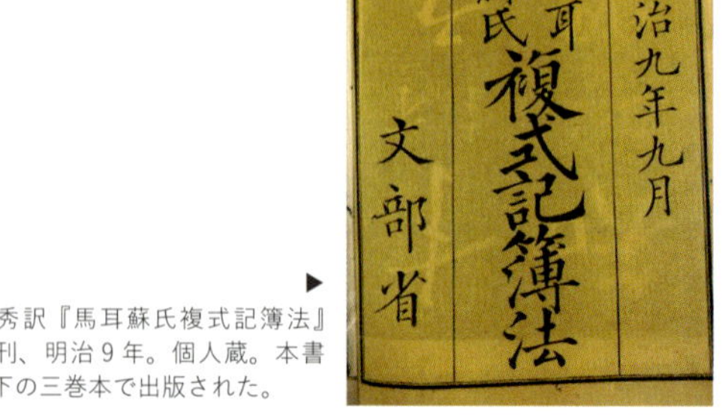

▶ 小林儀秀訳『馬耳蘇氏複式記簿法』文部省刊、明治9年。個人蔵。本書は上中下の三巻本で出版された。

第10章 国際会計への招待

【この章の目的】

企業活動の国際化とグローバルな資本市場の発展に伴い、会計が複数の国家に関わるような規模、もしくは世界的な規模に広がることが常態となってきた。そのため、現代では国内の視点のみではなく、国際的な視点で会計を考えることが必要不可欠である。本章ではIASやIFRSという名称で話題の会計制度の国際的統一の問題を中心に、国際会計の諸問題を考えていきたい。

【課 題】

□国際会計の分野では何が問題になっているのか、国際的な視点で会計を理解することがどのようなことであるか、各国ごとに異なる会計制度の統一をどのように考えるか、を考えていただきたい。

第1節 国際会計の定義、類型、および発展の背景

学びのポイント！

- ●国際会計がどのような学問であり、どのような類型に分類できるか
- ●国際会計が重要な論点となった背景にはどのような事象が存在するのか
- ●とりわけ、広範な国際的資本市場の形成が会計に何をもたらしたか

国際会計論は比較的新しい学問であり、明確な定義はまだない。複数の国家に関係している会計、世界的な会計を対象とすると考えてよいであろう。現代社会では、会計が複数の国家に関わるような規模、もしくは世界的な規模に拡張されているといってよいであろう。そういう意味では、国際的な視野を持ち、その観点に立って会計を考えることが重要であろう。

国際会計の視点は既に20世紀後半より重要になってきている。そしてその背景には以下の3つの事象が存在している。

第1に企業の国際取引の驚異的な発展である。国境を越えた商品・製品の流通、例えば日本企業が海外の企業と取引を行うことが頻繁になる。

第2に多国籍企業の増大である。国境を越えた企業が出現し、例えば日本企業が海外に支店や子会社を持つようになると、国や地域別の業績を評価したり、**連結財務諸表**を作成したりすることが必要になってくる。

第3に、広範な資本市場が発展していることである。世界中の企業が世界中の市場で資金を調達するのである。世界中の投資家や銀行が投資意思決定を行うために、業績の比較をすることになる。

国際会計については以下の3つの類型に分類することが可能である。

第1の問題は国際取引会計である。これは外貨建取引の換算と外貨表示財務諸表の換算の2つの問題がある。

関連 TOPICS

▶海外上場企業

日本企業で最初に海外の株式市場に上場した企業は、1970年9月に世界3大株式市場の1つであるニューヨーク証券市場（NYSE）に上場したソニーである。その後、70年代後半、および90年代後半に活発化し、21世紀初頭には20社にまで増加した。しかしその後、外国人投資家の東京市場での株式取引の増加などからやや下火になり、2022年6月現在、NYSEに10社、Nasdaqに2社が上場している。

第2の問題は国際比較会計である。各国の会計制度や会計理論を研究し、わが国の制度や理論と比較しながら考察する。その際には、各国の会計慣習や法的・経済的・社会的環境、思考体系、歴史・風土に注意する必要がある。

第3の問題は国際統一会計である。現在では国際会計基準審議会（IASB）が公表する、**国際会計基準（IAS）・国際財務報告基準（IFRS）**の研究とその採否が中心である。

本章ではこれらの問題について、順に具体的に考察していく。

第2節　国際取引会計

学びのポイント！

- ●為替相場の変動の会計に対する影響を理解できたか
- ●外貨建取引の会計処理、特に一取引基準と二取引基準を理解できたか
- ●在外支店や子会社の外貨表示財務諸表の換算について理解できたか

国際取引会計は、**外貨建取引**の会計処理の問題と**外貨表示財務諸表**の換算の問題に分けることができる。

外貨建取引は売買価額その他の取引価額が外国通貨で表示され、決済が外貨で行われる取引であり、アメリカ以外の国の企業で生じる問題である。国際取引は通常ドル建てで行われるから、アメリカの企業は外貨建取引の会計処理の問題は、原則として発生しない。

企業間の取引では、手形や掛などの信用取引を行うことが多いため、取引から代金の決済までの間の為替相場の変動をどのように処理するのかが問題になる。この場合、商品の売買取引と代金の決済取引を、同一の取引と考える**1取引基準**と、別個の異なる取引と考える**2取引基準**がある。現行の会計制度では2取引基準が採用され、為替相場の変動で生じた差額を為替差損益に計上している。この場合生じる為替差損益は売却損益であり、実現損益であるので、当期の損益に計上することになる。

外貨表示財務諸表の換算の問題は、在外支店や子会社の外貨表示財務諸表を日本の親会社と連結する際の為替相場の問題や会計手続の問題である。この場合、換算に使用する為替相場は取得日レート（HR）と決算日レート（CR）のいずれを採用するのかが問題になる。

換算方法についてわが国ではかつて、外貨で測定済みの値の属性を重視する、テンポラル法を基本にした換算方法を採用していた。しかしながらこの方法は取得日の為替レートでの換算が煩雑であるという短所があった。そのため、現行の会計制度では原則として決算日レート法が採用されている。これは在外支店の本店勘定、在外子会社の資本勘定は取得日レートで換算し、それ以外のすべての財務諸表項目を、決算日の為替相場で換算する方法である。

親会社と子会社の会計処理の原則と手続については、原則として統一することが求められる。親子会社間で異なる手続で財務諸表を作成していては、連結する意味が希薄になる

関連
TOPICS

▶為替相場

為替相場は外国為替市場において異なる通貨が交換（売買）される際の交換比率であり、わが国では1973年より変動相場制を採用している。国際会計において使用する為替相場は、取引発生時の相場である取得日（歴史的）レート（Historical Rate: HR）、財務諸表作成日の相場である決算日レート（Closing Rate:CR）、期中の為替相場の 加重平均などで求める平均レート（Average Rate:AR）の3種類である。

からである。そういう意味でも多国籍企業においては、後述するIFRSを採用する会社が増大しているのである。

関心を深めよう
【外貨表示財務諸表の換算方法】
流動項目は決算日レートで 換算し、非流動項目は取得日レートで換算する流動非流動法や、貨幣項目は決算日レートで換算し、非貨幣項目は取得日レート（HR）で換算する貨幣非貨幣法もある。

第3節　比較会計制度

学びのポイント！
●商法会計に源をおく大陸諸国の会計制度や理論の特徴を理解できたか
●証券取引法に源をおく英米諸国の会計制度や理論の特徴を理解できたか
●わが国の会計制度や理論の特徴を理解できたか

一般に世界の先進諸国の会計制度は、フランコ・ジャーマン（大陸）型の会計制度と、アングロ・サクソン（英米）型の会計制度に分類することができる。前者のドイツやフランスなど大陸諸国は成文法の国で、企業が資金を調達するときに専ら銀行借入が中心になる。したがって銀行等の債権者を守る**商法会計**が制度化されている。これに対して後者の英米諸国は慣習法の国で、企業が資金を調達するときに専ら株式市場からの調達が中心になる。したがって一般大衆投資家を守る**証券取引法会計**が制度化されている。

大陸諸国の会計制度は、17世紀に流行した詐欺破産から債権者を守るために制定された世界最初の成文商法である、1673年のフランスの商業条例に端を発する。すなわち商業条例はすべての商人に開業時、および2年に1回、棚卸による財産目録などの作成を義務づけたのであり、この債権者保護思想が、ヨーロッパ大陸に拡がることになる。その結果、1861年のドイツ一般商法典で、大陸型商法会計が完成したと考えられている。

現在、フランスでは会計基準局（ANC）が会計基準設定を行い、上場会社の連結財務諸表にはIFRSを強制適用し、非上場会社の連結財務諸表はIFRSと国内基準である**プラン・コンタブル・ジェネラル（PCG）**を選択適用する。そして、個別財務諸表については上場非上場に関わらず、IFRSの適用は禁止され、国内基準を適用することになっている。

ドイツではドイツ会計基準委員会（DRSC）が基準設定を行い、フランスと同様、上場会社の連結財務諸表にはIFRSを強制適用し、非上場会社の連結財務諸表はIFRSと国内基

関連TOPICS

▶フランスの会計基準設定団体

フランスでは1946年の大統領令によって設立された会計標準化委員会がプランの作成にあたり、翌年、委員会の後を継いだ会計高等審議会が公表した。その後1957年には国家会計審議会（CNC）が大蔵省に設置され、会計標準化を推進していったのである。その後20世紀末には国際化への対応が急務となり、CNCとは別の組織として、1998年に会計規制委員会（CRC）が創設された。そして2009年にCNCとCRCが現在のANCに統合されたのである。

▶アメリカの会計基準設定団体

SECからの委譲を受けて、1936年にアメリカ会計士協会に設置された会計手続委員会に会計基準設定の権限が与えられた。委員会は会計実務慣行の中から、「一般に認められた会計原則」（GAAP）を抽出し、51の基準を公表したが、1957年にアメリカ公認会計士協会の中に組織された会計原則審議会にかわった。しかし独立性や中立性・公平性に疑問が呈され、1972年に現在の財務会計基準審議会にかわることになった。

準であるドイツ商法典を選択適用する。そして、個別財務諸表については上場非上場に関わらず、IFRSの適用は禁止され、国内基準を適用することになっている。

従ってフランスでもドイツでも、公部門主導で会計基準が作成されている。

一方、現在のアメリカの会計制度誕生のきっかけとなったトピックは、1929年に起こったニューヨーク証券取引所の大暴落である。一般大衆投資家が株式市場から逃げ出すとともに、株式市場で損害を負った投資家が責任の所在を追求する事態を受けて、企業に都合がよい財務情報とその公開が現実であった状況を変える必要に迫られた。すなわち、一般大衆投資家が安心して株式市場で投資できる環境を用意することが必要となったのである。

そこで1933年に証券法、1934年には証券取引法を制定し、併せて証券取引委員会を設置して、それまで経理自由であったアメリカで、ディスクロージャー制度を企業に義務づけ、公認会計士監査を強制した。証券取引委員会は会計基準設定権限を公認会計士協会に委譲し、ここにアメリカ型証券取引法会計と、民間部門主導の会計基準の設定が完成したのであった。

現在アメリカでは、かつての所属機関から独立した7名の専任で有給の委員によって構成された財務会計基準審議会（FASB）により、**財務会計基準書（SFAS）**、解釈指針、財務会計概念報告書（SFAC）が作成されている。

さて、わが国で西洋式の簿記・会計が導入されたのは、明治になってからである。すなわち1873年に福沢諭吉が、アメリカの簿記教科書を翻訳し、『帳合之法』を出版したのが最初である。その後、1890年にはドイツの一般商法典をモデルにした商法が制定され、最終的に1899年に改正商法が制定され、大陸式商法会計が導入されたのであった。その後、

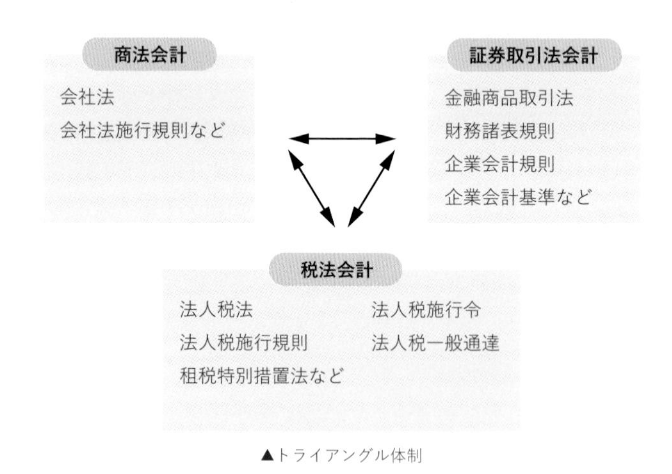

▲トライアングル体制

関連TOPICS

▶日本の会計基準設定団体

わが国では第2次世界大戦後、大蔵大臣（現在は金融担当大臣）の私的諮問機関である企業会計審議会が会計基準設定を担っていた。

しかしながらIFRSやIASBの地位向上とともに、会計基準は『民間』部門で作成するべきであるとの意見が英米諸国から起こり、IASB理事会のメンバーから外される可能性が出てきた。そのため、2001年より、民間団体である企業会計基準委員会が会計基準設定を担う、現在の体制に移行した。

1934年には、従来の恣意的会計方式の欠陥を是正、よるべき規範として産業合理化政策の要請から商工省財務諸表準則が制定されたのであった。

ところが第2次世界大戦後わが国では、経済民主化政策の重要な一環として、アメリカ占領軍の指導によりアメリカ型の証券取引法会計が導入された。国民経済再建に膨大な産業資金が必要だからである。明治以来の大陸式商法会計は存続した上で、1948年の証券取引法の制定と**公認会計士制度**の導入、1949年の企業会計原則の制定により、アメリカ式の証券取引法会計が制定されたのである。その結果、法人税法による税務会計制度をも含めて、いわゆる**トライアングル体制**と呼ばれる体制が生まれたのである。

現在、わが国の会計制度は、金融商品取引法と関連法規のもとに、財団法人財務会計基準機構の下に**企業会計基準委員会（ASBJ）**が置かれ、具体的個別的会計基準は民間団体であるASBJが作成し、政府機関である金融担当大臣の諮問機関である企業会計審議会が、日本国全体の会計方針と監査基準の作成を担当する体制となっている。

関心を深めよう

【東京証券市場の再編】

東京証券市場は、従来の市場第一部、市場第二部、マザーズ、ジャスダック（スタンダード、グロース）の5つの市場区分を、2022年、プライム、スタンダード、グロースの3つに再編した。

第4節 会計制度の国際的統一(1)
～IASによる会計制度統一に向けた動向～

学びのポイント！

- 国際会計基準委員会の創設時の問題点と情勢を一変させるトピックを理解できたか
- IFRSの世界的な普及について理解できたか
- EUのIFRS強制適用決定と日本の対応を理解できたか

国際会計基準委員会（IASC）が組織されたのは1973年である。ロンドンを本部に、アメリカ、カナダ、メキシコ、イギリス、フランス、ドイツ（当時は西ドイツ）、オランダ、オーストラリア、およびわが国の職業会計人が集まって結成された。わが国は日本公認会計士協会が参加していた。その目的は、①各国で異なる会計基準を統一すること、②会計基準をもたない発展途上国で利用できる会計基準を設定すること、③異なる各国基準の標準化に寄与する会計基準を設定すること、であった。

しかしながら創設時のIASCは各国の民間公認会計士団体間の調整に過ぎず、IASの国内法化が不十分であった。法的拘束力がないからである。会計基準設定団体が民間部門であるアメリカやイギリスは比較的好意的であったが、職業会計人団体に基準設定権がないドイツやフランス、そしてわが国では、国内法化が進まず、国際的に唯一の基準を設定す

関連 TOPICS

▶ IOSCOのIAS承認

証券監督者国際機構（IOSCO）は、世界の証券市場や先物市場を規制する組織の連合体として、1983年に設立された。各国の証券取引委員会や金融規制当局が加盟しており、わが国からは金融庁が普通会員となっている。

IOSCOは1987年から1993年にかけて、IASCと共同での財務諸表比較プロジェクトを行い、最終的にIASCは2000年にコア・スタンダードとして30のIASを完成させ、IOSCOが各国での上場に際し、IASの使用の承認を勧告することになった。

ることは不可能であるとして、調和化で調整されていた。

この状況は1987年に証券監督者国際機構（IOSCO）がIASCの諮問グループに参加し、翌年、コア・スタンダードを作成することを条件に全面支持を表明したことで一変することになる。IASCの活動に、証券市場監督機関である政府組織の国際機関がお墨付を与えたからである。IASは急速に広がることになり、わが国もIASCの趣旨を可能な限り国内法に取り込むように会計制度を改革するようになる。いわゆる**会計ビッグバン**と言われる状況である。

以上のような状況で2000年6月、EU委員会は2005年までに国際会計基準を域内のすべての上場会社に適用する方針を公表した。

もともとEUの会計戦略はEUの統一的な会計基準を新たに作成し、それを諸外国に広めることを試みることであった。そのために**会社法第4号指令**、第7号指令、第8号指令を加盟各国に通知してきた。しかしながらEU加盟国が拡大するにつれて、統一的会計基準の作成が困難になってきた。そこで20世紀末、EUはアメリカが未だ適用していないこの時期に、IAS・IFRSを積極的に採用し、IASBの中心メンバーとして基準作成をリードし、IAS・IFRS中にEUの主張を盛り込むべきであるとの方針に大転換したのであった。

これに対して従来のアメリカの会計戦略はアメリカ基準を全世界に広めることを目的としており、この当時、他国の企業がアメリカ市場に進出する時、アメリカ市場では他国の会計基準を認めないが、アメリカ企業が他国市場に進出する時に、他国市場ではアメリカ基準を認めてもらえるというきわめて有利な状況にあった。しかしながらEUのこの決定によって、2005年以降、アメリカ企業であっても、EU市場に上場する場合は、IAS・IFRS以外の基準による会計情報を認めないということになったのである。

このEUの2005年からのIAS・IFRS強制適用の表明は、IFRSの採用に拍車をかけた。IFRSを採用していないアメリカ、カナダ、そしてわが国では、それぞれの国の基準とIFRSとの間に重要な差異が認められるかどうかの**欧州証券規制当局委員会（CESR）による同等性評価**が行われ、IFRSに自国の基準を近づける、コンバージェンスが試みられるようになる。またIFRSとアメリカ基準との間で完全に互換性を持たせるプロジェクトや、差異解消のための短期プロジェクトが行われるようになる。またわが国でも、2011年6月までにIFRSと日本基準との差異を解消する東京合意がなされ、コンバージェンスが行われた。

IAS・IFRSは世界中の国々で何らかの形で適用されることになる。とりわけいまだ会計

▶国際会計基準審議会

国際会計基準委員会（IASC）の組織改革については1997年より検討された。その結果、グローバルな会計基準の作成と各国基準とIASとの統合を目的として明記し、2001年1月に新たに国際会計基準審議会（IASB）が発足した。IASBではアメリカ、イギリス、カナダ、ドイツ、フランス、オーストラリア、および日本が自国の基準設定団体と直接関係を持つ理事を送るリエゾン国とされ、国際財務報告基準（IFRS）を公表することになった。

▶コンバージェンスとアドプション

自国の会計基準をIFRSと近づけることをコンバージェンス、自国の会計基準を完全に放棄し、新たにIFRSを採用し、全面的に移行することをアドプションと言う。IASBとアメリカとの間のノーウォーク合意や、わが国との間の東京合意など、当初はコンバージェンスが積極的に図られた。しかしながらコンバージジェンスには時間がかかるということから、次第にアドプションに移行していくことになった。

基準をもたない発展途上国で、より急速に普及することになる。新たに独自の会計基準を作成するよりも、IAS・IFRSをそのまま、あるいは若干修正して採用するアドプションの方が、コストが低いからである。その結果、アメリカとわが国のみがIFRS不採用という状況になってしまった。

ここにきてアメリカもついに、アメリカ基準を全世界に広めるという会計戦略をあきらめることになる。コンバージェンスには時間がかかるため、アドプションの方が効果的で現実的であるとして、IFRS適用を表明することになったのである。すなわち2008年、SECがロードマップ案を公表し、2009年末以降、IFRSの任意適用を認め、2011年にはIFRSの強制適用を判断すると発表したのである。これを受けてわが国でも、2012年にIFRSの強制適用の可否を最終決定し、2015年には強制適用を実施する調整が始まったのである。

こうしてアメリカとわが国もIFRSを強制適用し、世界各国の会計制度がIFRSで統一されることになると思われたのである。

関心を深めよう

【収益認識基準】

2002年10月のノーウォーク合意に基づき、FASBとIASBとの間で、共同プロジェクトによる基準の作成が進み、顧客との契約ベースの収益認識基準が、2014年にTopic606およびIFRS第15号としてそれぞれ公表された。

第5節　会計制度の国際的統一(2)
～会計制度の国際的統一に関する現在の状況とわが国の対応～

学びのポイント！

- わが国におけるIFRS強制適用延期の理由を理解できたか
- IFRS強制適用延期直後のわが国の対応を理解できたか
- 会計基準の国際的統一を巡る現在の各国、およびわが国の対応を理解できたか

前節で論じたように、アメリカでは2011年にはIFRSの強制適用を判断し、わが国でも、2012年にIFRSの強制適用の可否を最終決定し、2015年には強制適用を実施するものと思われていた。

しかしながら結果としてわが国はIFRS強制適用の延期を選択した。すなわち2011年6月、当時の自見庄三郎金融相はIFRS強制適用の延期を発表したのである。

わが国がIFRS強制適用を延期した理由としては、以下の4つが挙げられる。

第1の理由は対米追随という政治的理由である。すなわちアメリカはわが国が延期を表明する1年半前の2010年2月に、実質的なIFRS強制適用延期を表明したのである。これ

関連TOPICS

▶修正国際基準

一部の会計基準等を「削除又は修正」して採択するエンドースメントされたIFRSが多くの国で採用されている。わが国では、①のれんの非償却、②その他の包括利益のリサイクリング処理及び当期純利益に関する項目を、削除又は修正した基準を2015年に公表した。わが国は「日本版IFRS」という文言の使用を検討していたが、IFRS財団よりIFRSの文言の使用が拒否されたため、修整国際基準（J-MIS）という、非常にあいまいな名称になった。

は会計基準の国際的統一を巡る、ヨーロッパとアメリカの争いでもあった。アメリカは再び、会計基準設定の主導権を取り戻そうと、IFRSに背を向け始めた。結果的には、アメリカに追随することしかできない日本という現実に対して、理念・国益なき対米追随という批判を浴びることになるのである。

第2の理由は経済的理由である。アメリカがIFRS強制適用の方針を撤回したにもかかわらず、わが国のみがIFRS強制適用に踏み切った場合、アメリカ市場上場企業は、アメリカ市場ではアメリカ基準による財務諸表を、日本市場ではIFRSによる財務諸表を作成しなければならない。そのため大きな財務コストを負担するとの産業界の危惧が表明されたのである。従って経団連やトヨタ自動車等、日本の産業界を代表する団体・企業が、IFRSの強制適用延期と、すでにアメリカに進出していた企業に認められていたアメリカ会計基準の使用をIFRS強制適用によって廃止する期限の撤廃を訴える要望書を次々と提出したのであった。

第3の理由は2011年3月に発生した東日本大震災の影響である。震災後の株安や急激な円高による外貨建て資産の減少を受けて、産業界は**IFRSの会計思考**、すなわち一時点の企業価値を増加させることよりも、企業が継続して営業を続けること、すなわち生き残りを選択したのである。

第4の理由は**連単分離**の理由である。2008年2月、経団連の欧州調査が行われた。そこで調査団のメンバーは、EUのIFRS適用の現実を知ることになる。EUではIFRSを全面的に強制適用している国はなく、IFRS本部のあるイギリスでさえ、強制適用は上場会社の連結財務諸表だけで、他はIFRSの適用を容認しているにすぎない。第3節で述べたドイツやフランスをはじめ、多くのEU諸国は、個別財務諸表については国内基準のみを適用し、IFRS適用を禁止しているのが現実である。正直に、全面的に、すべての企業にIFRSを強制適用している国は、実際には皆無だったのである。そのためEU諸国同様、連結財務諸表にはIFRSを、個別財務諸表には日本基準の適用を主張する声が次第に増加し、多数派を形成していったのである。

さてわが国ではIFRS強制適用延期表明と同時に、2016年3月期で使用終了とされていたアメリカ基準での開示の使用期限を撤廃し、引き続き使用可能にした。そして2012年7月には、IFRSの任意適用の積み上げをはかりながら、IFRS適用のあり方について検討するべきとの中間的論点整理を公表した。

その後2013年に企業会計審議会は、IFRSへの対応のあり方に関する当面の方針を公

関連
TOPICS

▶ IASBモニタリング・ボード

現在のIASBの組織は、親組織としてIFRS財団があり、その下にIFRS諮問会議、IASBそしてIFRS解釈指針委員会がある。そしてIFRS財団を監督する組織として2009年に設立されたのがモニタリング・ボードである。ボードはIOSCO、金融庁、欧州委員会、米国証券取引委員会（SEC）をメンバーとして組織され、その後ブラジル証券取引委員会、韓国金融委員会、中国財政部もメンバーに加わっている。

▶ IFRS任意適用会社

わが国ではIFRS任意適用要件と適用時期の制限の緩和やIFRS任意適用会社の個別財務諸表開示の簡素化など、IFRS任意適用会社の数を増加させることを試みてきた。その結果、わが国のIFRS任意適用会社の数は、当面の方針を公表した2013年の末の段階で24社であったが、2016年末には125社に、2018年末には199社にまで増加し、2022年8月現在、任意適用済企業251社、任意適用決定会社7社の合計258社となっている。

表した。ここでは連結財務諸表規則等を改正し、① IFRS 任意適用要件と適用時期の制限の緩和、② IFRS 任意適用会社の個別財務諸表開示の簡素化、③**エンドースメントされたIFRS** を設けること、を発表した。

このようにわが国では IFRS の任意適用のハードルを低くすることで、IFRS 強制適用の判断を留保し、任意適用する企業を増やすという会計戦略を採用している。その背景には IASB のモニタリング・ボードのメンバー選定要件の問題がある。IASB は 2013 年に新たな選定要件として、IFRS の適用を強制するかまたは容認し、実際に IFRS が顕著に使用されているか、もしくは合理的な期間のうちにそのような状況に移行することに関する意思決定をすでに行っていることを公表した。このため、わが国の金融庁がメンバーから外される可能性が出てきたのである。

現在、アメリカは IFRS に再び背を向けている。アメリカとの政治的・経済的な強い結びつきを考慮すれば、アメリカに先駆けて日本が IFRS 強制適用に踏み切ることは難しいと言える。他方で IFRS の適用を回避することで、IASB のモニタリング・ボード・メンバーや IFRS 財団評議員会のメンバーの資格を失うことは、日本の国益を考えれば避けなければならない事態である。従って、政府は IFRS 任意適用企業拡大のために必死だったのである。

▼ IFRS 基準

第 1 号	国際財務報告基準の初度摘要	第 10 号	連結財務諸表
第 2 号	株式に基づく報酬	第 11 号	共同支配の取決め
第 3 号	企業統合	第 12 号	他の企業への関与の開示
第 5 号	売却目的で保有する非流動資産および非継続資産	第 13 号	公正価値測定
第 6 号	鉱物資源の探査および評価	第 14 号	規制繰延勘定
第 7 号	金融商品：開示	第 15 号	顧客との契約から生じる収益
第 8 号	事業セグメント	第 16 号	リース
第 9 号	金融商品	第 17 号	保険契約

関心を深めよう

【会計基準の国際的統一とわが国企業が採用する会計基準】

わが国では現在、日本基準、アメリカ基準、IFRS、修正国際基準の選択適用が容認されている。会計基準の国際的統一を目指しながら、結果的に 1 つの国で 4 つの基準の選択適用をもたらしてしまったのである。

第V部　まとめ課題

① 中世イタリアの諸都市にみられた2つの事業組織の形態、同族組合的組織と期間組合的組織において行われていた損益計算の違いをまとめてみよう。

② 複式簿記が持つ特徴と、会計の目的及び利益追求を目的とする事業にとって必要不可欠な計算ツールとして存在し続けた意義をまとめてみよう。

③ 18世紀の産業革命によってイギリスの社会構造がいかに変化したか、またその変化により生じた資金需要が事業形態及び会計にどのような影響を与えたかをまとめてみよう。

④ 外貨建て取引の具体的な事例について、その会計処理を調べて、1取引基準と2取引基準を理解しよう。

⑤ 先進各国の会計理論や会計制度を具体的に調べ、わが国の会計理論や会計制度と比較検討してみよう。

⑥ 会計基準の国際的統一について、可能か不可能か、そして適切か不適切かについて考えてみよう。

第V部 参考文献

第9章

泉谷勝美『中世イタリア簿記史論』森山書店、1964年。
友岡　賛『歴史にふれる会計学』有斐閣、2009年。
中野常男他『近代会計史入門』同文館出版、2019年。
渡辺　泉『決算会計史』森山書店、1993年。
西川孝治郎『日本簿記史談』同文館、1970年。
片野一郎訳『リトルトン会計発達史第17版』同文館、1976年。
福澤諭吉抄訳『帳合之法』慶應義塾、1873年。
https://dcollections.lib.keio.ac.jp/en/fukuzawa/a19/68
アラン・シャンド講述、小林雄七郎他訳『銀行簿記精法』大蔵省、1873年。
https://www.wul.waseda.ac.jp/kotenseki/html/ne10/ne10_02992/index.html

第10章

内藤高雄、大野智弘、徳前元信、吉岡正道編著『IFRSを紐解く』森山書店、2021年。
森川八洲男著『国際会計論』白桃書房、2015年。
平松一夫監訳『IFRS国際会計基準の基礎第6版』中央経済社、2020年。
橋本尚・山田善隆共著『IFRS会計学基本テキスト第6版』中央経済社、2018年。
行待三輪著『初めて学ぶ国際会計論』創成社、2018年。
岩崎勇『IFRSの概念フレームワーク』税務経理協会、2019年。
桜井久勝『テキスト国際会計基準新訂版』白桃書房、2018年。

第VI部

社会と経営学

ビジネスを成功させるためには、ふさわしい"ビジネスの選び方"、ふさわしい"仕事の進め方"、ふさわしい"売り方"などが必要となる。それらを考えるのが経営であり、マーケティングである。こうしたふさわしい"方法"を見つけたり、考えついたりするために、この部を通じて、経営・マーケティングを知ってほしい。

第11章　経営学から社会を考える

【この章の目的】

本章では、一般的にビジネスで思い描かれている「経営学」と研究領域における経営学との差異を認識してもらうことを目的としている。その上で、またテクノロジーの進歩によって、多くの業務がコンピュータに代替されていくなかで、将来、本当に必要となる知識や能力がどのようなものかを考察するための材料としてほしい。

【課　題】

□ビジネスにおいて必要とされる知識や能力について、学術的な目的とビジネスの目的との違いを意識しながら、自分自身が大学でどのように学びを深めるかについて考えること。

第1節　経営学はどのように役立つのか

学びのポイント！

●近年の経営やビジネスについて学ぶための手法について、それぞれの学習方法がどのような背景で登場したのかを理解する。また現状ではどのようなことが問題となっているかについて考える

経営学とはどんな学問なのか、経営学はどのように役立つのかといった問いかけに対して、多くの経営学の研究者たちは、一度ならず頭を悩ませてきたことだろう。

私自身も、初対面のビジネスパーソンの方から「学問（経営学）を学んで何の役に立つんですか？」という質問をされたことがある。こうした場合、聞き方にもよるが、得てして否定的なニュアンスを含むことも多く、そのたびに、こちらも内心では、「初対面にもかかわらず、その人間が時間をかけて取り組んできたことに対する敬意が感じられないような質問をする人間に経営のセンスがあると思いますか？」と皮肉めいた感想を持つことがある。

しかし、経営学者がどのように回答するのかに頭を悩ます問いかけは、このようなネガティブなものではなく、純粋に「経営学の何を学べば、ビジネスの実務をする上で役に立ちますか？」という質問に対してだ。

本章では、こうした経営学から何を学べるのかという問いに答えるために、経営学の学習方法を紹介し、「経営」と「経営学」の差異と認識の齟齬がなぜ生じているかについて検討することを目的としている。そのうえで、近年、**人工知能（AI）**の発達によって労働が代替される可能性が示唆されるなかで、AIやコンピュータに代替されないためには、

◀
ハーバード・ビジネス・スクール
https://commons.wikimedia.org/wiki/File:Aerial_of_the_Harvard_Business_School_campus.jpeg

どのような知識や能力を身につけなければならないかについても検討する。

一般的なビジネスパーソンが「経営学」を学びたいと思う動機は、いま目の前の仕事の課題を解決するために必要となる知識を得るため、普遍的に通用するスキルを身につけるためなどであることが多いだろう。「経営学」を所謂「ビジネス」に関連する知識や物事を学ぶ学問だと捉えた場合、経営やビジネスに関する知識を学習する機会は多く存在する。

ビジネス書は、書籍販売では1つのカテゴリーとして扱われており、容易に手に取ることができる。また近年、「fleir」や「SELENDIP」のような本の要約サービスの利用者が増加している。効率よくビジネスのヒントを学習したり、教養を身につけたいビジネスパーソンや社員教育の一環として法人契約する企業などで利用されており、ビジネス書に関する読書環境は拡大している。

高等教育におけるe-learningは、スタンフォード大学が設立した「Coursera」やハーバード大学とMITによって設立された「edX」などの**MOOC（Massive Open Online Course）**の普及によって注目を集めた。こうしたオンライン学習プラットフォームは、近年急増しており、テクノロジースキルやビジネススキルなどを学べる講座の人気が高まっている。

そして、「経営学」を学ぶ方法として、専門外の人たちからも知られているものとして、ビジネススクールにおけるMBAが挙げられる。世界初のMBAプログラムは、ハーバード・ビジネス・スクール（HBS）で1908年に開講された。そして1924年にケース・メソッドを基本とする指導方法が確立され、多くのビジネス・スクールで、その教育手法が採用されている。

ビジネスに役に立つ知識や能力を得るための学習機会は、豊富に存在しており、その内容もパーソナルスキルやマネジメントスキルからアントレプレナーシップなど多岐にわたっている。

デジタル化は学習機会の増大に寄与するだけではない。近年、デジタル・イノベーションによるテクノロジーの進歩によって、多くの仕事に多大な影響が出ることが示唆されており、コンピュータやAIによって失業率の高まりが懸念されている。

こうした指摘によると、これまで、自動化は明示的なルールに基づく定型的な作業に限定されてきたが、機械学習アルゴリズムの急速な技術進歩によって、非定型的業務ですら容易に代替される可能性が高まっている。

こうした状況を踏まえ、経営学を専攻しない学生にも、この機会に、今後のビジネスシーンでは、どのような知識や能力が求められるかについて、考えを巡らせていただきたい。

関心を深めよう

ビジネス書は、ビジネスパーソンが何に関心を持っているかを知るためのアンテナとして活用できる。まず店頭で平積みされている本のタイトルを読んで、世の中の動きや社会の関心事を知ろう。

関連TOPICS

▶テクノロジーの進歩は様々な分野に影響を及ぼしていて、テクノロジーによって既存の様々な仕組みが破壊（ディスラプティブ）されている。コロナ禍によって急速に普及したEdtech分野も、そうした「ディスラプティブ・イノベーション」であり、学校におけるオンライン授業は、その代表例として挙げられる。こうした教育手法は、本当に効果的といえるのだろうか。

第２節 「経営」と「経営学」の違いとは

学びのポイント！

●それぞれの学習方法ではどのようなことが学べるのか。著名な経営学者の主張と彼らがどのように評価されているかを理解し、「経営」と「経営学」のイメージの差異について考える

本節では、それぞれの学習方法からどのようなことが学べるのかについて確認し、その学習内容から、「経営」と「経営学」の違いについてのヒントを探していく。

前述したように、ビジネスパーソンが、経営を学ぶ身近な手段のひとつにビジネス書を読むことが挙げられる。こうしたビジネス書から「経営学」を学ぶことはできるのだろうか。

ここ数年間で、日本で最も売れているビジネス書は『人は話し方が９割』である。この本では会話力を高める方法、つまり、多くの現代人が悩みを抱える他者とのコミュニケーション能力・スキルについて学ぶことができる。

その他の日本における歴代のビジネス書のベストセラーを見てみると、アルフレッド・アドラーの『嫌われる勇気』、デール・カーネギーの『人を動かす』やスティーブン・R・コヴィーの『完訳７つの習慣　人格主義の回復』など、個人が目標を描くことやモチベーションを高めることといったパーソナルスキルに対して何らかの示唆を与えてくれるものが多く、所謂「経営学」の知識を身につけるための本ではないことが分かる。

「経営学」という点だけに絞ってみると、発行部数の上位に入る本は、映画やアニメにもなった『もし高校野球の女子マネージャーがドラッカーの『マネジメント』を読んだら』（「もしドラ」）が該当する。この「もしドラ」で紹介されるピーター・F・ドラッカーの『マネジメント［エッセンシャル版］基本と原則』は、日本では「経営学」の入門書として広く知られている。

ドラッカーは、「現代経営学の父（the founder of modern management）」と言われており、特に日本では、人気が高い。そんなドラッカーだが、現在の（経営学研究の本流である）アメリカでは取り上げられることがほとんどないというのが、経営学の研究者間の共通見解となっている。その理由として、よく挙げられるのがドラッカーの主張は「学術的」ではないというものだ。

ドラッカーは、「**ナレッジ・ワーカー**」や「**アウトソーシング**」など、現代のビジネス

◀
ピーター・ドラッカー
https://commons.wikimedia.org/wiki/File:Drucker5789.jpg

『[新版] 競争戦略論 I』	マイケル・E・ポーター
『[新版] 競争戦略論 II』	マイケル・E・ポーター
『[新版] 企業戦略論【上】基本編 戦略経営と競争優位』	J・B・バーニー
『[新版] 企業戦略論【中】基本編 戦略経営と競争優位』	J・B・バーニー
『[新版] 企業戦略論【下】基本編 戦略経営と競争優位』	J・B・バーニー
『イノベーションのジレンマ 増補改訂版』	クレイトン・クリステンセン
『｜新訳｜科学的管理法』	フレデリック・W・テイラー
『組織は戦略に従う』	アルフレッド・D・チャンドラー
『経営者の役割（新訳）』	チェスター・I・バーナード

※邦訳タイトル／訳者・出版社略

では一般的となっている事柄のアイデアを提示した。ドラッカーに対する批判は、これらの先見的なアイデアが、確固たる証拠に基づいて議論されているわけではなく、理論的な分析枠組みから導出されたものではないというものだ。こうした批評家たちから、ドラッカーは「経営学者」ではなく「経営思想家」、あるいは、より口さがないものとしては「ジャーナリスト」であると見なされている。

このドラッカーに関する評価以外にも「経営」と「経営学」の違いを分かりづらくさせるものとしてMBA教育がある。

多くのビジネススクールやMBAプログラムでは、HBSで導入されたケース・メソッドに基づく教育が行われている。ケース・メソッドでは、多くのビジネスについて学ぶだけではなく、あいまいな状況における問題分析をするスキルを養い、様々な意見や視点を基にそうした状況における意思決定を行う能力を身につけることができる。

おそらく、こうしたケース・メソッドを活用した「経営」教育こそが「経営学」だと思う人もいることだろう。この点について、多くの経営学者が様々な意見を述べている。

MBAに対する批判を行った人物として、もっともよく知られているのは、カナダのマギル大学の教授であるヘンリー・ミンツバーグだろう。ミンツバーグは著書のなかで、「経営とは『クラフト（経験）』『アート（直感）』『サイエンス（分析）』の3つを適度にブレンドしたものであり、『唯一絶対の方法』などはない」と述べ、[*1]ケース・スタディに重点をおいて、実際には、実践と程遠いわずかなデータを基づいて迅速に答えを導き出すような教育が間違った教育手法であるとしている。

このように、世の中で考えられている「経営」や「経営学」と、アカデミアにおける経営学研究の間には大きな違いがあり、「実践としての経営」と「社会科学としての経営学

*1　Mintzberg, H. (2004). *Managers, Not MBAs: A Hard Look at the Soft Practice of Managing and Management Development*. Berrett-Koehler Publishers. p.1.

▶ドラッカーは、情報化が進むと指揮統制型組織から、より分散・専門化された新たな組織構造が登場することを提示している。コンサルタントでもあったドラッカーが企業に与えたアドバイスに「自分が最も得意とすることに集中し、残りは外部委託しろ（Do what you do best, and outsource the rest.）」というものがある。

（理論）」では、それぞれ視界に捉えているものが異なっているという点を、まず認識してほしい。次節では、アカデミアにおける経営学の理解を深めるとともに、高等教育機関（つまり大学）で、それを学ぶことの意義について考えていきたい。

関心を深めよう
著名な経営学者である野中郁次郎は、経営では、特定の時間、場所、人・モノの関係性などの文脈に依存するため、普遍的法則は参考になるが、その都度の文脈で最善の判断と行動が要求されるとしている。

第3節　優れた経営理論と実践での有用性

学びのポイント！
●経営学はどのような学問だろうか。経営学者はなぜ、経営の真理法則や普遍的な理論の探求を目指すのか。また真理の探求に際して、研究論文はどのようなものであるべきか

前節で述べたように、アカデミアにおける経営学は、一般的に認識されている「経営学」とは、かなり異なったものである。ここ10年の間に、経営学はどのような学問であるのかという議論が活発に行われるようになった。

2020年に、日本における経営学の代表的な学会のひとつである日本経営学会で、「日本の経営学者はどこに向かうべきか－『世界標準』の経営学と日本の経営学－」というテーマが議論された。この統一論題の登壇者の早稲田大学の入山章栄は、こうした議論に火をつけた経営学者のひとりだろう。

アメリカのビジネススクールに在籍していた入山が、『世界の経営学者はいま何を考えているのか』をはじめとする書籍のなかで紹介したアメリカにおける経営学の実情は、日本の経営学者に多くのことを考えさせることに繋がったといえる。本章で取り上げている「経営」と「経営学」との間に生じている隔たりも、そのひとつである。

入山は、隔たりが生じている原因として、経営学の科学化、すなわち世界の経営学では、「経営の真理法則を科学的に探求する」ことが目指されていることを指摘している。[*2]

そもそも経営学は、社会科学のなかでも比較的新しい学問分野である。経営という現象

*2　入山章栄『ビジネススクールでは学べない 世界最先端の経営学』、日経BP社、2015年、p.17。

◀
フレデリック・テイラー
https://commons.wikimedia.org/wiki/File:Frederick_Winslow_Taylor.JPG

『国富論 上：国の豊かさの本質と原因についての研究』	アダム・スミス
『国富論 下：国の豊かさの本質と原因についての研究』	アダム・スミス
『シュンペーター経済発展の理論』	J・A・シュンペーター
『隷属への道 ハイエク全集 I - 別巻』	F・A・ハイエク
『企業・市場・法』	ロナルド・H・コース
『システムの科学』	ハーバート・A・サイモン
『資本主義と自由』	ミルトン・フリードマン
『支配について――I　官僚制・家産制・封建制』	マックス・ウェーバー
『暗黙知の次元』	マイケル・ポランニー

※邦訳タイトル／訳者・出版社略

が科学の対象となったのは20世紀初頭のことであり、経営学はフレデリク・テイラーが提唱した**科学的管理法**に始まる（そのためテイラーは経営学の父とも呼ばれる）。

そして、経営学は学際的な学問分野であるとも言われており、経営という行為や経営手法を科学的に説明するために経済学、社会学、心理学、工学など他の分野の理論的な枠組みを用いている。私自身の研究領域も、ノーベル経済学賞を受賞している（本流の経済学者とは呼べないかもしれないが）ロナルド・H・コースや**ハーバート・A・サイモン**といった研究者たちの影響を受けている。

このように歴史が浅く、「借り物」の理論をもとにしているため、経営学から何を学べるのかという問いに答えるために、常日頃から経営学者は、経営学という独自の学問体系の構築を志している。独自の体系を持つ学問とはどのようなものであるのかについては、おびただしい数の議論が存在しており、本章のみでそれを明らかにすることは不可能であるため、ここでは研究者が自らの研究を通して実現したいこととは何かについて考察したいとおもう。

まず、研究者の社会的ネットワークが、経営の真理法則や普遍的な理論の探求を目指すこと自体に異論を差し挟む余地はないだろう。

アルバート＆ウェッテンは、組織アイデンティティという概念を定義し、その基準として「中心性」、「独自性」、「連続性」の3点を示した。[*3] こうした組織アイデンティティの基準は、研究者の社会的ネットワークのアイデンティティを規定するために有用であることはもちろん、優秀な研究論文がどのようなものかという問いに対しても参考になる。

入山は、優れた研究の評価軸として挙げた「厳密である」、「知的に新しい」、「実務に役に立つ」や、経営理論がなぜ「ビジネスパーソンに必要か」という理由として挙げた「説得性」、「汎用性」、「不変性」などで示される[*4]ように、研究者は、論文の評価として、「論

*3　Albert, S., & Whetten, D. A. (1985). Organizational identity. *Research in Organizational Behavior*, p.265.
*4　入山章栄『世界標準の経営理論』、ダイヤモンド社、2015年、pp.2–13。

文を通じて明らかにしたいものは何か」という主張そのものの意義、「この論文は過去の先行研究と比べて、新しい点は何か」というオリジナリティや「論理的あるいは方法的に妥当な研究手法を用いているか」という厳密さを重視している。

そのため、研究者間では「実務で役に立つか」といった点はあまり重視されず、説得力についても求められる方向性がビジネスパーソンとは異なる。しかし経営学は、ビジネスの実践的な取組みとの距離の近さ（特に、扱う対象や使われる専門用語の近接度合い）によって、研究者とビジネスパーソンという異なるステークホルダーからの要求に応える必要が生じている。

しかし、変化のスピードが加速し、社会を取り巻く環境が複雑さを増し、将来の予測が困難な状況「VUCA」の時代だからこそ、この両者の要求に応えることの重要さが増しているともいえるだろう。

関心を深めよう

ロナルド・H・コースが、ノーベル経済学賞を受賞した業績とはどのようなものだろうか。なぜノーベル経済学賞を受賞する研究業績が、経営学の研究をするうえで重要なのかについて調べてみよう。

第4節　次世代に必要とされる能力・スキルとは

学びのポイント！

●どのような業務がコンピュータやAIに代替されやすいのか。どのような能力やスキルがテクノロジーに代替されづらいのか。２つの視点から将来の可能性について考えてみよう

前節の最後で述べたように現代は、「VUCA」の時代と呼ばれている。時代に先駆けて、ドラッカーは『乱気流の時代』や『ネクストソサイエティ』のなかで、こうした時代の到来を予測し、組織や経営者はこの時代への対応が求められることを指摘していた。

こうした環境変化の原因のひとつに挙げられるのがテクノロジーの進歩だ。ブルニョルフソン＆マカフィーは、『機械との競争』、『ザ・セカンド・マシン・エイジ』などの著書で、テクノロジーの進歩によって、人間の仕事が、ますますコンピュータに奪われていくこと

◀
ハーバート・サイモン
https://commons.wikimedia.org/wiki/File:Herbert_Simon,_RIT_NandE_Vol13Num11_1981_Mar19_Com plete.jpg

を懸念している。一方で、そのような時代にこそ、コンピュータ、**プラットフォーム**などのデジタル時代における競争原理を理解し、人間が生き残るための術（能力）を見つけなければならないと訴えている。

特に、第3次AIブームの到来やAI（AlphaGo）がプロの囲碁の棋士に勝利したという事実などによって、コンピュータやAIによる職業の代替可能性を議論する必要性が高まったことを感じさせられる。

人間の仕事が、コンピュータに代替される可能性について示したものとして、フレイ&オズボーンの研究が挙げられる。フレイ&オズボーンは702の詳細な職業について、コンピュータに代替される可能性を指摘した。彼らの推計によると雇用全体の約47%が、今後10年から20年の間に自動化される可能性のリスクの高い職業であることが示された。

それでは、どのような能力やスキルがテクノロジーに代替されにくいのだろうか。これまでのこうした研究では、「器用さ」、「コミュニケーション能力・創造的思考」、「臨機応変さが求められる非定型業務」などが挙げられている。

ロボットなどの作業機械では、人間の「手先や指先の器用さ」は代替が難しいとされてきた。現時点では、複雑で繊細な感覚が必要とされる作業を行うことは、人間に優位性がある。しかし、ロボットハンドなどの研究では、徐々に人間の動きを再現することが可能となってきており、いずれ費用対効果の面でもロボットが優位性を持つ時代が来る可能性があるだろう。

そして、他者とのコミュニケーション能力・コラボレーション能力、いわゆる他者との関係において高い知性を発揮する能力である社会的知性だったり、抽象的な概念を整理したり、コンテクストを理解した上で目的意識にそって解決策を提示する創造的思考や0から1を創造できる力なども代替されにくいとされている。

フレイ&オズボーンは、こうした能力に基づく経営者、教育、医療、芸術、メディアなどに係る職業などが代替される可能性は低いとしている。一方で、彼らは、代替可能性が低いとされる弁護士の仕事を例に挙げ、弁護士の業務の一部は、代替可能性の高いパラリーガルの労働投入量に依存しているため、テクノロジーの進歩やビジネスモデルのイノベーションによって、中長期的にはコンピュータ化される可能性があり、創造的な科学と工学の職業とコンピュータの間にも強い補完性があることを示唆した。[*5]

人間の業務が代替されにくいかは、その業務が「臨機応変さ」を必要とするかということと密接に関係している。こうした「臨機応変さ」に関する問題は、「フレーム問題」として知られる。「フレーム問題」は、もともと有限の情報処理能力しか持たないロボットが、

*5 Frey, C. B., & Osborne, M. A. (2017). *The future of employment: How susceptible are jobs to computerisation?. Technological forecasting and social change*, pp.266–267.

▶第3次AIブーム以前の、2005年に発表されたレイ・カールワイツの『ポスト・ヒューマン誕生：コンピューターが人類の知性を超えるとき』で展開されている技術的特異点（シンギュラリティ）について、彼自身は楽観的な立場を取っているにもかかわらず、世間では職業代替による失業問題のような悲観的なものとして受け止められている。

現実に起こりうる問題全てに対処することができないことを示唆したものだったが、サイモンが示したように、人間も有限の情報処理能力（**限定合理性**）しか持たないため、ロボットやAIが人間を代替する可能性は否定することが難しい。

現実には、様々な矛盾が存在している。マネジメントの目的のひとつは、非定型的業務をいかに定型業務にするかにある。一方で、経営学はその発展過程で、ブラックボックスとして扱われていた人間の行動原理や人間性・社会性を重視するようになった。あいまいで不可視なものを扱うことは、経営学における科学的探究を難しくしている要因でもある。

こうした問題を結論に導くことは困難であるが、本章で述べたことが、皆さんがこの問題の答を追求するにあたり、どちらの方向を向くべきかの指針となることを願う。

▼「VUCA」の時代に読むべきおすすめのビジネス書

機械との競争	エリック・ブリニョルフソン アンドリュー・マカフィー
ザ・セカンド・マシン・エイジ	エリック・ブリニョルフソン アンドリュー・マカフィー
プラットフォームの経済学 機械は人と企業の未来をどう変える？	アンドリュー・マカフィー エリック・ブリニョルフソン
ポスト・ヒューマン誕生 コンピュータが人類の知性を超えるとき	レイ・カーツワイル

関心を深めよう

フレイ＆オズボーンが調査した702の詳細な職業のうち、彼らの推計が当てはまるかどうかについて検討しよう。例えば、最高経営責任者の代替可能性は1.5％であるが、この数字は妥当だろうか？

▼ **Note**

第12章　マーケティング

【この章の目的】

企業が何かを販売する際に、販売したいものを、思い付くままに販売するだけで、消費者の実際の購買に至るかというと、至らない場合がほとんどである。消費者の購買に至らないということは、販売を試みたものが売れないということであり、それはビジネスの失敗を意味する。この章では、消費者の購買に至らせるために必要な、マーケティングの考え方の流れや基礎概念を学ぶ。

【課題】

□マーケティングは企業が消費者に自社商品を到達させ、購買に結びつけるための活動である。そのため消費者である皆さんの身近なところに関連する事柄が多く見られる分野である。この章の内容を通じて、周囲のマーケティング現象を意識して観察してみよう。

第1節　マーケティングとは？　ニーズとウォンツの違い

学びのポイント！

●自分が抱えるニーズを満たしてくれそうなものを消費者は購入する、とマーケティングでは考える。企業は、消費者の抱える何らかのニーズを満たすような、形のある商品と形のないサービスの組み合わせを考案し、市場に提供する

あなたが、困った人を助けたい、世の中を良くしたい、人の役に立ちたい、好きなものをもっと多くの人に使ってもらいたい……と思い、その実現のためにビジネスを始めたいと考えたとする。ここではビジネスとは、お客さんに何かを販売し、代金を支払ってもらうこと、とする。販売するものに代金を支払ってもらうということは、簡単なようにみえて、実はとても難しいものである。もしも販売するために用意したものが思うように売れずに、たくさん売れ残ってしまった場合、売上が上がらないだけでなく、販売のための準備に使った費用が無駄になってしまい、あなたのビジネスは大きな損失を被ることになる。ビジネスを続けていくには、販売するために用意したものがたくさん売れて、売上が上がり、販売のための準備に使った費用を無駄にせず、利益をあげることが必要で、そのためには、ビジネスを始める前に“どうしたら売れるか？”をよく考える必要がある。**マーケティング**は“どうしたら売り物が売れるようになるか？”という問題を中心に考える分野である。

あなたは何を“売り物”にするかを決める必要がある。売り物としては、形のある物としての商品、形のない行動としてのサービス、そして、両者を組み合わせたもの、が考えられる。品物を店頭に並べて販売する店舗の場合、売り物は商品である。鉄道やバスに乗

▼ Note

るときにお客さんはお金を払うが、商品を受け取らない。しかし、電車やバスはお客さんを安全に移動させてくれる。この場合、売り物はサービスである。では、外食するときに利用するレストランの売り物は何か？　レストランでは、お客さんが席について食べたいものを注文すると、調理された商品を席まで運んでくれて、後片付けまでやってくれる。この場合、売り物は商品とサービスを組み合わせたものとなる。商売を始めるためには、売りたい商品やできるサービス、アイデアなどを組み合わせながら売り物を何にするかを考える必要がある。

売り物を考えるときには、なぜお客さんがその売り物を購入するのかを、同時に考える必要がある。それは、自分では良いものだと思っていても、お客さんがそう思わなければ、代金を支払ってもらえないためである。

それについてマーケティングでは、お客さんは何らかの**ニーズ**を抱えており、それを満たすために商品やサービスに代金を支払うと考える。ニーズとは、何かに困っていたり、不快や不便さを感じていたり、何かが思うようにいかないもどかしさを感じていたりするような状態を解消したいという気持ちのことである。理想的な状態と現在の状態がかけ離れている場合、その差を解消し、現在の状態を理想的な状態に近づけたいと思うはずである。例えば、夏の猛暑日に外を歩くと、暑さで体内の水分が不足して、のどがカラカラになり、この不快な状態を何と解消したいと思うだろう。これをニーズという。

では、暑くてのどがカラカラであるというニーズを満たすためにはどうするか？

ある人はコンビニエンスストアで清涼飲料水を買ったり、ある人は涼しいお店で冷たいお茶を飲んだりする。このようにニーズを満たす手段を**ウォンツ**という。ニーズは同じでも、ウォンツは人によって選ばれるものが異なることがある。おいしい夕食を食べたいが、ほかのことで忙しかったり、疲れていたり、面倒くさかったりで料理ができない、料理をしたくない……というニーズに対して考えられるウォンツは何か？　レストランで済ます、電子レンジで温めるだけで食べられる食品を買って帰る、出前サービスを利用するなどが考えられる。あるニーズに対して考えられるウォンツを挙げてみることで、自分の売り物にとって考えられる競争相手となる商品やサービスを知ることができる。

世の中にはまだ満たされていないニーズがある。何らかのニーズを満たすものがまだ無いとしたら、それを早く提供すれば買う人がいるかもしれない。また何らかのニーズを満たす商品やサービスがすでにあったとしても、それらが完璧ということはなく、不便さを感じながら購入・利用している人がいるかもしれない。

自分が考える売り物について、それがどのようなニーズを満たすのか、どのような人が

▼ **Note**

それをウォンツと思ってくれるか、について区別して考える必要がある。

マーケティングは本を読むだけではなく、周囲に勉強のための材料が多くあります。スマホを見てばかりいるのではなく、周囲の消費者の購買行動を意識して観察してみましょう。

関心を深めよう
自分の身の回りの会社や店舗をとりあげ、それらがどのような商品やサービスを組み合わせて提供しているか、また、それによりどのようなニーズを満たそうとしているかを考えてみよう。

第２節　市場細分化、市場セグメント、ターゲット

学びのポイント！
●ニーズを満たす手段として具体的な商品やサービスがあり、それぞれ市場規模が異なる。同じ商品やサービスの市場でも、消費者のニーズは様々あり、多くの市場は異質的なものとなっている

前節では、ニーズとウォンツの違いを学んだ。ウォンツの対象となる商品やサービスには、既にそれらを購入している顕在（けんざい）顧客と、まだ購入していないけれど、これから購入するかもしれない潜在（せんざい）顧客がいる。マーケティングでは、ある商品やサービスの**市場**（マーケット）を顕在顧客と潜在顧客の集まりと考える。

スマートフォンを例にとると、世の中にはスマートフォンを既に使っている人（顕在顧客）と、まだ使っていないが将来は使うかもしれない人（潜在顧客）がいる。あなたがスマートフォンを既に使っている場合はスマートフォン市場に含まれる。乗用車には乗用車の、ファストフードにはファストフードの市場がある。

市場には大きさがある。スマートフォンは、街で持っていない人を見つけるのが難しいくらいに、非常に多くの人に利用されている。これはスマートフォンの市場が大きいことを意味する。

市場の大きさは、市場に含まれる人数や、一年間に支払われる金額の合計などではかることが多く、人数や金額などではかられた市場の大きさを市場規模（マーケット・サイズ）という。市場規模が大きい、あるいは、拡大している商品やサービスの市場には、参入する（商品やサービスを提供する）企業も多くなる。

買い物に行くお店で売場スペースが広く、売られている**ブランド**の数が多い商品は何

▼ Note

か？　あるいは、最近、身の回りで使っている人や買っている人が増えていると感じるものは、どのようなものか？　思いつくものがあったとしたら、それは市場規模が大きかったり、市場が拡大・成長したりしている可能性がある。反対に、もともと使う人や買う人が少ないため市場規模が小さいものや、市場が縮小・衰退しているものもある。どのような市場がどのくらい大きいのか、これから市場が拡大・成長しそうな商品やサービスは何だろうか、ということを考える必要がある。

同じ商品やサービスの市場には複数の企業が参入している。お店などで、基本的な用途や使用目的はほとんど変わらないのに、いくつかの企業の商品が売られている。

例えば、同じ洗濯機でも、家電量販店に行くと多くの種類の洗濯機が売られている。それはなぜか？　汚れた洗濯物を手で洗うには時間や労力がかかり面倒なのに対して、洗濯機は自動で洗濯をしてくれる。では、洗濯機は自動で洗濯してくれさえすれば、それで十分なのかというと、今はそうではないことがほとんどである。どの洗濯機も自動で洗濯することが当たり前になると、洗濯機に対して新たなニーズが生じ、こうした新たなニーズは人によって異なるものとなる。

ある人は、洗濯物の量が多いので、たくさんの量の洗濯物を短い時間で洗いたい、と思うかもしれない。ある人は、洗濯物を干す時間がないので、洗濯だけでなく乾燥もできる方がよいと思うかもしれない。洗濯機の洗濯音が気になる人もいるだろう。洗濯の際の水の使用量をできるだけ少なくしたいという人もいるだろう。その他にも洗濯に関連するニーズがあるだろうが、どのようなニーズを抱えるかは人によって様々である。このようにマーケティングでは､多くの市場は異なるニーズをもつ消費者に分かれていると考える。こうした市場を異質的な市場といい、市場は細分化されているという。

市場を細分化してとらえたのちに考えるべきことは、細分化された市場のどの部分に自分の売り物を提供するかということである。マーケティングでは、細分化された個々の市場のことを市場セグメントといい、どのセグメントに自社の売り物を提供するかを決定することを、標的市場を選定するという。標的とは的まとのことで、英語ではターゲットという。

複数のセグメントをターゲットにして、それぞれのセグメントに別の商品を提供する企業もあれば、逆に、少数のセグメントにターゲットを絞っている企業もある。それは企業の規模や市場への対応方法により、市場への対応の仕方が異なるためであり、一つの正解があるわけではない。

マーケティングでは、自社の売り物を買いそうな人を事前に想定する。そして、その人

関連
TOPICS

▶今日からできるマーケティング・リサーチ①

【“不満足”調査】 何かニーズはないか？とたずねられても、消費者はその問いに答えられるとは限らない。消費者はニーズに気づいていないことが多いためである。そのためマーケティングでは、ニーズを主体的に見つけ出し、それを消費者に認識させることも重要なプロセスとなる。ニーズを見つけだす練習として『不満足調査』に取り組んでみよう。やり方は簡単で､日常生活の中で､自分が不満に思うこと、不便に感じることを、思ったとき、感じたときに忘れずにメモするだけだ。自分以外の人にヒアリングしてみるのも良いだろう。 世の中に出ている商品、サービスの多くは完ぺきというものはなく、何らかの不具合や不便な点を含んでいるも の、と考えるのである。同じ商品を使い慣れてくると、その欠点に気づくようなことがある。 何かを使っていて不便に思ったこと､嫌な思いをしたこと､買おうと思っていたが買うのをやめてしまったことなど、ネガティブ（否定的）な感情を、そのときに感じたままの言葉で書き残してみる。そうした情報の中に新商品のアイデアが隠されている可能性がある。

たちに実際に買ってもらう方法を考え、具体的な仕組みを構築していく。

関心を深めよう
スーパーマーケットで品目数が多い商品は購入する人の数が多く、購入頻度も高い、つまり、市場規模が大きいことを意味する。お店で販売する棚の数が多いのはどのような商品かを調べてみよう。

第3節　市場細分化の基準：人口統計的要因、地理的要因、心理的要因、行動要因

学びのポイント！
●マーケティングでは、多くの商品やサービスの市場は異質的で複数のセグメントに分かれていると考える。企業は買いそうな人に絞って働きかけをし、そうでない人には働きかけをしないのである

マーケティングでは、市場が複数のセグメントに細分化されていると考え、ターゲットを定める必要があるということが分った。次に必要なことは、ターゲットとする消費者がどのような人かをイメージすることである。

先程の例のつづきで、洗濯機に洗濯だけでなく乾燥もしてほしくて、洗濯物を入れてセットすると、乾燥までしておいてくれる洗濯機を買うのは、主に“どのような人”だろうか？本当は洗ったものを太陽の光にあてて干したいのに、日中に洗濯物を干せない人である。そういう人は、日中に用事があって家にいられないため、日中に洗濯ができないのかもしれない。仕事をしていて帰宅するのが夜になる生活をしている人は、仕事がある日の日中は洗濯するのが難しい。しかし、洗濯物はたまる。そんなときに朝、出かける前に洗濯物を入れてスイッチを押し、帰ってくるころに洗濯物が乾いていたら助かるはずである。あるいは夜、帰宅してから洗濯物を入れてスイッチを押すと、休んでいる間に乾燥までしてくれたら便利だと思われるはずである。

夜間に洗濯をするときは、アパートやマンションに住んでいて、近所の家との距離が近い場合は、洗濯機の音が大きいと迷惑をかけてしまう。となると、乾燥ができて、さらに音が静かな洗濯機はなおありがたいと思う人がいてもおかしくはない。こうして考えると、乾燥までしてくれる洗濯機の潜在顧客には、平日の日中は仕事をしている人が含まれそうであることが推察できる。このように潜在顧客の具体的な姿をイメージできる場合は、売れる可能性が高まる。

イメージができたら潜在顧客の特徴を詳しく説明する必要がある。その際には、何らか

▼ Note

の視点や基準が必要で、これらを**市場細分化**基準という。市場を細分化してとらえる際に、市場を分ける軸のことである。

マーケティングでは、市場細分化基準として4つの要因が示されている。まず、年齢層、職業、世代、家族の構成やライフサイクルなどによって市場を分けることができる。一人暮らしの世帯と子育て中の世帯とでは、ニーズや選ぶ商品は異なることが考えられる。こうした細分化のための変数を**人口統計的変数（デモグラフィック要因）**という。

また、住んでいる場所や通勤、通学などで移動する場所などによっても市場を分けることができる。街の中心に住む人と郊外に住み人とでは、行動パターンが異なり、それに伴い買い物の仕方も変わってくると考えられる。これを**地理的変数**による細分化という。

価値観や関心のある事柄、考え方などの内面的要因も人によって様々である。こうした要因を**心理的変数**といい、これも市場を細分化するのに用いることができる。

外部に現れる人の**行動変数**でも市場を細分化することができる。ある商品・サービスの購買頻度、購買経路、使用頻度、用途など行動パターン関する要素などが含まれる。

マーケティングでは以上の4つの変数が示されているが、市場細分化の方法には、一つ決まったものがあるわけではないし、全ての企業にあてはまる模範解答のようなものも存在しない。市場をどう細分化するかは、マーケティングでは非常に重要な課題であり、それを通じて、同じ市場でまだ満たされていないニーズを探し、それに対するウォンツとなるものを、競争相手に先駆けて提供したり、既存のものより優れたものを提供したりする。

しかし、これは言うのは簡単であるが実際に行うのはなかなか難しいものである。そこで他社の売れているものと類似したものを売り物にしようとする場合がある。これは、消費者から見ると、提供する会社は異なっていても、機能はほとんど変わらない商品が2種類売られていることを意味する。この場合は、価格が安い方が選ばれやすいことが考えられ、（低）価格競争となる。値段の安さを特徴として売る場合、企業は量を多く売らないと、まとまった売上を獲得ができない。また、低価格のイメージがつき、将来的に価格の高い商品を売ることが難しくなるなどの弊害がある。こうした低価格競争に巻き込まれることをできるだけ避けるためにも、知恵を働かせる必要がある。

自分の売り物を買いそうな人が、市場におけるどのようなセグメントに属するかを具体的にイメージし、市場細分化基準を組み合わせながら説明し、定義することは、マーケティングでの重要なプロセスである。

関連TOPICS

▶今日からできるマーケティング・リサーチ②

【消費者インサイトを考える】スーパーのレジで並んでいるとき何をしているか？　今日から前に並んでいる人のカゴの中を“さりげなく”観察し、その人がどのような商品を買っていて、それはなぜか、その人はどのような人かについて、市場細分化基準を使って推理してみよう。あるいは、何か商品を購入した家族や友人などに、なぜそれを購入したのか“嫌がられない範囲で”ヒアリングしてみよう。マーケティングの関心事は、「どのような人が、なぜ、どのような商品・サービスを実際に購入・利用するか？」であり、それを“消費者インサイト”という。周囲の人々の現実の消費行動を観察し、仮説を立てることを始めてみよう。

関心を深めよう
スーパーマーケットなどで品目数が多い商品の棚を見ると、市場が異質的なことも確認できる。各商品が標的としている市場セグメントにはどんな人が含まれ、なぜそれを買うのかを考えてみよう。

第4節　マーケティングの戦略要素、4Ps、マーケティング・ミックス

学びのポイント！
●何かを販売するときに具体的に決めることが4つある。重要なことは、それらをバラバラに決めるのではなく、消費者が思わず買ってしまうように、うまく組み合わせるということである

市場の細分化では、市場を闇雲に分ければよいわけではない。

同じセグメントの内部では同質的であるが、他のセグメントと並べると異質的になるように区別されたものでなければならない。また、あまりにも細かく分けてしまうと、各セグメントの市場規模が小さくなりすぎてしまうため、個々のセグメントは、ある程度の市場規模が存在する必要がある。

では、なぜマーケティングでは市場を異質なものととらえ、いくつかのセグメントに分けて考えるべきなのか？　企業は、市場に対して商品やサービスを提供することを含む、様々なマーケティング努力を通じて働きかけをする。その際に、市場全体に対して、万人受けするような働きかけをしたとしても、それに対して反応しない消費者が多くなってしまうと、マーケティング努力の多くが無駄になってしまう。マーケティングでは、経営資源の無駄をなるべく少なくし、反応しそうな消費者に対してマーケティング努力を集中させ、その効果を高めようと考える。全員から好かれようとして努力して、誰からも好かれなかった、というのではなく、その代わりに、好きになってくれそうな人たちにだけに努力を傾け、その人たちにだけ好きになってもらうことを目指すのである。

マーケティング努力には、大きく分けて4つの要素が含まれ、それらをマーケティングの戦略要素という。英語で表すとPで始まるので4Psとも呼ばれている。

売り物そのものに関する要素はProduct（商品）で、商品とサービスをどう融合させるか、ブランド、パッケージデザインなどの計画が含まれる。

売り物をいくらで売るかを決定するのはPrice（価格）の設定の問題である。他社の商品と代わり映えがしない場合は低価格競争に陥りがちである。Product（商品）の品質を高め、それにふさわしい価格を設定する努力が必要である。

▼ Note

売り物と価格の組み合わせが決まったら、それを消費者に知ってもらう活動が必要となる。消費者に知らせる活動をPromotion（プロモーション）という。Promotionには、4大媒体（テレビ、ラジオ、新聞、雑誌）やインターネットに広告を掲載したり、コマーシャルを流したりすることだけでなく、店舗での**POP広告**や人的販売などが含まれる。これらの活動は有料、つまり広告宣伝費が発生するが、原則的に企業が伝えたいことを伝えることができる。

また、テレビ・ラジオで放送されるニュースや番組、新聞・雑誌の記事に商品をとり上げてもらうこともPromotionに含まれ、こうした活動は**パブリシティ**、広報活動（PR）という。広報活動では、広告宣伝費は発生しないが、最終的に報道する側が内容を決定するため、企業が伝えたい内容がそのまま伝えられるとは限らない。

最近ではSNSなどで企業の情報を発信することや、企業がスポンサーとなるイベント活動も活発だが、これらもPromotionに含まれる。

方法は多様だが、なるべく多くの人が目にする場所に、企業の伝えたい情報を露出させることを試みようとすることは共通している。しかし､広告宣伝活動の効果を高めるには、無計画に行うのではなく、ターゲットとなる消費者の目にとまるような場所を探る必要がある。

情報を知った消費者がどこで商品を買えるようにするかはPlace（場所・流通）の決定に関わる。小売業者や直営店舗の店頭、インターネット、通信販売などを通じて、どのように商品を消費者に到達させるかを計画し、営業活動を通じて実行する。

Placeでは、企業が提供する商品やサービスと消費者が物理的に接し、現実の購買が行われる。Placeはマーケティング努力を売上に代える、非常に重要な意味を持つ戦略要素である。消費者がものを買う場所は、スーパーマーケット、コンビニエンスストア、ドラッグストアなどのチェーン店の店舗や、チェーン店ではない個人商店の店舗などの実店舗の場合もあれば、インターネット上のオンラインストアの場合もある。これらのふさわしい組み合わせを考える必要がある。

これらの4つのPではじまる戦略要素は**マーケティング・ミックス**ともよばれる。ミックスとは、4つの戦略要素を個別に独立して考えるのではなく、それらのふさわしい組み合わせを考えることを意味する。こうしてみてくると、世の中はマーケティングに関する現象がたくさんあることが分かる。

関連
TOPICS

▶今日からできるマーケティングのトレーニング

【商品は属性の集まり】何かの商品を目にしたら、それが持つ特徴を考えてみよう。例えばカップ麺。容器に麺が入っていることはどれも共通しているが、味付けや量、容器の形、価格、お湯を注いでから食べられるようになるまでの時間など商品ごとに異なる点は複数ある。こうした商品の特徴のことをマーケティングでは商品の“属性”という。商品を属性の集まりと捉え、特定の属性を強化することで企業は自社の商品を特徴づけようとする。スーパーマーケットなどの棚には競争し合う商品が並んでいる。競争相手の商品との違いを消費者に伝えるために、どのような属性が強化されているか比較してみよう。そして、強化された属性に反応し、購入するのはどのような人か考えてみよう。

関心を深めよう

自分が購入した商品の4Psを説明してみよう。商品の品質と価格のバランスはどうか、どのようにそれを知り、どこで買ったか、などを考えてみよう。

▼ **Note**

第VI部　まとめ課題

① ビジネスの実践の場面で経営学の知識はどのように役立つだろうか。経営者の立場と従業員の立場、それぞれから検討してみよう。

② 経営学を学ぶための手法として、本章で挙げられている学習方法のメリット・デメリットを挙げよう。そのうえで将来志望する職業に必要な知識、能力を身につけるのに役立つと考えられる学習方法を検討してみよう。

③ 今後 AI に代替されない職業には、どのようなものが該当すると考えられるだろう。代替されないと考えられる職業に必要となるスキルや能力はどのようなものかについて検討してみよう。

④ なぜ消費者が代金を支払い商品やサービスを購入するのかについて、マーケティングの専門用語を用いて説明してみよう。具体例を挙げずに、様々な商品やサービスに共通する内容を説明しよう。

⑤ 何らかの商品やサービスを選び、その市場がどのようなセグメントが含まれるかを考えてみよう。また、市場細分化基準を使って、セグメントに属するのはどのような人かを定義しよう。

⑥ 企業が特定の市場セグメントをターゲットとすることのメリットは何であったか、また、デメリットとして考えられることはないか、について論じてみよう。

第VI部 参考文献

第 11 章

井上達彦『ブラック・スワンの経営学－通説をくつがえした世界最優秀のケーススタディ』日経 BP 社、2014 年。
入山章栄『世界の経営学者はいま何を考えているのか－知られざるビジネスの知のフロンティア』英治出版。2012 年。
岩崎夏海『もし高校野球の女子マネージャーがドラッカーの『マネジメント』を読んだら』ダイヤモンド社、2009 年。
岸見一郎、古賀史健『嫌われる勇気：自己啓発の源流「アドラー」の教え』ダイヤモンド社、2013 年。
琴坂将広『領域を超える経営学：グローバル経営の本質を「知の系譜」で読み解く』ダイヤモンド社、2014 年。
エリック・ブリニョルフソン、アンドリュー・マカフィー著　村井章子訳『機械との競争』日経 BP 社、2013 年。
デール・カーネギー著、山口博訳『人を動かす 新装版』創元社、1999 年。
スティーブン・R・コヴィー『完訳 7 つの習慣 人格主義の回復 新書版』キングベアー出版、2020 年。
ピーター・F・ドラッカー『マネジメント［エッセンシャル版］－基本と原則』ダイヤモンド社、2001 年。

第 12 章

フィリップ・コトラー、ゲーリー・アームストロング『マーケティング原理 第 9 版―基礎理論から実践戦略まで』ダイヤモンド社、2003 年。
バイロン・シャープ著『ブランディングの科学 誰も知らないマーケティングの法則 11』朝日新聞出版、2018 年。
バイロン・シャープ、ジェニー・ロマニウム著『ブランディングの科学［新市場開拓篇］エビデンスに基づいたブランド成長の新法則』朝日新聞出版、2020 年。
月刊『激流』国際商業出版株式会社。
月刊『宣伝会議』株式会社宣伝会議。
『日経 MJ（Marketing Journal）』日本経済新聞社。

第Ⅶ部

社会と経済学

経済学は、個人や企業など民間の経済主体と政府などの公的部門が、それぞれどのように経済行動を選択し、その結果として経済全体がどう展開していくかを分析する。ここでいう経済行動とは、消費や投資、労働や雇用、各種の経済政策など、さまざまな行為を含む。ヒト、モノ、カネが複雑に絡み合う経済を出来るだけ平易に捉えて、社会に役立つ含意を得ることを狙っている。

第13章　経済政策の目的と機能

【この章の目的】

政府は、さまざまな種類の経済政策を実施している。その目的は、国民が経済活動を行った結果として、より良い生活を送れる社会を実現することである。経済活動の主役は、家計や企業といった民間部門であるが、その自由な経済活動だけで社会にとって最適な結果がもたらされる保証はない。このため、経済政策という手段を用いて、政府が民間部門の経済活動に介入を行うことで、社会の役に立とうという狙いがある。本章では、各種の経済政策がどのような形で社会に影響を与えるのかを学ぶ。

【課　題】

□効率的な経済を実現するうえで、競争の促進、市場の失敗、政府の失敗が互いにどう関係しているかを理解する。
□経済活動と物価を安定させることがなぜ重要か、そのための金融政策と財政政策の機能と限界は何かを理解する。
□公平な経済とは何か、その実現のために個人間および地域間で所得再分配をどう行うのかを理解する。

第１節　効率的な経済を実現する政策：静学的な視点から　～競争、市場の失敗、政府の失敗～

学びのポイント！

●企業間の競争が重要である理由
●市場の失敗に対応するための経済政策
●政府の失敗が発生する理由とそれへの対応

モノ（経済学では財と呼ぶ）やサービスを生産・販売するには、資源が必要である。ここでの資源とは、石油・天然ガスのようなエネルギー資源や材料資源だけでなく、労働を提供してくれる人的資源や、生産・販売活動を支える機械設備・不動産などの物的資源（資本とも呼ばれる）を含んだ広義の資源である。こうした資源は、世の中に無限にあるわけでなく、限りがある。その貴重な資源を出来る限り有効に活用することで、経済をより豊かにすることが可能になる。

貴重な各種の資源がそれぞれ最も効率的に活用される分野へ的確に配分されるには、どのような政策が望まれるのだろうか。こうした問題意識のもと、本節では、効率的な資源配分を達成する経済政策について静学的視点から整理する。

(1) 競争の促進

議論の出発点として、社会全体の利益が最大になるような経済は、基本的に、競争原理が浸透した社会であると考えよう。分かりやすく話を進めるため、社会全体の利益は、消費者の利益と企業の利益から成ると考えておく。ある財を生産・販売する企業がもしライバルを持たず、したがって価格競争もなく、自社製品の価格を自由に設定できるとすると、競争経済に比べて高めの価格を設定することにより利益を増やすことが出来る。その際、消費者は、その製品を得るために支払う代金が高くなり、利益が損なわれる。このような

▼ Note

状況では、企業側の利益増加分より、消費者側の利益遺失分の方が大きいことが知られている。したがって、非競争的な経済では、競争的な経済に比べて、社会全体としての利益は減少してしまう。

こうした理由から、企業が互いに競争することで社会全体の利益（総余剰）は最大化されることが知られている。換言すれば、その経済における資源配分が最も効率的となる。したがって、市場における競争を促進させる経済政策が望まれる。具体的な政策対応としては、競争制限的な企業行動を禁止する独占禁止法の施行や、公正取引委員会によるその効果的な運用などを挙げられる。

ただし、この競争促進の原則が成り立つためには重要な前提条件がある。それは、市場における自由な取引によって社会の需要と供給が一致するような均衡が実現することである。このように**市場原理**が適切に機能するということ、換言すれば、**市場の失敗**が存在しないことが、政府による介入がなくても望ましい経済が実現するための条件である。

(2) 市場の失敗とそれへの政策対応

前述のとおり、市場は、財・サービスの需要と供給をバランスさせるような価格を実現し、そのもとで、効率的な資源配分が達成されるというのが本来の市場の機能である。しかし、市場がその機能を完全に発揮することが出来ないケースが多々存在する。そのようなケースは「市場の失敗」と呼ばれ、以下の4通りに大きく分類できる。

①費用逓減産業における自然独占
②プラスの外部性
③マイナスの外部性
④情報の非対称性

このような市場の失敗が存在すると、市場に委ねただけの経済活動では資源配分が非効率的となり得る。しかし、その悪影響を各種の経済政策によって補正することで、効率的な資源配分の実現を取り戻すことが可能である。その内容の詳細には立ち入らないが、以下順に、概略をまとめる。

まず、①の**自然独占**である。競争の促進が重要であることは前述したが、独占や寡占は競争経済と逆行するものであるから、避けるべきである。しかし、避けることが困難で、やむをえず独占を許容しなくてはならないケースもある。その典型的な例は、電力、ガス、水道、郵便、運輸（鉄道、航空）、通信など、ネットワーク性のある公益的な事業である。こうした産業では、当初の設備に巨額の固定費用がかかるうえ、規模の経済が働く（費用逓減産業である）という特徴があるため、完全競争を実現することが困難である。そうして発生する独占を自然独占と呼ぶ。

その発生がやむを得ないとはいえ、それを放置すると、前節で述べたように高めの価格設定などにより消費者が不利益を被る。したがって、自然独占の産業に対しては、政府が

▼ Note

価格規制（料金規制）を実施することで、当該独占企業が過剰な利益を消費者から搾取しないように制御することが望まれる。

次に、②と③はいずれも**外部性**についてである。外部性とは、ある経済主体の行動が、市場を通さずに別の経済主体の行動に直接影響を与えるという性質である。市場を経由する影響であれば、その価値が市場価格に織り込まれることで、影響まで勘案して需要と供給がバランスされて効率的な資源配分が実現するが、市場の外側で影響が発生すると、その分だけ望ましい資源配分からのズレが発生する。そのズレを補正するような経済政策が望まれる。

外部性による影響が経済にプラスの効果を及ぼす場合には正の外部性、逆にマイナスの効果を及ぼす場合には負の外部性（または外部不経済）と呼ぶ。②の正の外部性の一例としては、立派な庭や花壇、教育などが本人以外にまで良い作用を及ぼすことを挙げられる。きれいな花壇は、所有者だけでなく他人が見ても気分が良いし、教育はそれを受けた本人だけでなく、社会に広く貢献をもたらす場合がある。このような追加的なプラスの効果がある分、それが勘案されていない市場での均衡に比べて、より多くの需要と供給が存在することが望ましい。そのためには、政府が補助金を供給することで市場価格を引き下げて、需要と供給を増やす政策が考えられる。また、政府による公共サービスとして公園の花壇を整備したり国公立大学を設置したりすることで、より直接的に需要と供給を制御する方法もあり得る。

一方、③の負の外部性の一例としては、環境に悪い公害や温室効果ガスなどを排出する工場や設備を挙げられる。そこで生産された製品が市場で取引されるときには、生産過程で環境への悪影響というコストが発生していたことが価格に織り込まれないため、本来あるべき価格より低い価格で取引が成立してしまう。もし環境コストの存在が市場価格に勘案されるのであれば、そのコストが価格に上乗せされて取引価格が上昇し、需要と供給は減る ことだろう。こうしたケースでは、負の外部性に見合ったコストを公的機関が制度的に内部化する取り組み（例えば、環境課税の導入により生産者へコストを課すことなど）が望まれる。そのほか、取引を行う当事者間で内部化のための交渉が自発的に進むような仕組みの整備（交渉に伴う費用を軽減するような法整備など）も望ましい。

最後に④の**情報の非対称性**である。これは、取引を行う一方の経済主体が保有する情報と、もう一方の経済主体が保有する情報の量や質が異なっていること（非対称であること）を言う。典型的には、次の 2 つの場合がある。

第一に、取引や契約の相手がどのように行動するか監視できない場合である。このとき、相手は監視されないことに乗じて、契約に反して自己に有利な行動を取り、逆にこちらに不利益を及ぼすインセンティブを持つ（**モラル・ハザード**と呼ばれる）。このような事態への対応策としては、相手の行動をより適切に監視できるような制度を整備することが考えられ、さまざまな分野で情報開示（**ディスクロージャー**）を義務付ける規制等が導入さ

▼ Note

れている。これは、情報の非対称性に伴う弊害を緩和するための政策の一つであると言える。

第二に、取引の是非を判断する取引前の段階において、財・サービスの品質が分からなかったり、相手がどのようなタイプの経済主体か分からない場合である。そのような状況で取引に関する判断を行うのは、その経済主体に不利益を及ぼすリスクがあるだけでなく、社会として非効率な資源配分にもつながる。これへの対応策としては、公的制度のもとで財・サービスの品質の最低ラインを設定することが考えられる。実際、さまざまな公的な基準・認証、検査・検定制度、免許・資格、許認可などがあり、最低品質の担保に寄与している。例えば、工業製品の安全性を維持するために、守られるべき技術的水準を定めたのがJIS（日本産業規格）である。また、自動車の車検制度や、弁護士、税理士、会計士、医師、看護師などの専門職種に対する国家資格制度や、銀行業・運輸業などに対する営業許認可の制度（預金サービスや交通サービスの安全性を担保することで利用者を保護するもの）もこの事例である。

(3) 政府の失敗と構造改革

各種の経済政策や規制には、それが必要である理由と目的が存在することが分かった。しかし、ある時点で規制が必要な理由が存在したとして、実際に適切な規制が導入されたとしても、その後の時間経過とともに経済環境は変化し得る。例えば、以前は情報の非対称性が大きかった産業であっても、情報通信技術の発展に伴い消費者が得る情報が格段に増えれば、情報の非対称性が小さくなることも考えられる。そのような場合には、情報の非対称性が大きいことに伴う問題を是正するために導入された規制がもはや不要になっている可能性がある。不要な規制をそのまま存続させ続けると、前述したように完全競争のメリットを享受することが出来なくなり、効率的な資源配分が阻害される。そうならないように、不要になった規制は撤廃することが望まれる。

このように、規制は、経済環境の変化に応じて適切に変更される必要がある。時間経過とともに社会の中で各種の技術が進歩していくため、規制がなくても不自由を小さくできる技術も出現する。このため、過去に導入された規制が、今では緩和または撤廃されるべきだというように変化する事例も多々見られる。例えば、かつては公営企業であった電話会社が、多くの国々でこれまでに民営化され、さらに新規参入企業が現れて競争が促進されたのは、一例である。実際、経済政策を巡る政治的な議論の場では、規制緩和、規制改革、構造改革といった言葉がキーワードとして頻繁に登場する。

しかし、すべての規制についてタイムリーな改革が実施されるわけではない。規制改革を実行すべきだという意見が理にかなっていても、既存規制から恩恵を得ている者がいると、既得権益を失わないように政治的な圧力を駆使するなどして、規制改革を阻止しようとする場合も少なくないからである。「岩盤規制」という言葉があるが、象徴的である。

▼ Note

このような事情から適切に規制改革が実施出来ない状況は、**政府の失敗**と呼ばれる。

もちろん、経済環境の変化の中には、新たな規制を必要とするような種類の変化が生まれることもある。例えば、IT 産業のように巨大企業がグローバルに寡占的にビジネスを行う状況では、世界の多くの人々がその巨大企業のサービス無しでは生活を送れないほどになっている。そのような自然独占の状況下での主要な問題は、かつては価格設定に関連する内容であったが、現代ではそれにとどまらない。例えば、サービス利用者の個人情報が当該企業に吸い上げられるという問題が新たに発生したが、個人情報保護の制度は当初は各国で不十分であったため、保護のための規制を新たに導入する動きが現れた。これは、環境変化に伴い、新たな規制が必要となった例である。もし、政府が速やかに必要な規制を導入出来ないケースがあれば、それも、ある意味で政府の失敗と呼ばれるべき事態である。

市場の失敗に適切に対処する政策を導入するとともに、その後の政府の失敗を抑止して、規制体系が常に経済環境に適合している状況を維持することが理想であり、それによって、効率的な資源配分が達成される。

関心を深めよう
- 各種の市場の失敗とそれ に対応するための経済政策の事例をもっと調べてみよう
- 現在の日本で重要な課題とされている規制改革・構造改革の事例を具体的に調べてみよう

第 2 節　効率的な経済を実現する政策：動学的な視点から ～経済活動と物価の安定化～

学びのポイント！
- 景気変動により経済や物価が不安定化する理由
- 非伝統的な金融政策が導入された理由
- 政府債務の増加が財政政策の制約となる理由

経済が非効率化してしまう状況としては、前節で取り上げた市場の失敗が存在する場合のほかに、経済にある種の「摩擦（フリクション）」が存在する場合もある。この摩擦によって生まれる弊害を小さくすることで効率的な経済の実現を目指す政策について、本節で整理する。

(1) 経済におけるショックと摩擦

経済の総需要と総供給がある時点で均衡していたとしても、時間の経過とともに、価格や産出量を均衡状態から外すような力（ショックと呼ばれる）が加わることは多い。例えば、世界の産油国で地政学的なリスクが高まれば、原油等の供給が減少する懸念が広がり、原油や関連商品の市場価格はすぐに上昇する。あるいは、突如として感染病がまん延すれ

▼ Note

ば、その対策用の医療関連品目への需要が急激に高まる。

このようなショックが発生したとしても、経済に一切の摩擦がなければ、ショックの影響を織り込んだ新たな市場均衡を実現するように価格が調整され、ただちに総需要と総供給が再びバランスするであろう。その場合には問題はない。

しかし、現実の経済では、価格の調整が円滑に進まないという「摩擦」が存在する。この摩擦の代表的な例としては、財・サービス市場における価格硬直性や、労働市場における転職コストを挙げることが出来る。ここでは価格硬直性の影響について一例を挙げると、企業は、自社の製品の需要が伸びるようなプラスのショックが発生した場合、値上げによって利益を増やすことが合理的だと感じても、すぐに値上げに踏み切ることは多くない。値上げに伴う不可逆的な影響（例えば、顧客の反感による売上げ減少のリスク）が作用し得るため、状況を慎重に見極めようとするからである。

速やかに価格改定が行われない状況では、需要と供給にミスマッチが発生し、それが続けば、製品が品薄になって顧客の購買に支障を来す可能性もある。この状況は、経済へのショックに対する市場価格の調整・反応が不十分となることで、市場に不均衡が発生してしまうことを意味する。市場の不均衡は不安定な状況であり、それが続くと、経済が過熱したり、逆に停滞して不況に陥る可能性もある。

動学的にみれば、こうした摩擦の影響から、景気の変動や**ビジネスサイクル**が発生することが知られている。本来は、経済はその「実力」（潜在能力）に見合ったペースで安定的に成長していくことが望ましいが、過度な景気変動が発生すると、不況に陥って失業（人的資源の無駄）や生産ラインの停止（資本の無駄）が発生したりする。そのように貴重な経済資源が無駄になっている状況は、前節でも論じたように資源配分の効率性が損なわれている状態である。一方、景気の過熱（好況）は悪くないように感じるかもしれないが、必ずしもそうではない。「実力」を超えた成長は永遠に続くことはないため、いずれは反動に見舞われ、不況に陥るからである。

経済にはさまざまなショックが発生する以上、景気変動は必ず生まれる。経済活動には山があれば谷もある。その振れ幅が大きければ、貴重な資源の無駄遣いが大きくなってしまう。したがって、動学的視点で効率的な資源配分を達成するには、景気変動の振れ幅を小さくして、経済を安定的に成長させることが重要である。経済が安定すれば、物価も安定し、経済活動が円滑になる。そのためには、経済へのショックによる影響を打ち消すような政策対応を行うことが必要となる。

以下では、経済の安定化を達成する経済政策として、金融政策と財政政策（マクロ経済政策）を取り上げる。

(2) 金融政策

金融政策の伝統的な方法は、景気過熱やインフレ進行の局面で、政策金利（短期金利）

▼ Note

を引き上げ、金融市場における各種の金利に上昇圧力を及ぼし、それによって景気をクールダウンさせて経済を安定化させるものである（金融引締めと呼ばれる）。逆に、景気後退やデフレ進行の局面では、政策金利を引き下げて経済活動を刺激する（金融緩和と呼ばれる）。

このような金融政策は、長きにわたり各国で成果をあげてきたが、近年では、先進国を中心に産業の成熟化などから平時の金利水準が過去に比べてかなり低くなり、景気後退局面で金利を引き下げると、ゼロ％の水準まで下がってしまうことがある。

ところで、金利（経済取引において直面する名目金利）は、ゼロ％を下回って大きく負の水準に下がることは出来ないという性質がある。これは、名目金利のゼロ制約（または実質下方制約）と呼ばれる。この性質を理解するには、自分の銀行預金の金利がもし大きな負の水準であったらどう行動するかを考えると良い。金利が負であれば、預金者は、銀行から定期的に金利を受け取るのではなく、逆に金利を支払わなくてはならない。金利支払いは嫌であるため、余裕資金を銀行に預けるのではなく、例えば家の金庫に保管しておく方が良いだろう。したがって、預金金利が大きな負の水準であれば、預金取引が成立しなくなり、その負の金利は実現しないこととなる。

話を金融政策に戻すと、前述の伝統的な金融政策において、景気後退期に政策金利がゼロ％まで下がってしまうと、そこから金利をさらに大きく引き下げる余地が無いという意味で、金融政策の効果が失われてしまう。実際、2000年代に入って以降、日本をはじめ先進諸国でこのような局面が何度も現れた。そして、伝統的な金融政策の効果を期待できない状況にあっても、中央銀行が別の手法で経済を安定させる各種の方法を開拓してきた。それらは、まとめて、非伝統的な金融政策と呼ばれる。

ここでは、詳細には立ち入らないが、**非伝統的な金融政策**には、①中央銀行による公債（安全資産）の大規模な購入（そして、結果としての中長期金利の低下）や、②社債・証券等（民間発行の非安全資産）の購入（そして、結果として、それら資産価格の上昇）、また、③このような金融緩和の将来の継続に関するガイダンス（またはコミットメント）のアナウンス（結果として、経済主体の将来予測への働きかけ）などが含まれ、それらを組み合わせた政策パッケージを導入する形で政策運営が行われてきている。これらの金融政策には、一定の「副作用」（政策実施に伴うコストやリスクの発生）が伴うことに注意が必要である。代表的な「副作用」としては、政府の財政規律が後退するリスクを挙げられる。中央銀行が大規模に公債を購入する状況下では、政府が既に大きな債務を背負っていたとしても、追加的な新規の公債を発行しやすい。そのような状況では、金融市場で公債の信用リスクが厳格に認識されにくくなり、政府債務を累増させていくことが容易になるからである。このため、財政健全化を進めようという政治的なインセンティブが後退するリスクが考えられる。本来こうした状況は好ましくないため、中央銀行が政府からその債務を直接引き受ける行為（財政ファイナンスと呼ばれる）は、先進主要国では法律により禁止され

▼ **Note**

ている場合が多い。しかし、非伝統的な金融政策（上記①）の一環として、いったん政府が金融市場で発行した公債の大部分をすぐに中央銀行が買い上げるというケースは、不法行為には当たらない。そのような状況が続けば、経済的には、財政ファイナンスを行ったのと同様の影響が現れる可能性がある。

このような「副作用」の影響には十分に留意する必要があるが、政策の結果として得られる効果がその副作用の大きさを上回るのであれば、非伝統的な金融政策が必要な経済局面で実施することが望まれる。

(3) 財政政策

政府（国としての中央政府や地方自治体としての地方政府）は、一般に、さまざまな公的サービスを提供するために、予算に基づき支出（歳出）を行う。その財源（歳入）の基本は、国民からの税収であるが、不足分は公債（国債や地方債など）の発行や借入によって賄っている。

公共サービスの内容は多岐にわたるが、支出額のシェアが大きい項目を挙げると、社会保障関係費（公的年金、医療保険などの財源不足の補填）、国債費（過去の借金の元利金支払い）、公共事 業関係費（道路や住宅などの社会インフラの整備）、文教および科学振興費、防衛関係費などがある。財源としての税には、消費税、所得税、法人税のほか、さまざまな直接税および間接税がある。

財政政策の機能としては、後述する所得再分配もあるが、ここでは経済安定化の役割に絞って簡単な整理を行う。経済における総需要が不足することで景気が停滞している局面では、政府が支出を増やして需要を創出することにより、景気を刺激して経済を安定化することが可能である。これは、古くはケインズが指摘した有効需要の原理に即した考え方であり、現在でもこの思想に基づく財政政策が実施されている。支出面のほかに、政府収入に目を向けると、所得税に**累進課税**の仕組みが導入されていることは、好況時に民間部門から政府がより多くの所得を吸い上げ、不況時には逆に吸い上げる所得を相対的に減らすことで､経済活動を安定化させるという｢**自動安定化装置**｣が組み込まれていると言える。

このように、財政政策の果たす役割は多大であるが、制約として、政府債務を無限に増大させることは不可能であるという点がある。既に述べたように、財源不足を国債発行などにより賄うことを繰り返すと、徐々に政府の債務が累積していく。実際、わが国では政府債務が過大になっていると指摘されて久しい。政府債務はどこまで増やすことが可能なのか、明確なラインが事前に分かるわけではないが、多額の債務を抱えれば、その償還や利払いの支出も多額となる。このため、何か想定外の事由から財政の中長期計画が狂い、約定どおりに償還や利払いが実行できなくなってしまう状況（政府債務のデフォルト）が起こらないとも言えない。このような事態は「財政破綻」などと呼ばれる。近代の世界の歴史の中でそのような事例は少なくない。

▼ Note

現在のわが国のように政府債務残高が膨らんでしまっている状況では、そうでない場合に比べ、財政政策の自由度が低くなっている。したがって、中長期的な視点から着実に財政健全化を進めるとともに、短期的な財政運営においても、より効率的な政策の実施が望まれる。

関心を深めよう

●日本や欧米諸国で導入された非伝統的な金融政策の具体的な内容と、その効果およびコストについて調べよう

●日本の政府債務残高の長期的推移を調べるとともに、現在の政府債務残高（対 GDP 比率）を他の先進国と比較しよう

第３節　公平な経済を実現する政策　～所得再分配～

学びのポイント！

●経済社会における公平の概念とは何か

●個人間の所得再分配が必要である理由とその方法

●地域間の所得再分配が必要である理由とその方法

ここまでは、経済を一つのまとまりとして捉え、経済社会を全体としてより豊かにするような経済政策について整理した。しかし、経済社会は多くの人や企業などから構成され、個々の人や企業が経済的に成功して恵まれているか、あるいは恵まれずに苦しんでいるかは、区々である。本節では、経済を全体として捉えるのではなく、その構成員の個々の状況に目を向けたときに必要と考えられる政策について整理する。

(1) 公平とは

公平な経済社会とはどのようなものだろうか。すべての人々が同一の所得を得て、同レベルの生活水準で暮らせるような経済だろうか。しかし、人間の価値観は様々であり、余暇を削ってでも献身的に働いて高収入を得て贅沢な食事や服が欲しいという人もいれば、逆に贅沢への関心はそれほどでもないが、自分のプライベートな時間を多く持って精神的にゆとりのある生活を送りたいという人もいる。このように価値観が違う人に、同一の所得を得させること、また、そのために同じ分量の仕事をさせることは、決して望ましい状況でないし、公平な社会とも言えない。

このように考えると、それぞれの個人が自分の価値観に合った経済行動を自由に選択できることが望ましい。例えば、勉強を頑張って有用なスキルを習得し、一生懸命に働いた人は、その貢献度に見合った大きな所得を得られるべきだろうし、逆に、貪欲に頑張るよりは気楽な働き方をしようとしている人は、その努力に見合う所得が小さかったとしても文句は言えないだろう。このように、経済を構成する人々に選択の自由があり、貢献に見

▼ **Note**

合った対価を得られる社会は、ある種の公平な社会である。

しかし、世の中での成功は、努力だけで決まるわけではない。大成功は、努力と運と才能の3つが揃ったときに訪れると言われることがあるが、努力の量は自分で選択できるとしても、運と才能については、そのすべてを自分でコントロールすることは出来ない。もし、運と才能に全く恵まれないまま、努力だけを続けている人がいて、その人が経済的に困窮していたら、その人を支援しないのは道義に反するだろう。では、運と才能に恵まれない中で努力をする気力さえ失くしてしまい、寝所や食事もおぼつかないという生活をしている人がいたらどうだろうか。努力をしないで公的な経済支援を得られるような仕組みは不公平だと考える人もいるだろうし、逆に、努力とかの理屈抜きに、人間として最低水準の生活すら出来ない人を放置するのは人道的に不適切であるから、公的な経済支援を実施すべきだという考えもあろう。

上記の論点についての判断の分岐点は、恵まれなさの程度の問題だと考えられる。放置できない恵まれなさのレベルがどの程度かについては、人によって意見に違いもあろうが、極めて劣悪な経済状況の人を支援することに異論はあるまい。このように考えると、経済的に恵まれている人に課された税金を原資として、恵まれていない人の支援のために政府が支出をするという所得再分配政策の必要性を理解できる。これは、日本国憲法第25条が「すべて国民は、健康で文化的な最低限度の生活を営む権利を有する」と謳い、その実現のために、「国は、すべての生活部面について、社会福祉、社会保障及び公衆衛生の向上及び増進に努めなければならない」としていることと整合的である。

公平な経済社会とは何かについて、本節での議論を整理するならば、人の努力が相応に報われる仕組みが機能しているとともに、自由な経済活動の結果として生じた過度な経済格差は放置せずに、国民が合意できる範囲内で**所得再分配**を行う（経済的弱者を救済する）社会であると言えよう。1節と2節で論じた経済政策によって、仮に、経済全体として効率的資源配分が達成されていたとしても、本節でいう公平性が達成されている保証はない。実際、日本では近年、経済格差の拡大が問題だという指摘もある。

では、所得再分配を行う経済政策とは具体的にどのようなものか。詳細な解説は他の書籍に譲り、以下では概要をまとめる。

（2）個人間の所得再分配

所得再分配政策の基本は、経済状態の恵まれた人から所得をある程度取り上げ、それを何らかの形で、経済的に恵まれない人に再分配することである。

分配側の具体的な政策については、大きくまとめれば、**社会保障制度**と呼ぶことができる。その内容は多岐にわたるが、次の4つの分野に分類可能である。

第一は、公的扶助である。これは、生活困窮者が健康で文化的な最低限度の生活を送れるように保障するもので、代表的な施策は生活保護制度である。

▼ Note

第二は、社会保険である。これは、各保険への加入者の負担によってその給付が賄われる公的な社会保険に、国民に加入してもらう（加入を義務付ける）ものである。具体例としては、公的な年金保険、医療保険、雇用保険、介護保険を挙げられる。制度の経済規模としては、この社会保険は、他の3つの分類に比べ突出して大規模である。少子高齢化が進行する中で、特に年金保険と医療保険の収支不均衡が大きな問題となっており、適切な改革がなされなければ、長期的な制度維持が困難となる可能性も指摘されている。わが国の国民生活の安心を将来にわたり維持するには、この改革は最重要課題の一つと言えよう。

第三は、社会福祉である。これは、身体障害者、児童、老齢者、母子世帯（ひとり親家庭）のように、社会的に援護が必要とされる人に対して、自立して能力が発揮できるように政府が公的サービスを提供するものである。具体的な例としては、身体障害者向けの各種の福祉サービス（介護、地域生活支援、訓練等）や手当の給付、児童相談所や保育所の設置、老人クラブや高齢者イベントへの助成、高齢者専用住宅等の設置による居住環境の整備、母子福祉資金貸付制度や母子生活支援施設の設置などを挙げられる。

そして、第四は、公衆衛生である。これは、国民の健康の維持増進を目的とする公的サービスであり、例えば、健康相談や検診もここに含まれる。

再分配政策には、当然のことながら、財源が必要である。その主要部分は、税と社会保険の保険料である。経済的に恵まれた人からより多くを徴収するとともに、恵まれない人により多くを給付することによって、所得再分配が成立する。給付サイドについては、制度そのものが支援を必要とする人に手を差し伸べる仕組みとなっている。他方、財源調達サイドについては、所得の多寡に応じて徴収の大きさを決める仕組みが存在する。その典型は、所得税における累進課税制度である。どの程度の累進度を導入するかにより、経済格差の是正に向けた作用が異なってくるため、格差問題に関する国民の理解を深めたうえで、社会的なコンセンサスのもとで適切な税制運用が求められる。

本節で取り上げた問題に関連して、わが国で重要な課題となっている点につき、少し補足説明をしておこう。それは、公的年金保険の制度改革の必要性についてである。前述したように、少子高齢化の進行に伴って、近年、公的年金保険の収支不均衡が大きく拡大し、収入不足を税により補填する構図が続いている。このように人口構造の変化によって収支バランスに影響が及ぶのは、わが国の公的年金保険が積立方式ではなく事実上の賦課方式を採用してきたからである。収入不足の問題を解決する道筋は、理論上、大きく3つの方向性がある。一つめは、現行の賦課方式の制度の継続と少子高齢化のさらなる進行を前提とした対策であり、わが国では「マクロ経済スライド」と呼ばれる制度を既に導入して、そのもとで、少子高齢化の進行に応じて将来的に実質年金給付を減額する仕組みが組み込まれている（その効果が十分かどうかについてはなお議論が存在する）。二つめは、少子高齢化（特に少子化）の進行そのものを抑制することである。これは、公的年金保険への影響という問題にとどまらない重要な課題であろう。ただ、短期間で目標を達成するのは

▼ **Note**

容易ではない可能性がある。最後に、三つめの方向性としては、公的年金保険の制度を賦課方式から積立方式に変更することで、人口構造の変化からの影響を遮断することが考えられる。ただし、この変更を短期間で実施しようとすると「二重負担の問題」と呼ばれる大きな壁が現れるため、現実的ではない。可能性としては、かなりの長期間にわたって、計画的に徐々に積立方式の要素を強めていくことが考えられる。海外諸国に目を向けると、そのような方向性で公的年金の制度改革に取り組んだ事例が存在する。わが国でも、問題解決に向けてこうした取り組みを早期に実行に移すことが望まれる。

(3) 地域間の所得再分配

経済格差は個人間だけではなく、地域間にも存在する。例えば、東京都には大企業が多数所在し、法人の所得も個人の所得も、平均的にみると他の道府県に比べて高い水準にある。逆に、地方では、地域間に差はあるものの、都市地域に比べて法人所得も個人所得も平均的には低い傾向がある。この地域間格差は、各地域で経済政策を行ううえでの財源に影響を与える。

また、都市と地域の問題としては、都市への人口集中や過密化と地方における人口流出や過疎化という二極化の問題が深刻である。特に、過疎化が進んだ地域では住民の高齢化も進んでいることが多く、過疎化に伴って行政サービスや病院、あるいは小売り店舗等へのアクセスが悪化して、生活に支障を来すケースも見られる。このように考えると、最低限度の生活環境を保障するうえで必要な費用は、過疎化の進む地方の方が相対的に高いと考えられる。

地方政府の収入面と支出面の双方において、都市と地方で格差が存在することを踏まえると、地域間で一定の所得再分配が行われることが望ましい。わが国におけるその中心的な制度は、地方交付税制度である。

この地方交付税制度とは、本来は地方の税収入とすべき税を国が国税として代わって徴収し、それを一定の合理的な基準によって地方への交付金として再配分するものである。この目的は、前述のような要因から発生する地方公共団体の間の財源の不均衡を調整し、すべての地方公共団体が一定の水準を維持しうるよう財源を保障することとされている。

交付金の配分に当たっては、地方公共団体ごとに、基準財政需要額（地方公共団体が等しく合理的かつ妥当な水準で自主的に事務事業を遂行するのに必要な経費）と基準財政収入額（地域、人口規模などを基準化したうえで、地方公共団体が標準的な状態において徴収が可能な税収を推定したもの）が算定され、その基準財政収入額が基準財政需要額よりも少ない場合（財源不足）に、地方交付税交付金が支給される。

この制度により、地域間の所得再分配が実現しているが、制度上の課題も指摘されている。例えば、現行制度のもとでは、地方税収が減少すれば、ほぼ同額だけ交付税交付金が増加するから、手取りの地方財源はほぼ不変である。このため、地方公共団体が徴税努力

▼ Note

をおろそかにして自らの税負担を軽減しようとするインセンティブが少なくとも理論上は発生し得る。この問題を軽減するには、地方交付税制度を現行よりスリム化する一方で、地方自治をより強化し、地方政府の支出が受益者負担の原則に即した形で効率化されるように改革していくことが考えられる。そのような改革を進めつつ、その成果を地方経済の活性化（いわゆる地方創生）に結び付けていくことが期待される。

（4）本章のまとめ

本章では、経済学的な視点から、各種の経済政策の目的と効果について整理を行った。具体的には、経済政策の目的を以下の3つに分類したうえで、それぞれの政策の機能について論じた。

第一には、効率的な経済を実現する政策のうち、各種の市場の失敗に対応するための政策等を考えた。市場機能が適切に機能する状況下では競争を促進することが最重要であるが、市場の失敗が発生している状況下では、その影響を緩和あるいは相殺するような経済政策（各種の規制など）を導入することによって、資源配分を効率化させることができる。また、規制等の導入後、時間経過に伴い経済環境が変化した場合には、それに応じて規制等の内容をタイムリーに変更することが重要である。

第二には、効率的な経済を実現する政策のうち、動学的な視点から対応すべき問題であった。具体的には、金融政策や財政政策を通じて経済活動や物価の推移を安定化させ、それにより資源活用の無駄を抑制する経済政策であった。

そして第三には、公平な経済を実現する政策を考えた。個人間および地域間での所得再分配を通じて、社会的に望まれる公平性を維持する必要性について整理した。

このように、各種の経済政策を鳥瞰することによって、個別の経済政策の位置付けが明確になったのではないかと期待する。個々の経済政策の内容等について本章で詳述することは出来なかったが、これをきっかけに、読者の経済政策への関心が高まり、さらなる勉強に進む契機にして頂ければ幸いである。経済政策に関する書籍は多数出版されているが、そのうちの一部を参考文献として紹介しておくので、役立てて頂きたい。

関心を深めよう

●少子高齢化が進行する中で、公的な年金保険及び医療保険を持続可能とするには、どのような制度改革が必要かを考えよう
●人口の都市部集中と地方の過疎化が進む中で、地域間の格差の問題に政府はどう対応すべきかを考えよう

▼ **Note**

第14章　社会科学としての経済学の基礎

【この章の目的】

社会科学の多くは、研究の素材を社会現象に求める一方、その成果を社会に還元することが期待されてきた。そのような実践的性格を有する社会科学として、経済学も、経済政策において様々な形で活用されてきた。ところが、そうした政策の有効性は今日、必ずしも高い評価を得ているとは言い難い。その理由を経済学そのものが立脚してきた様々な前提に求める見方がある。学問としての経済学の基礎をどのように考えるべきか。

【課題】

□経済学は、どのような特徴を有する社会科学だろうか。
□経済学の基礎にある人間観や企業観はいかなるものだろうか。
□現代社会において経済学が求められている課題は何か。

第1節　社会科学としての経済学

学びのポイント！

●経済学と社会との関わりはどのようなものだろうか。過去と比較して、その関わり方には変化がみられるだろうか
●経済学は社会科学の一分野だが、それは自然科学とはどのように異なっているのだろうか。また、他の社会科学とはどのような点に違いがあるだろうか

経済学は社会科学の一分野とされるが、その具体的意味には以下の2つの側面があるだろう。一つは、「社会」科学としての経済学としての側面である。経済学という学問の対象が、経済現象という社会現象であるということである。一定の分析枠組みの下で社会現象としての経済現象を分析し、その法則性を探求し、定式化していくといったプロセスを辿るのが通常の経済学の研究方法であると言えよう。そのうえで、経済学の成果は社会に還元され、経済政策の基礎として社会における厚生の向上に役立つことが期待される。例えば、1929年に始まった大不況期（Great Depression）からの景気回復のためにアメリカで採用されたニューディール政策にはケインズ経済学の考え方が活用されたほか、1960年代には経済学は社会科学の「王様」と呼ばれ、アメリカの主流派経済学であった新古典派経済学がアメリカや高度経済成長期の日本における経済政策の基礎として活用された。また、1980年代以降のアメリカの金融政策においても、ミルトン・フリードマンのマネタリズムがその理論的背景となっていたことがある。

もっとも、現代においては、国内外の経済政策が特定の経済学の考え方に多くを依拠す

▼ Note

る度合いはかなり少なくなってきている。政策に応用されることを前提に、多くの経済学者が学問的成果を競う現象は現在も見られるものの、経済学と経済政策との蜜月状態は、今や過去のものになりつつある。その理由は必ずしも明白ではないが、理論的に益々精緻化した現代の経済学は、その成果が直ちには現実社会に適用されにくいものになってしまっているとの見方もある。

経済学が社会科学の一分野とされるもう一つの側面は、社会「科学」としての側面である。「科学」と聞いたとき、誰しもがまずは自然科学を想起することだろう。自然現象における「真理」を探究する自然科学の発展が現代社会の物質的基礎を構築してきたことは、まぎれもない歴史的事実であり、その意味で、自然科学の方法が客観的真理に到達するために有効な方法であるとの認識は、現代でも広く受入れられているといってよい。社会科学においても、それが社会「科学」であるなら、自然科学における方法論をできる限り踏襲すべきであるとの考え方が意識的にせよ無意識のうちにせよ、社会科学者のマインドに作用してきたのも事実であろう。

こうした意味での具体的な方法論とされてきたのが、数学的精緻化である。特に経済学の場合、財やサービスの価格や数量といった「数」を扱う学問であることが、他の社会科学以上に数学的方法への依存を強めてきた側面を指摘できる。経済学が数学的方法を採用すること自体に問題があるわけではない。ある命題から数学的手法を用いて演繹的に推論を積み重ねて新たな命題に達するにせよ、様々な経済データから統計的な手法を駆使して一定の法則を見出していくにせよ、それらの方法の有効性は疑いの余地を残さぬほど厳密である場合が多い。しかしながら、こうした学問的営為のスタート地点においては、現実社会の複雑な経済現象を研究の俎上に載せていくために、どうしてもかなり単純化された仮定を置かざるを得ないという側面がある。現実の複雑な要素を削ぎ落して、例えば「人は効用を最大化するように行動する」、「企業は利潤最大化を目指して行動する経済主体である」といった仮定をまず置いて、そうした仮定のうえに学問的体系が構築されてきた訳である。

科学的方法論の第二の特徴が「客観的」認識の探求である。自然科学の歴史は自然界の客観的真理の発見のための歴史であったと言っても過言ではないだろう。誰もが納得できる真理を探究する学問としての自然科学への信頼は近代科学発展の原動力でもあったといえるが、社会科学の場合はどうだろうか。社会という多数かつ多様な構成員からなるシステムの中で起こる現象の分析・研究に際しては、研究者の世界観や人間観を通じて社会現象を認識・把握することになるが、このとき、人は自然現象に対するのと同様の客観性を保持すること、すなわち特定の価値観から自由で中立的であること（価値自由）が可能だろうか。社会科学においては、自然科学とは異なり実験が不可能である場合が多く、理論的研究成果の正当性を事後的に確認することが困難なことも大きな特徴といえるだろう。

▼ **Note**

第２節　経済学の諸前提

学びのポイント！
●経済学が前提としている人間観はどのようなものだろうか
●経済学が前提としている企業観はどのようなものだろうか
●経済学で前提となっている考え方で見直しが必要なものはないだろうか。あるとすれば、どのような見直しが必要になるか

それでは、具体的に現在の経済学において大前提とされていながら、他方においてその意義が問われつつあるものの見方としてはいかなるものがあるのだろうか。

(1) 人間観

社会を構成する基本的な単位である人間をどのような存在として把握するかは社会科学においても極めて重要な前提となる。この意味で主流派とされる経済学の前提とされてきたのが、「合理的経済人」（ホモ・エコノミクス）の仮定である。「合理的経済人」とは、効用を最大化するために常に合理的に行動する人である。

「合理的経済人」が最大化したいのは自己の効用だから定義により利己的であり、多くの効用は所得の大きさと正の相関を有するから金銭に対する欲望が大きく、計算高いため感情によって行動が左右されることがない。こうした人間を前提にすることによって、確かに数理的なモデルは作成しやすくなるかもしれないが、現実に生きている生身の人間を捉えきれているかといえば、疑問なしとしない。多くの人間は直感的・感情的に行動することも多く、利那的に過ちや勘違いをしてしまうこともあり、また、情に流されたり他人を思って行動することもある。経済学が現実社会における有効性を確保するためには、こうした現実の人間の行動を前提にするべきであり、「合理的経済人」のような極端な人間観を前提にすることは適当ではないのではないか、という問題提起がなされている。

(2) 企業観

一方、重要な経済主体である企業については、経済学は伝統的に、「営利を目的として活動する組織」と考えてきた。そのうえで、企業活動の利益が誰に帰着するかを巡って、「会社は誰のものか」といった考察を通じ、株主をはじめとするステークホルダー（利害関係者）の在り方が検討されてきた。

ところが、こうした企業観についても、会社を取り巻く重要な関係者は株主のみならず従業員や債権者のほか、消費者や地域社会等様々な先が考えられるのであり、そのいずれもが会社の経営に対して大きな影響を及ぼし得ることが再認識されつつある。例えば、現代の企業がしばしば要請される情報開示は単に株主に対して提供されるのみでは足りず、金融機関等の債権者や顧客である消費者、さらには規制当局としての行政機関や税務当局

▼ Note

にも重要なものであるし、企業の気候変動への取り組みといった情報の開示は地域社会にとっても大きな影響を有する可能性がある。これらの多様なステークホルダーは、株主の多くが期間損益からの配当やキャピタルゲインといった短期的な企業利益に主たる関心を抱いているのに比べ、より中長期的な企業活動に着目していることが多く、企業活動の射程自体をより長期的なものに変えていく可能性を内包する。さらに、企業に対し利益の追求のみならず「社会の一員としてふさわしい責任」を果たすことが求められることにつながる（いわゆる「企業の社会的責任論」、Corporate Social Responsibility）。

経済学は企業のこうした側面も前提に加えて考える必要があろう。

(3) 経済成長

また、上記（1）、（2）とはやや異なる観点になるが、従来から経済政策の目的とされ、それ故に経済学でも重視されてきた考え方に対し、現代社会では深刻な問題提起がなされるに至っている。経済成長の在り方である。日本における第二次大戦後の高度経済成長期の経験を論じる場合や、発展途上国を中心に人々の社会的厚生を向上させる手段として論じられることの多い経済成長は、従来の経済学においては、各国の経済政策が達成すべき最も重要な目標の一つとしてプラスのイメージを伴って言及されてきた。ところが、気候危機ともいわれる地球温暖化への対応が国際社会における最優先課題となっている中で、こうした地球温暖化の主因を産業革命以降の経済成長に伴う温暖化ガスの発生に求める見方が支配的となってきた。人類が今後も持続可能な地球環境を望むのであれば、温暖化ガスの更なる発生をできるだけ抑制することが必要であり、このため様々な対応が全世界的な規模で鋭意進められている。そうした対応の多くは、技術革新によって気候危機への対応を図りつつ経済成長の実現にも配慮する、いわば双方の目的を両立させるための努力であると言えるが、先進国を中心に展開されているそうした努力が必ずしも十分な成果につながっていない現状を眺め、最近では、気候危機への対応こそ人類の最優先課題なのであり、そのためには経済成長を前提としない経済の在り方を模索していくことこそ重要だとの考え方も主張されてきている。

関心を深めよう

以上のような人間観、企業観、経済成長に対する考え方のほかにも、従来の経済学の在り方に対しては、様々な形で疑問が呈されている。その一例として、経済活動の自由放任の程度、換言すれば経済活動に対する公的規制をどのように考えるべきかという問題がある。計画経済が想定通りには機能しなかった歴史的経験を踏まえ、今世紀初には新自由主義の名のもとに経済活動の多くを市場原理に委ねることを是とする考え方が広がったが、こうした考え方が様々な格差を発生させる原因にもなってきた実情を踏まえ、自由な市場経済活動と適切な公的規制のバランスを如何に考えるかも経済学に課された今日的課題といえるだろう。

▼ Note

第3節　経済学を学ぶ意義

学びのポイント！

●従来の経済学が役立つとされる分野にはどのようなものがあるか
●今後、従来の経済学を見直していく場合にはどのような方向性が考えられるか
●これらを踏まえて、大学では経済学をどのような姿勢で学んでいくべきか

上記のように、これまでの経済学のいくつかの重要な前提が再検討され、大きな見直しの渦中にある中で、経済学を学ぶ意義はどこにあるといえるのだろうか。

もちろん、従来の経済学が役に立たなくなったわけではない。データを収集し、数学的・統計的分析手法を駆使してミクロの企業経営やマーケティング等に活用する分野などはその典型例かもしれない。その意味で経済学の役割は引き続き大きい。

しかしながら、上述のように強い仮定を大前提に置いて築き上げた従来型の経済学の成果に対しては、その現実的有効性に疑問が投げかけられていることも事実である。

もちろん、経済学の内部においても、従来の経済学が前提としてきた人間観を修正し、心理学や社会学、あるいは文化人類学や脳神経科学等の知見を活用しながら伝統的な経済学では必ずしも対応できなかった新たな理論を次々と生み出している行動経済学のような分野も注目されているほか、多様な前提の下で新たな経済学の構築に取り組む動きがかなり広範にみられるようになってきている。

こうした中で、これから本格的に大学で経済学を学ぶ場合には、①学問的な研究の成果は、あくまで前提となる仮定から導かれた推論に基く場合が多く、その仮定を日頃から意識しながら学ぶことが必要であり、②理論が社会現象を説明できていないと思える場合には、当該理論の出発点である仮定の妥当性を再検討するとともに、③現実をより良く説明できる理論に近付いていくための認識枠組みについて不断の見直しを行うべきであることを意識しておくことが重要だろう。その際には、狭い意味での従来型の経済学の範囲に自らの発想を閉じ込めるのではなく、様々な異分野にわたる学問的成果をも適宜参照しつつ、広く学際的な認識を培うことも重要になると思われる。

関心を深めよう

●大学のカリキュラムにある経済学以外の社会科学系の科目では、どのような人間観、企業観が前提になっているのだろうか。それらは、経済学とはどのように異なるのか考えてみよう。
●マスコミで報じられる様々な経済政策は、どのような人間観や企業観を前提としているだろうか。それらは現実の人間や企業と比較して、不十分なところはないだろうか。もしあるとしたら、どのような観点が不足しているだろうか考えてみよう。

▼ Note

第VII部　まとめ課題

① 現在および将来の日本経済に対して求められる重要な経済政策を具体的に提案しよう。

② 重要な経済政策と認識されていても、政府がそれを速やかに実施出来ていない具体例を探し、なぜ実施できないのか、どうしたら状況を改善できるのかを検討しよう。

③ 経済政策の導入には多額の財政支出を要する場合が多いが、財政の健全化（政府債務の圧縮）との両立を図るにはどうすべきかを検討しよう。

④ 社会科学としての経済学の特徴は何か。社会との関連、科学との関連からまとめよう。

⑤ 従来の経済学が前提としてきた人間観、社会観等についてまとめ、現代におけるその問題点を挙げてみよう。

⑥ 今後、経済学を社会科学として学ぶうえでの留意事項を考え、まとめてみよう。

第VII部 参考文献

第 13 章

井堀利宏『経済政策』、新経済学ライブラリー 14、新世社、2003 年。
岩田規久男・飯田泰之『ゼミナール 経済政策入門』、日本経済新聞出版社、2006 年。
河合正弘・武蔵武彦・八代尚宏『経済政策の考え方』、有斐閣アルマ、有斐閣、1995 年。
佐藤主光、『公共経済学 15 講』、ライブラリ経済学 15 講 APPLIED 編 1、新世社、2017 年。
藤川清史編著『経済政策入門』、法律文化社、2020 年。
柳川隆・永合位行・藤岡秀英編著『セオリー＆プラクティス 経済政策』、有斐閣コンパクト、有斐閣、2017 年。

第 14 章

M. Weber 著　富永・立野訳、折原補訳『社会科学と社会政策にかかわる認識の「客観性」』岩波文庫、1998 年。
岩井克人『経済学の宇宙』日本経済新聞社、2015 年。
前田裕之『経済学の壁』白水社、2022 年。
重田園江『ホモ・エコノミクス』ちくま新書、2022 年。
翁 邦雄『人の心に働きかける経済政策』岩波新書、2022 年。
坂井豊貴他『使える経済学』日本経済新聞出版、2022 年。
松島斉『サステナビリティの経済哲学』岩波新書、2024 年。

第Ⅷ部

社会と グローバリゼーション

グローバリゼーションには正負含め多様な側面が存在する。いずれの面にせよ、グローバリゼーションは現代の国際環境を大きく変革させてきた。それに伴い、マクロレベルでは、国際社会や国家が対応せねばならない新たな安全保障課題が生まれている。ミクロレベルでは、個人がこの状況に対応して活躍するために有すべきスキルや属性が、新たに要求されている。

第15章 グローバリゼーションと安全保障
—北極圏問題を例に—

【この章の目的】

グローバリゼーションは安全保障を取り巻く国際環境を大きく変えた。本章では、先ず、グローバリゼーションによってもたらされた現代の安全保障課題にはどのようなものがあるのかを紹介する。更に、それらグローバリゼーションに端を発する複数の安全保障課題が絡み合った代表例として北極圏の地政学的問題を解説し、北極圏を巡る国家間の攻防の現況と行方について考察を行う。

【課　題】

□グローバリゼーションがもたらした安全保障上の様々な課題について基礎知識を得よう。
□その中でも、複数の課題が絡み近年注目されている北極圏問題について何が起きているのかを知ろう。

第１節　グローバリゼーションと安全保障

学びのポイント！

●グローバリゼーションは必ずしも明るい未来を意味しない。安全保障問題につながる課題を生み出している。冷静に物事の両面を見る必要がある

(1) グローバリゼーション

グローバリゼーションには様々な定義があるが、大まかに見れば、ヒト・モノ・カネ・情報が国境を越えて活発に行き来し、地球上の国家間・地域間相互に密接な関係性が生まれることであるといえるだろう。こうした変化は、人類の歴史の進展、とりわけ科学技術や経済・交易の発展と共に進んできた現象である。大航海時代を経て、交通や通信が飛躍的に発展し帝国主義列強による植民地獲得競争が起きた19世紀以降は、グローバリゼーションが顕著に進んでいる。21世紀前半の今日でもその動きは加速しており、人類の活動は、経済と交易や人的・文化的交流で地球を覆うように結びつきあっている。

グローバリゼーションは、世界を豊かにし、偏狭な国家の垣根を越えた世界平和や地球人・地球市民意識を生み出すかのようなイメージで語られることも多かろう。しかし、地球を領域で区切った**主権国家**のシステムは強固であり、帰属する自国民を守るべく奮闘を続けている。グローバリゼーションはむしろ主権国家間の緊張や対立を引き起こしたり、それをどうにか乗り越えて国際協調によって解決したりしなければならない安全保障上の「厄介な」問題を孕んでいる。

関連 TOPICS

▶権威主義国家とサイバー主権

権威主義国家の中国やロシアは、自由で開かれたインターネットを否定している。ネットやサイバー空間上で外国からの影響を受けたり、国内で許可されていない情報へアクセスすることもサイバー脅威であり、国家主権の侵害であると考える。主権を守るためには、サイバー空間にも国境の壁を築いて外国と分断し、国内の情報・データの流通と管理は全て国家の統制下に置かれるべきだと主張している。

(2) グローバリゼーションと安全保障の現代的課題

ヒト・モノ・カネ・情報が国境を越えて活発に移動するグローバリゼーションがもたらす安全保障上の課題は多岐に及ぶが、幾つかの代表例を以下に概説しよう。

① パンデミック：ヒトやモノの移動が盛んになればなるほど、一つの地域で発生した疫病は容易に拡大しやすく、多くの国に被害を及ぼす。

② 移民・難民問題：押し寄せる移民や難民は、受け入れ国の経済的負担や社会秩序の混乱、文化的アイデンティティの破壊を招き得る。

③ テロリズム：人々の安全を脅かすテロリストは、国境を越えてネットワークを形成し、また国境のないサイバー空間でも活動を活性化させている。

④ 環境問題（特に地球温暖化）：産業活動のグローバルな展開と活性化によって、森林破壊、空気や水・海洋の汚染、温室効果ガスの排出増加が指摘されている。一国の生存環境だけではなく、人類そのものの生存を脅かす可能性がある。

⑤ 資源獲得競争：グローバル市場で生き残るため、限られたエネルギーや各種原材料となる資源、サプライチェーン上で重要な物資・部品・技術の確保は激しい国家間競争となっている。

⑥ 交易路の確保：グローバル経済では交易路の確保は、上記5の問題もあいまって死活問題である。しかし、有用で安全なルートは限られている。なお⑤と⑥は併せて**経済安全保障**という枠組みで扱われることが多くなった。

⑦ サイバー脅威：国境を持たないサイバー空間での攻撃は、インフラや経済システムの混乱など実世界での社会や国家の安全を脅かす。

これらはいずれも、諸国家の安全や国際社会の秩序を脅かす安全保障上の課題である。国際協調の下に、改善や解決が図られることが望ましく、国際法や国際制度の構築も試みられているが必ずしも上手くはいっていない。個々の主権国家は、自国民のために、己の生存や有利な地位を他国や国際社会よりも優先させる傾向が強い。安全保障課題の①から④にかけては、責任や負担の押し付け合いすらも生じている。⑤から⑦については、権益と安全確保のための「囲い込み」が見られる。資源や交易路を自国で確保することに腐心し、サイバー脅威の問題では、データーを管理するサーバーの物理位置を自国内へ限定させて管理したり、サイバー空間に国境を設定したりするなど国家が物理的・地理的領域同様に管理する動きも見られる。

次節では、④の地球温暖化と⑤及び⑥の経済安全保障の観点を中心に、北極圏問題を**地政学**的に分析する。

▼ Note

関心を深めよう
グローバリゼーションは、貧困や格差の拡大、文化的多様性の喪失などを引き起こすことが指摘されている。グローバリゼーションが引き起こす問題についても調べてみよう。

第2節　地球温暖化と北極圏の地政学

学びのポイント！
●現代の北極圏を取り巻く地政学的問題は、グローバリゼーションによってもたらされた複数の安全保障上の課題が絡み合って構成されている。一つの課題からのアプローチだけでは理解できない

(1) 北極圏の温暖化

北極圏とは、図1にあるように、北極を中心とした北緯66度33分以北の地域である。この地域にある海、北極海は基本的に年間を通じて海氷に覆われ、通行するには砕氷船か氷の下を通る潜水艦、とりわけ長距離かつ長期間を潜行したままで移動できる原子力潜水艦を用いるほかなかった。しかし、経済活動のグローバリゼーションによる工業・産業の活性化、そしてそれに伴う二酸化炭素やメタン、フロンなどの温室効果ガスの排出増加によって生じたとされる地球温暖化によって、1970年代末から1980年代頃にかけて海氷の縮小が顕著になり、現在に至るまでその変化は進行している。

図2は国立極地研究所とJAXA（宇宙航空開発機構）が公開した、2020年7月時点での北極海の海氷縮小の変遷を示した写真である。白い線が1980年代、オレンジ色の線が1990年代、赤い線が2000年代であるが、一貫して減少していることが判る。また、2020年7月時点ではユーラシア大陸側の海氷はほぼ融解している。本稿では写真未掲であるが、同年8月と9月には更に縮小し、ユーラシア側は大きな海域で海氷が完全に消えており、北アメリカ側もアメリカ領アラスカやカナダ領北極諸島で海氷の存在しない海面が大幅に増えている。

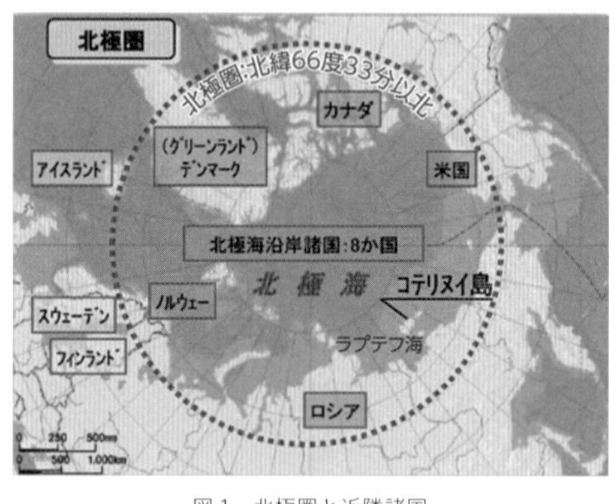

図1　北極圏と近隣諸国

出典：防衛省『平成26年版　防衛白書』p.64 コラム内「北極圏」図より引用した。http://www.clearing.mod.go.jp/hakusho_data/ 2014/pdf/26010104.pdf

北極圏の陸地もまた、かつて多くは永久凍土（ツンドラ）であったり、雪と氷や氷河が堆積したりしていた。

関連 TOPICS

▶何故軍事大国は原子力潜水艦を保有したがるのか
有効な核抑止には、先制核攻撃された際に生き残って核反撃する第二撃能力の保有が不可欠である。それがあれば、相手は簡単に攻撃ができなくなる。原潜は、酸素を消費する内燃機関を使わないので、浮上せずに長期間潜水して身を隠していられる。その高秘匿性故に、先制攻撃を受けにくい特質がある。原潜に核弾頭SLBMを搭載すれば、極めて有力な第二撃能力となる。

そのため、土地の利用には困難を伴っていた。グローバリゼーションが契機と見られる地球温暖化は、当然北極圏の陸地にも及んでおり、北極海同様に氷の領域は減少しており、地表の露出や凍土の融解が進んでいる状況である。

(2) 北極圏の安全保障上の重要性の変化

北極圏の安全保障上の位置付けであるが、かつての米ソ冷戦時代には、アメリカとソビエト連邦の核兵器を中心とした軍事的対立の最前線という、最も狭義の地政学的意味合いが強かった。再び図1を見ると、この北極圏を中心とした地図では、アメリカ領アラスカ及びアメリカの最も密接な同盟国であるカナダが、氷の領域を挟んでソ連（現ロシア領）と広く面していることが判る。この領域を挟んで、アメリカとソ連は核弾頭を搭載した**大陸間弾道ミサイル（ICBM）**を向け合い、氷の下に原子力潜水艦を配置し、同じく核弾頭を搭載した**潜水艦発射弾道ミサイル（SLBM）**を向け合うといった構図であった。この種の軍事的な対立は、1990年代初頭の冷戦終結によって緩和していき、北極圏のこうした重要性も一旦は低下するかに見えた。しかし、グローバリゼーションの進展によって、北極圏の安全保障上の位置付けは変化した。現在の重要度はより増しつつある。

グローバリゼーションは市場のグローバルな統合を生み出した。それによって、各国の経済・産業活動は活性化すると共に、もはや国境に守られない経済的活動は過酷な生存競争へと変貌していった。その結果、様々な主権国家や主権国家群が、競争を勝ち抜く資源獲得や交易路の確保に躍起となっており、経済安全保障領域における国家間の緊張のエスカレーションが起きている。この経済安全保障の領域において、温暖化した北極圏（これもグローバリゼーションが引き金とされる）が注目を集めている。北極圏の急激な融氷によって、それまで閉ざされていた資源や交易路という経済安全保障上の大きな権益へのアクセスが可能となったためである。その権益を巡って国家間対立が生じ始めている。北極圏の安全保障や広い地政学的文脈における重要性は、冷戦期よりも大きなものとなっている。

軍事面においても、現在もロシアとアメリカの軍事的な対立の最前線であることには変わりはない。一旦は冷戦終結で緊張は緩和されたが、上記の北極圏の新規権益を巡る争いによって、軍事的対立は再強化され、構図も旧来の単純な二国間対立から多国間に渡るより複雑な様相を呈しつつある。特に、

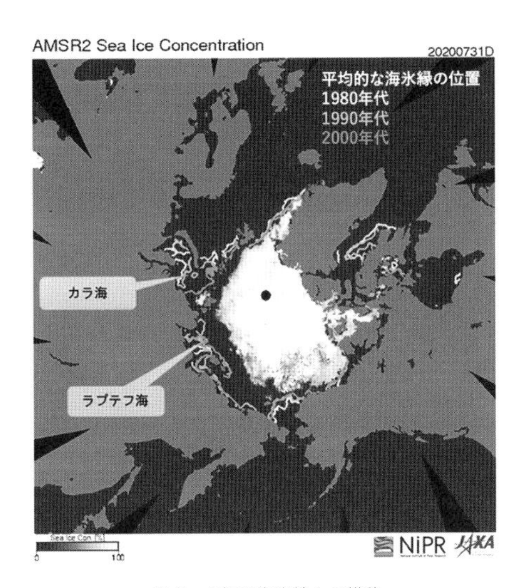

図2　北極圏海氷縮小の推移

出典：国立極地研究所・JAXA
JAXAの水循環変動観測衛星「しずく」の観測データによる2020年7月31日の北極の海氷分布。https://www.nipr.ac.jp/info/ notice/20200923.html

グローバリゼーションによって台頭した異形の経済大国・中国は、権益争いに積極的に参与するだけではなく、軍事的対立にも関与しつつある。

次節以下では権益の内容やそれを巡る対立を具体的に見ていこう。

関心を深めよう
古い学問であったはずの地政学が近年復活している。世界の様々な地政学リスクが注目されるようになったためである。日本を取り巻く地政学リスクにはどのようなものがあるのかを調べてみよう。

第 3 節　北極圏を巡る権益

学びのポイント！
●地球温暖化という地球環境の激変は、新たな権益を生み出してもいる。温暖化によって利益を得る国家や企業は存在するし、利益分配を巡る争いもまた新たに発生する。利害調整メカニズムの成立が待たれる

(1) 北極圏の新たな航路

海氷の大幅縮小で、水上艦艇による北極海航路の設定が可能となった。国連環境計画（UNEP）が公表した図 3 の地図にあるように、ユーラシア側を通る北方ルートと北アメリカ側を通る北西ルートの二つが存在する。青実線が既存のルート、赤破線が北極圏を通るルートである。なお、北西ルートではロッテルダムのユーロポートとサンフランシスコが結ばれているが、東アジアの横浜からアメリカ東海岸を結ぶルートも設定される。

北方と北西両ルートのいずれも、既存ルートよりも距離・日が大幅に短縮され、**チョークポイント**も回避できる故、新たな交易路として注目を集めている。ここでは、日本との関係も深く、世界的にも期待が大きい北方ルートの詳細を見よう。図 4 は内閣府の海洋政策に関する年次報告書（令和 2 年度版）からの抜粋だが、北極海経由は既存の南廻りルー

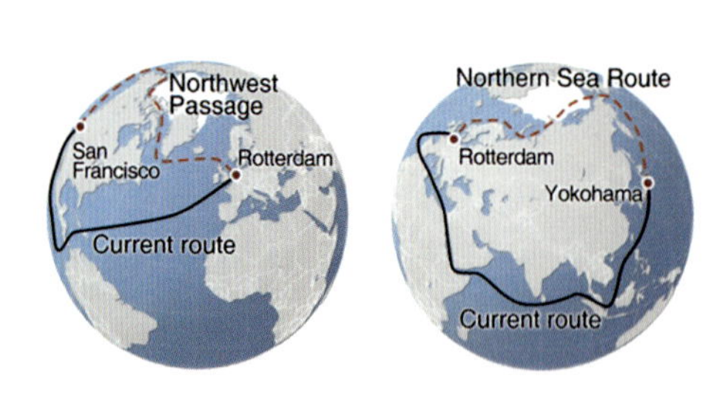

図 3　北極圏航路

出典：Hugo Ahlenius, United Nations Environment Programme/ GRID-Arendal より引用した。https://www.grida.no/resources/5244

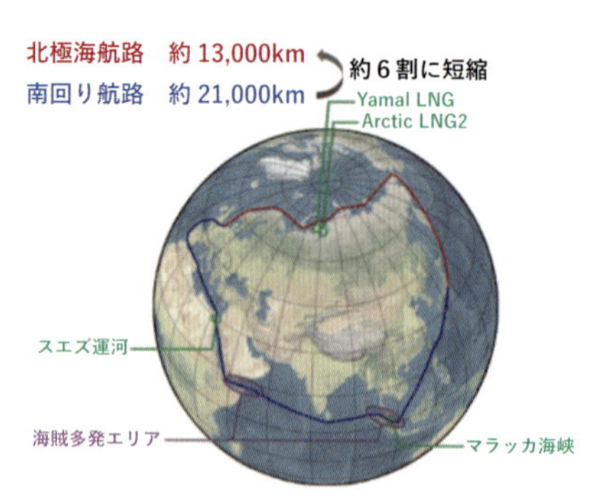

図 4　北方ルートと南廻り航路

出典：内閣府『令和 2 年版海洋の状況及び海洋に関して講じた施策』（年次報告）p.105 から引用した。https://www8.cao.go.jp/ocean/info/annual/r2_annual/r2_annual.html
国土交通省「北極海航路の利用動向について『横浜港からハンブルグ港（ドイツ）への航行距離の比較』」https://www.mlit.go.jp/sogoseisaku/ocean_policy/content/001402278.pdf

トに比し 40% も距離が短いことが判る。日数にして 10 日程の短縮である。

南廻りルートに存在するチョークポイントも回避可能である。図 4 のスエズ運河とマラッカ海峡は、船舶通航量に対して狭隘であり事故や渋滞が多発している。2021 年には、日本の海運会社が保有していたコンテナ船がスエズ運河で座礁し、1 週間近く船舶の通航ができなくなっている。また、海賊の出没海域も南廻りルートには含まれている。海賊は現在も世界各地に出没し、民間船舶の積み荷強奪やシージャックによる身代金要求、乗組員の殺傷等凶悪犯罪を行っている。図 4 で示されたソマリア沖とマラッカ海峡は海賊多発海域である。

北極経由のルートは、大幅な距離と時間の短縮（結果として船舶燃料の節減も）と高リスク海域を回避できることから、経済・産業の中心地である東アジア・西ヨーロッパ・北アメリカを結ぶ新たな幹線として期待されている。ここを通航する権利を有利な条件で得ようと各国は競っている状況である。

(2) 北極の資源開発

氷に阻まれて手つかずであった北極圏の資源が、海陸双方で融氷が進んだことにより開発可能となった。また、北極圏航路の設定で採掘した資源の輸送も容易となっている。図 4 の航路に示された液化天然ガス（LNG）プラントが一例である。

北極圏の資源には鉱物資源を含め多様なものがあるが、現在埋蔵量が多いといわれるのは石油と天然ガスである。図 5 と図 6 は、アメリカ内務省地質調査所（USGS）の公表した、北極圏における石油と天然ガスの埋蔵調査報告である。海底を含む広い地域に分布していることが判る。比較的浅い水深 500 m 以内に殆どが存し、全世界の未発見埋蔵量に占める割合は、石油の 13%、天然ガスの 30% に上ると見積もられる（2009 年の USGS 評価報告）。

この膨大な量の海底資源の開発権を得るために、海上の国境線や排他的経済水域（EEZ）の設定を巡って、周辺各国の緊張が増している。

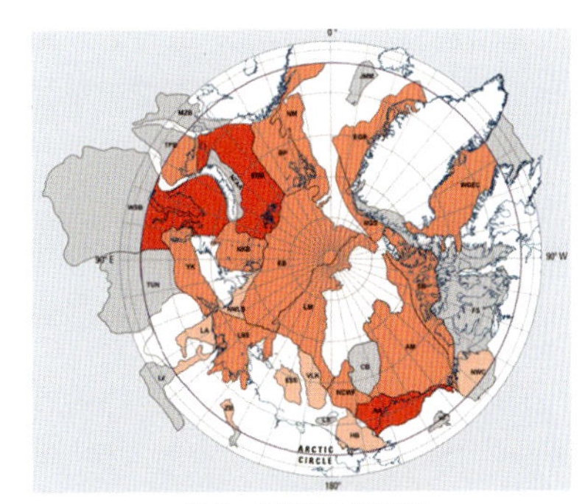

図 5　北極圏石油埋蔵

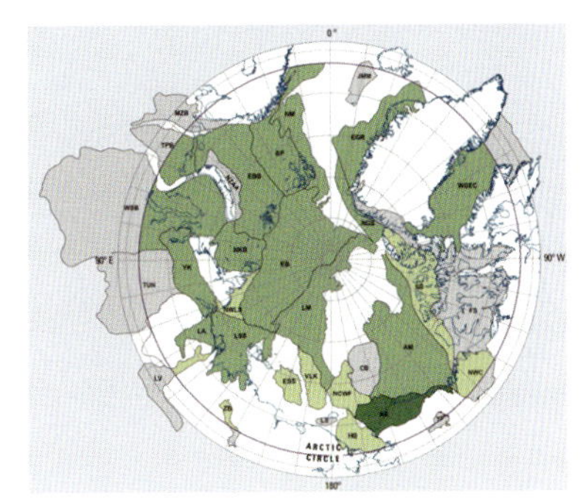

図 6　北極圏ガス埋蔵

出典：U.S. Gelogical Survey/U.S. Department of the Interior "Circum-Arctic Resource Appraisal: Estimates of Undiscovered Oil and Gas North of the Arctic Circle"(USGS Fact Sheet 2008–3049)2008 より引用した。http://pubs.usgs.gov/fs/2008/3049/

(3) 北極評議会

前節の図 1 を見てみよう。北極圏に隣接している国々は、隣接面積が大きい順にロシア、カナダ、デンマーク（グリーンランド）、アメリカ、ノルウェー、フィンランド、スウェーデン、アイスランドとなる。直接の領有権や排他的経済水域を主張できるのがこの8ヶ国であり、北極評議会（Arctic Council）を構成している。北極評議会は、北極圏に関する国際的**ガバナンス**を目指して1996年に設立された。爾来（じらい）、建前論的大枠や汚染物質の排出規制や船舶の規格に関する規則等の対立点の少ない内容では合意がなされたが、各国の利害に踏みこむ航路や資源開発権の設定については、未だに包括的なルールは成立していない。

他方、北極圏に隣接していない国々も北極評議会に**オブザーバー**として加盟しており、この将来有望な地域に発言権や権益を得んとしている。日本、中国、インド等が含まれる。特に中国は自らを「近北極国家」という概念で位置付けている。

関心を深めよう

地球温暖化によって、国家間のパワーバランスが変化し、新たな紛争が発生するともいわれている。水資源や農業などの側面から、どのような国が強くなるのか、どんな紛争が起きるのかを調べてみよう。

第4節　北極圏を巡る対立の現況と行方

学びのポイント！

●冷戦終結後緩和されていた北極圏の軍事的対立は再燃している。従来の米露に加え台頭した中国が関与を深め、事態は複雑になっている。グローバリゼーションが進む中、好転は望めそうにない

(1) 北極圏の軍事的対立

前節に説明したように、北極圏の権益を巡る各国間での合意形成は難しい状態である。その中でも対立を深めているのが、冷戦期よりこの地で対峙してきたアメリカとロシア(旧ソ連)、そして近年台頭が著しい中国である。北極圏は改めて軍事的なホットスポットとなりつつある。

ロシアは北極圏に隣接する陸地と海域共に最大であり、得られる利益も大きい。その権益を確実にするよう軍拡を進めており、冷戦終結後に一旦は用済みとなった基地を復活させて部隊を常駐させたり、制空権を強化したりするなど、航路や資源確保の後ろ盾を整備している。また、ロシア海軍は北極航路を利用することで、北方艦隊の活動がしやすくなり、極東の太平洋艦隊との連携も可能となるなど強化されている。また後述するように、ロシア同様に権威主義国家である中国もこの地域への関与を深めて存在感を高めている。

▼ Note

こうした動きは、西側諸国、就中(なかんずく)アメリカを刺激しており、アメリカは軍事拠点の再整備、軍事演習や外交声明による牽制を度々行っている。NATO としての協力体制も強化され、軍事演習や軍事行動も活発化している。加盟各国海軍による示威航行や特殊部隊の駐留、防空網の強化などが行われている。

(2) 中国の北極圏進出

グローバリゼーションの波に乗り急速に経済発展を遂げた中国は、北極圏への関与を深めている。2018 年に初の北極政策白書を出し、**一帯一路**構想の陸のシルクロードと海のシルクロードに加えて、北極圏の氷上シルクロード構想を発表した。また、「近北極国家」と自己規定し、北極圏のステークホルダーたらんとする姿勢を明確にしている。2021 年の第 14 次 5 カ年計画（2021 ～ 2025 年）では、北極圏の開発協力を本格化する方針を打ち出した。

中国の北極圏へのアプローチは 2000 年代初頭から続いた深謀遠慮でもある。北極評議会にオブザーバー参加するのみならず、北極圏諸国への浸透活動を継続してきた。対米共同戦線を張るロシアへの支援は勿論、北極圏諸国への開発資金融資を申し出、北欧諸国に研究施設や観測所の設置を進めるなどしている。その猛進ぶりは対象国の懸念を呼び、ノルウェーのスヴァールバル諸島での大規模土地買収やフィンランドでの地方空港買収は、安全保障上の理由から拒否されている。

浸透が順調なのは、アイスランドとデンマーク領グリーンランドである。中国は、在アイスランド外国公館中で最大の大使館を設置し、自由貿易協定（FTA）を結ぶに至っている。中国が NATO 加盟国と結んだ初の FTA である。グリーンランドはかつてのデンマーク植民地であり、現在はデンマーク所属の自治領だが、独立運動が燻っている。グリーンランドは北極圏最大の島であると同時に、融氷によって採掘可能となったレアアースをはじめとする地下資源が眠っている。中国は、資本投下と開発を進め、中国の影響下でのグリーンランドの独立を後押しし、資源確保も狙っていると目される。

軍事面においてもプレゼンスを強めている。中国海軍は、同国の**シーレーン**としての北極航路の安全確保に関心を示し、海軍の研究機関のプロジェクトとして北極圏での補給基地の建設や北極航路に関する研究が進められている。2018 年からは、ロシア軍の大規模軍事演習ヴォストークに参加するなど、その後も北方における中露の軍事協力を強化している。

▼ **Note**

(3) 北極圏を巡る対立の行方

時代の趨勢としてグローバリゼーションの進展は止まらないであろう。それによってもたらされた地球温暖化も消えはしない。ペースが緩和されることはあっても、短期的にはかつてのような気温水準には戻らない。また、過酷な競争を生き延びるために資源と交易路の確保を巡る経済安全保障に各国は益々躍起となる。北極圏問題を形成する諸課題は変わらず、米露の対立を中心とした北極圏の緊張状態はこのまま続くであろう。状況がこれ以上複雑になるかは、グローバリゼーションの寵児中国が更なる台頭を遂げるか否かに大きく左右されよう。

▲「ヴォストーク 2018 後に閲兵する中露両軍」

出典：ロシア連邦大統領府公式 HP の“Vostok-2018 military manoeuvres”より引用した。http://en.kremlin.ru/events/president/news/58548/photos/55517

関心を深めよう

中国が、現在の覇権国家アメリカに取って代わろうとしているという見方がある。中国が世界でどのように影響力の拡大を図っているのかを調べてみよう。

▼ Note

第16章　グローバル人材

【この章の目的】

この章では、グローバル人材とは何か、グローバル人材に求められる能力とは何かについて、基本的な理解が得られるよう説明する。言語能力、コミュニケーション能力、異文化コミュニケーションに関する背景的な知識も説明する。さらに、大学生がグローバル人材になることに興味を持つきっかけになるよう、筆者の個人的な経験を紹介し、実践的な提案も行う。

【課題】

□グローバル人材とは何か。
□グローバル人材になるために必要な能力とは何か。
□グローバル人材になるには、何から始めればよいか。
□文化の違いにどう対処するか。

第1節　グローバリゼーション、グローバリズム、グローバル人材

学びのポイント！

●文化には、言語や習慣、価値観やコミュニケーションスタイルなど、ありとあらゆるものが含まれる
●文化からアイデンティティを獲得するプロセスを社会化と呼ぶ
●異文化コミュニケーションは、価値観やコミュニケーションスタイルなど、ある集団のメンバーが共有するものに焦点を当てる

グローバリゼーションは複雑な概念であると同時に、定義するのが難しい。広義で包括的な定義としては、「グローバリゼーションとは、人間および非人間的活動が国境と文化を超えて統合される際の、原因、経過、結果を包含するプロセスである」[*1]。これは人類の歴史において、世界規模で発生した複数の国家や文化を包含する統合の結果である。この統合の原因、過程、結果の相互連鎖は、人間だけでなく、非人間的な活動を通じても生じた。人間活動とは、言語、経済、文化、政治など人間の生活全般を指し、非人間活動とは、コロナウイルス感染症のような病気や台風、地震などの自然災害を指す。グローバリズムとは、グローバル化を支持する思想的傾倒を意味する広義の用語であり、「ある国の出来事は他の国の出来事と切り離すことができず、経済および外交政策は国際的な方法で計画されるべきであるという考え方」と定義される[*2]。したがって、グローバリズムはグローバリゼーションの思想的構成要素であると考えられる。

ではグローバル人材とは何か。グローバル人材とはグローバルな視野を持ち、多様な国際環境で活躍できる人材を指す[*3]。グロー バル化に伴い、様々な場面や地域で多くの外国

*1　Al-Rodhan, N. R.,& Stoudmann, G. (2006). Definitions of globalization: A comprehensive overview and a proposed definition. *Program on the geopolitical implications of globalization and transnational security*, 6, p. 5.
*2　Cambridge University Press (n.d.). Globalism. In *Cambridge dictionary*. Retrieved on September 6, 2022. https://dictionary.cambridge.org/us/dictionary/english/globalism
*3　Kudo, B., & Unser-Schutz, (2019). G. Rethinking global *jinzai* policy: Exploring university students' attitudes. In P. Clements, A. Krause, & R. Gentry (Eds.), *Teacher efficacy, learner agency*. Tokyo: JALT. https://doi.org/10.37546/JALTPCP2019-20

人と交流する必要があることから、日本はグローバル人材政策の推進を開始した。[*4] 経済産業省のグローバル人材育成推進会議の中間報告（2011年6月発表）において、グローバル人材は3つのカテゴリーからなると定義されている。[*5] 第1のカテゴリーは、言語能力・コミュニ ケーション能力で、海外渡航時のコミュニケーション能力、海外での日常的な交流、ビジネス会話・事務処理能力、二国間および多国間交渉のための言語能力といったレベルが含まれる。第2は、主体性、積極性、チャレンジ精神、調和性、柔軟性、責任感、使命感といった特性である。3つ目のカテゴリーには、異文化理解や日本国民としての**文化的アイデンティティ**を持つことが含まれる。

以下のセクションでは、筆者とその友人たちが日々の生活と仕事の両面で体験したことを紹介する。それぞれが経験を通してグローバルな視点で物事を考えられるようになったが、よりグローバルな人材になるためにどうすればよいか、学生のみなさんが考えるきっかけになれば幸いである。

第2節　語学力とコミュニケーション能力

他の言語と比較すると、英語は一般的に国際的なコミュニケー ションにおいて優先される言語である。[*6] たとえば商談や会議のような多国間のやりとりでは、ほとんどの場合英語の使用が求められる。統計によれば、英語を母国語とする人が世界には約3億7800万人、英語を母国語としない人が約7億4300万人存在する。[*7] つまり、非ネイティブスピーカーの数は、ネイティブスピーカーの2倍にのぼる。さらに、世界の70カ国では英語が公用語または準公用語であり、インターネットで使用される言語の約75%を占める。[*8] これらの統計値から、多くの多国籍企業が英語を企業言語として採用していることがわかる。Neeleyによれば、世界の多国籍企業の52%が、世界進出やビジネスニーズに対応するために自国の言語とは異なる言語を採用してきた。[*9] 日本の小企業でさえ、ビジネスの競争力を維持するために海外進出の機会を求めている。したがって、大学生が英語である程度コミュニケーションがとれれば、将来のキャリアの門戸が開かれるということになる。しかしながら、工藤とUnser-Schultzが日本の大学生961人を対象に行った調査によると、49%の学生がグローバル人材になりたいと思いながらも、自分たちの英語力に自信がないので、おそらく実現しないだろうと思っていることが分かった。[*10] 以下に筆者の友人の仕事上の経験を紹介するが、上記のような大 学生が考えを変える一助となるかもしれない。

*4 Chapple, J. (2014). "Global *jinzai*", Japanese higher education, and the path to multiculturalism: imperative, imposter, or immature? In K. Shimizu & W. Bradley (Eds.), *Multiculturalism and Conflict Reconciliation in the Asia-Pacific: Migration, Language, and Politics* (pp.213–228). DOI:10.1007/978-1-137-40360-5_11
*5 Chapple, J. (2014). *Ibid.*
*6 Ammon, U. (2003). Global English and the non-native speaker. In H. Timothy & T. G. Reagan (Eds.), *Language in the 21st century*, pp. 23–34. https://doi.org/10.1075/ wlp.1.03amm
*7 Yadav, A. (2022). *English language statistics–an exhaustive list. Lemon Grad*, https://lemongrad.com/english-language-statistics/
*8 McArthur, T. (2002). *The Oxford guide to world English.* Oxford University Press.
*9 Neeley, T. (2017). *The language of global success.* Princeton University Press.
*10 Kudo, B., & Unser-Schultz, G. (2019). *Op.cit.*

商談に対応したり技術文書を翻訳する時など、仕事をする上でかなり高度な英語力が必要とされることがある。このような状況では、社員はチームで仕事をし、会社から支援を受ける。仕事で英語を使う人たちの大半が、英語を母国語としない人とやりとりをしている（世界の非母国語話者の数が母国語話者の2倍にのぼることはすでに述べた）。このような状況では、シンプルではっきりとした英語を使用すべきである。例えば、自然な表現や語彙であっても、相手が理解できないと思えば使用を避けるべきかもしれない。筆者の日本人の友人（中国語が話せる）は、会社の取引先の社員の英語があまり上手ではないので、その人と英語で円滑にやり取りをするために、メールを使用する時は英語の文法には従わず中国語の文法に従うことにした、と言っていた。そうすることで取引先とのやり取りがかなり円滑になり、効率よく仕事をこなすことができたのだ。筆者も英語で仕事上のやりとりをするとき、同じような戦略を使ったことが何度もある。要するに、英語はあくまでコミュニケーションのための道具であるということだ。コミュニケーション能力は、相手にどう対応し、どう応じるかによるところが大きい。相手に自分が言いたいことを理解してもらうことができれば目標を達成したことになる。覚えておくべきことは、ネイティブスピーカーの基準を自分の英語の学習に適用する必要はないということだ。そのような目標は非現実的だからだ。自分の考えを伝えるために実社会で英語を使用できることが英語を学ぶ上でより現実的な目標となる。新しい単語や文法、表現を学んだら、話す機会でも書く機会でも、とにかく英語を使う機会を見つけよう。相手が言うことが理解しにくければ、質問をして疑問を解消しよう。身体言語も使ってみよう。これらはすべて、コミュニケーションをより良くするための効果的な方法である。一番大切なことは、発音や文法が完璧でないからといって英語を使うことを止めないことだ。発音や文法よりも、コミュニケーションのために英語を使おうという意欲が大切だ。私たちは試行錯誤を通してのみ自信を強め、コミュニケーション能力を高めることができるのだ。

第3節　文化的アイデンティティ

日本文化というと、たいてい歌舞伎や茶道といったものを思い浮かべる。しかし、それらは文化の一部に過ぎない。「言語や習慣から価値観やコミュニケーションスタイルまで、ありとあらゆるものが文化には含まれている」[*11]。Shaules は *A Beginner's Guide to the Deep Culture Experience* の中で、日本におけるお辞儀を例に挙げている[*12]。表面的にはお辞儀は挨

*11　Shaules, J. & Abe, J. (2007).『異文化間コミュニケーション一己を知る、相 手を知る一』, [Different realities]. Nan'undo, p. 5.

*12　Shaules, J. (2010). *A beginner's guide to the deep culture experience: Beneath the surface*. Nicholas Brealey.

拶の一形態にすぎない。しかしよく見ると、お辞儀は深く、長くすればするほど、尊敬の気持ちをより強く表していることに気がつくだろう。電話で話すときですらお辞儀をする人がいる。お辞儀をするときによく浮かべる独特の表情もある。日本人のお辞儀は、円滑な人間関係を築くという隠れた価値観や期待を反映している。お辞儀はまた、隠れた前提の表れでもある。つまり、上下関係は正常で、人間関係に効果的である可能性がある。このように、お辞儀という身体行為から深い意味の層を数多く見ることができる。これらの深い意味 の層と前提は、私たちの文化的アイデンティティの一部を形成している。日本人がお辞儀をしたり、建物に入る前に靴を脱いだり、箸を使って食事をしたり、敬語を使用するのは、そうすることを学び、身につけるからだ。私たちは皆、自分の経験から学習するのである。このような文化的アイデンティティの形成過程は社会化と呼ばれる。社会化には、世界をどのように認識し、他者とどのようにコミュニケーションをとるか、というようなことが含まれる。

私たちは経験に基づいて文化的アイデンティティを形成する。したがって文化的アイデンティティは、住んでいる環境、食べ物、耳にする音楽、出会う人々によって変わることがある。[*13] 複 数のアイデンティティを持つことも可能である。例えば、親の文化とは異なる文化圏で育ち、成長期にその文化圏でかなり長い時間を過ごした人は、成人したときに**サードカルチャーキッズ（TCK）**または**アダルトサードカルチャーキッズ（ATCK）**と呼ばれる。[*14] その経験のために、彼らはたいてい複数のアイデンティティを持つ。さらに、外国語を勉強したり、留学したり、異なる文化的背景を持つ人と一緒に仕事をしたりする人たちも、複数のアイデンティティを持つことがある。スイスで生まれ、日本、イギリス、ドイツで育ち、生活していた筆者の日本人の友人は、自分のことをカメレオンと呼んでいる。彼女は、話し相手や状況に応じて、言語やコミュニケーションスタイルを難なく操作する。例えば、日本人の同僚と会議をしているときは特定の専門英語を使うが、英語を母国語とする同僚との会議では、その人たちがよく使う、ややくだけた言葉を使用する。家では、託児所に子供を迎えに行くとき、親や先生に「いつもお世話になっています」といいながらお辞儀をすることが多かったようだ。「ママ友」とやりとりするときは、親しくしていて子育ての大変さもお互い理解しているので、もう少しリラックスできたようだ。英語圏の友人とは共通の体験がもっとあるためか、打ち解けて親しくなるのに一番苦労しない。この友人の経験から明らかなように、彼女は文化的カメレオンの好例であるといえる。

日本で育った日本人学生も、日本人としてのアイデンティティに加え、異なるアイデン

---

*13 Pollock, D. C., Van Reken, R. E., & Pollock, M. V. (2010). *Third culture kids: The experience of growing up among worlds: The original, classic book on TCKs.* Hachette.
*14 Pollock, D. C., Van Reken, R. E., & Pollock, M. V. (2010). *Ibid.*

ティティを形成することができる。まず、日本文化と異文化の違いや共通点に気づき、文化に対する意識を高めることから始めよう。例えば、文化祭や食の祭典に行く、インターネットの情報を活用する、洋画を見る、アルバイト先で外国人の同僚と話す、旅行に行く、などだ。外国の文化に繰り返し触れることで、自然とその文化に興味を持つようになる。最終的に、その文化圏の人々と関わりを持てるようになり、コミュニケーションを楽しめるようになる。筆者自身、日本食を食べ、あまり上手ではないが日本語を話し、日本人の友人や同僚とやりとりをすることによって、台湾人としてのアイデンティティの上に日本人としてのアイデンティティを持つようになった。この深い文化的学習の経験のおかげで共感力が育まれ、異なる世界を見ることが可能になり、自分自身を再発見する機会を得た。さらに、自分自身の文化的アイデンティティが、自分の行動すべてにどのような影響を及ぼすか、ということにも気づくことができた。このように自分の文化的アイデンティティを自覚することは、異文化コミュニケーション能力を身につける上で不可欠である。ここまで文化的アイデンティティに関する経験をいくつか紹介してきた。次のセクションでは、異文化への対処方法と異文化コミュニケーションスキルについて検討する。

第4節　異文化コミュニケーション

既に述べたように、英語は世界の異なる地域の人々とのコミュニケーションに役立ち、ビジネスでも一般的に使われている。しかし、異なる文化的背景を持つ人々と円滑なコミュニケーションを行うためには、「価値観やコミュニケーションスタイルなど、集団のメンバーが共有するものに焦点を当てる」**異文化間コミュニケーション**能力も必要である。[*15] 個人差はあるが、どのようにふるまったり人とつき合うべきか、といった期待や考えの枠内におさまる。相手の行動や態度を理解できないと否定的な固定観念が生じたり、ホームステイの体験が悲惨になったり、仕事の業績不振を引き起こす可能性がある。[*16] 文化の違いに対処するとき、多くの人は抵抗、受容、適応のプロセスをしばしば経験する。[*17]

抵抗とは、食べ物や事象への嫌悪感のように、文化の違いに対する否定的な反応を意味する。何かを嫌うことは普通のことだが、文化的な違いに対して否定的な反応をするとき、非難したり判断を下すことは避けることができる。例えば、「あの国ではおいしいものが食べられない」と言う代わりに、「あそこの食べ物は私には辛すぎた。あのような物に私は慣れていないだけだ」と言うことで、否定的な反応に対する責任を取ることができる。

*15　Shaules, J. & Abe, J. (2007), *op.cit*, p. 3.
*16　Shaules, J. & Abe, J. (2007). *Ibid.*
*17　Shaules, J. (2010). *Op.cit.*

受容とは、欠点を見つけようとしないで文化の違いを経験する能力を意味する。文化の違いを経験するときに大切なことは、それぞれの文化には物事が正常であることを判断する独自の基準があり、理解されるべきだということである。しかし、文化の違いを受け入れることは、遭遇する社会的慣習や価値観のすべてに同意するという意味ではない。私たちはやはり、自分たちに起こることに怒りを感じたり、動揺したりすることがある。とはいえ、自分たちの道徳的または倫理的基準を強制する必要はない。重要なのは、人のふるまいに判断を下すことではなく、その人のふるまい方を、その地域の基準に照らし合わせてみることだ。例えば、電車の中で電話をすることは東京ではマナー違反とされるが、台湾ではそうではない。筆者が初めて来日した頃、東京ではそれが普通のことだと理解していたとはいえ、車内で電話をかけたり応答することができず、マナーモードにしなければならないことにイライラしたものだ。文化の違いに対処するときに生じる課題は、世界には物事の正常性を判断するための基準が多数あることを受け入れ、同時に自分自身の感情を偽らないことである。

適応とは、たとえば言語を学ぶ、違った服装をしてみる、地元の料理を覚える、他者と感情をもっとオープンにしてやりとりする、など環境に順応することである。しっかり適応するためには、言語を習得し、受け入れ先のコミュニティで自立して機能できるようになることが必要である。適応は強要されるものではなく、偏見のない受け入れ態勢が整った時に可能になる。異文化体験を重ねるうちに、自分の感情や正義感、公正さが進化していくのを感じるかもしれない。

先に述べた筆者の経験の続きになるが、東京にしばらく住んだ後、電車の中での通話に対する気持ちに変化が見られた。携帯電話を常にマナーモードに設定する習慣が身についたのである。車内で誰かが通話をしていると、苛立ちを感じることさえある。もちろん、特定の状況における感じ方は人それぞれだろう。例えば、道にゴミ箱がなく、ゴミを鞄に入れて持ち歩かなければいけないのは筆者にとって面倒なことだが、道が清潔であることは気に入っている。日本の通りが清潔な理由の一つは、ごみ箱を置かないことにあるのかもしれない。このように、はじめは抵抗があったことも正常に思えるようになるかもしれない。Shaules が指摘 しているように、人はさまざまな理由で変わるが、抵抗感が解消されると変化が起こり、自分自身に統合されていくのである。*18

文化の違いに初めて遭遇したとき、D.A.E. と呼ばれる有名な異文化コミュニケーション課題演習*19が、ミスコミュニケーションを避けるためのひとつの有効な戦略となるかもしれない。

*18 Shaules, J. (2010). *Ibid.*
*19 Nam, K. A., & Condon, J. (2010). The DIE is cast: The continuing evolution of intercultural communication's favorite classroom exercise. *International Journal of Intercultural Relations*, 34 (1), pp.81–87. https://doi.org/10.1016/ j.ijintrel.2009.09.001

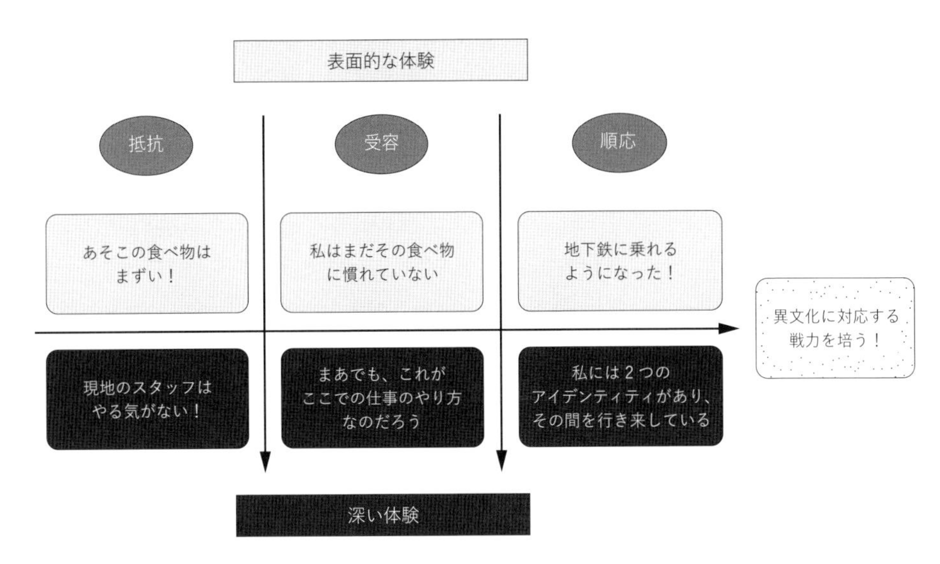

▲文化的学習のプロセス

出典：Shaules, J. (2010). *A beginner's guide to the deep culture experience: Beneath the surface*. Nicholas Brealey, p.80を参照して、筆者が作成した。

D（描写）：何が起こっているのか？？
A（分析）：なぜ、このようなことが起きているのか？？
E（評価）：自分はどう感じるのか？

外国人の同僚Aがあなたの話を聞いている間、無反応であると仮定しよう。日本人なら相手が話すのを聞いているとき、うなずいたり、「そうですね」などと声に出して応答することが多いので、外国人のAが話を理解しているのかどうか判断できない。このような場合、「同僚Aは、私の話を聞いているときうなずかないし、何も言わない」というように、判断なしに事実を客観的に描写すればよい。状況を説明するとき感情や判断を混ぜ込まないことだ。その次の段階では、「彼の国では、人の話を聞くときにうなずく習慣がないのかもしれない」、「彼の文化圏では、人の話を聞くときに反応を示すことは推奨されないのかもしれない」、「首を怪我していて、うなずくことができなかったのかもしれな

▼ **Note**

い」など、起きたことの理由となる仮説をいくつか立ててみる。最終段階では、その状況について自分がどう感じるかを評価する。状況を描写し、可能性のある理由を分析した後、多くの人が文化の違いについて当初とは異なる反応を思いつく。この課題演習の重要な点は、文化の違いについて批判的に考え、判断を保留し、異文化に対する敬意と理解を深めることにある。グローバリゼーションが進むにつれ、異なる文化的背景を持つ人々と仕事をしたり、コミュニケーションを取ったりする機会が増えている。このD.A.E.戦略が、今後、職場でも私生活でも、誤解やミスコミュニケーションを克服する助けとなることを期待している。

この章では、グローバリゼーション、グローバリズムの概念と、グローバル人材になるために必要なスキルについて簡潔に論じた。学生は、身近なところで利用できるものからグローバルな環境をつくることができる。例えば、学内の英語・中国語サロン(https://www.kyorin-u.ac.jp/univ/center/international/salon/)に行って英語や中国語の練習をする、留学生と友達になる、授業や留学、海外のボランティア活動に参加して海外の文化を学ぶ、などがあげられよう。また、海外の文化を経験するだけでなく、自国の文化をより深く知る必要もある。自分が住んでいる地域の文化行事やボランティア活動に参加する、国内旅行をする、学校で地域学習の授業をとるなど、できることはたくさんある。Shaulesと阿部が述べているように、日本人であることの意味を理解すれば、自分と異なる人を理解することが容易になるのだ。*20

関心を深めよう

●ブラジ・カチュルの英語の3つの円：世界には多種多様な英語が存在する。3つの円とは何か。それぞれの円に含まれる国はどこか

●日本はよく集団主義的な文化を持っていると言われるが、実は他の多くの文化圏もそうである。集団主義的な文化を持つ国はどこか

●文化の氷山：1976年、エドワード・T・ホールは、文化は氷山に似ていると提言した。文化的な氷山はどのような部分から成り立っているか

*20 Shaules, J. & Abe, J. (2007). *Op.cit.*

第Ⅷ部　まとめ課題

① 第15章では、グローバリゼーションがもたらす安全保障上の課題の代表例を幾つか挙げている。何故、これらがグローバリゼーションによって引き起こされたといえるのかをまとめよう。

② 第15章では地球温暖化によって北極圏には新たな利益が生まれたと指摘した。今後温暖化の進展によって、他に利益が生まれそうな事象や地域について考察してみよう。

③ 中国が積極的に北極圏権益に関与しようとしているが、日本も同様に大きな関心を持っている。本文中で使用した資料などを手がかりにして、日本にとって北極圏の何が重要で、どのように関わろうとしているのかを調べてみよう。

④ 私たちのアイデンティティがコミュニケーションスタイルにどのように影響するかをよりよく理解するために、パートナーと以下の作業を行ってみよう。[*21]

●様々な役割を演じてみる。
A. 朝食のテーブルで、母親と父親の役になり、男女のコミュニケーションスタイルを比較する。
B. オフィスで上司と部下が会話をしている場面を演じてみる。
C. 日本のある地域の人と外国から来た人の役を演じてみる。
D. 男性は女性の役を、女性は男性の役を演じてみる。
●パートナーのコミュニケーションスタイルが、演じている役にうまく合っていたかを評価する。それぞれの役割の間に違いがあれば、リストアップする。

⑤「水がどんなものか知りたければ、魚に聞くな」という中国の古い諺がある。この諺の意味を調べ、あなたが自国文化について語るとき、この諺にどの程度あてはまるかを考えてみよう。[*22]

*21 Shaules, J. & Abe, J. (2007).『異文化間コミュニケーション—己を知る、相手を知る』[Different realities]. Nan'undo.
*21 Vincent, P. (2017). *Speaking of Intercultural Communication*. Nan'undo.

第Ⅷ部 参考文献

第15章

伊豫谷登士翁『グローバリゼーション』ちくま新書、2021年。
エドワード・シュトルジック著、園部哲訳『北極大異変』集英社、2016年。
小澤 実・中丸禎子・高橋美野梨 編著『アイスランド・グリーンランド・北極を知るための65章』明石書店、2016年。
「外交」編集委員会『外交 Vol.22「特集 北極圏フロンティアの攻防」』外務省、2013年。
防衛大学校安全保障学研究会『安全保障学入門(新訂第5版)』亜紀書房、2018年。
ロラン・カルルエ著、土屋佳代子訳『地図とデーターで見るグローバリゼーションの世界ハンドブック』原書房、2022年。

基本用語集

第１章

一般法と特別法

ある事柄に関して適用対象を限定せずに一般的に適用される法令を一般法といい、その対象のうちの特別の対象（特定の人や地域等）に対してのみ適用されるための法令を特別法という。たとえば、犯罪・刑罰に関する一般法である刑法・刑事訴訟法に対し、犯罪者が「少年」である場合のための「少年法」が特別法である（その他、会社一般のための会社法に対し、上場会社等のための特別法としての金融商品取引法等)。特別法は特別の目的の下、特別な対象を規律するためのものであり、特別法は一般法の規定の不都合な部分を修正し、不十分な部分を補充するためのものである（一般法で差し支えない部分は一般法に任せている)。このため、「特別法は一般法に優先する」とともに、特別法に規定がない事項については一般法が適用されることになる。なお、商法は民法に対する関係では特別法だが、企業のうち、特に会社のための会社法との関係では一般法であり、さらに会社法は、会社のうち上場会社等のための金融商品取引法との関係では一般法である。このように一般法と特別法の関係は相対的なものである。

強行法規と任意法規

法律の規定は絶対に守るべきで、この規定と異なる取り決めをしても認められない（無効）と思われるかもしれない。たしかにそのような規定が多いが、当事者の意思や取り決めが法律上の規定よりも優先し、その意思や取り決めが明確でない場合にのみ適用される規定が存する。前者の絶対に守られるべき規定は強行法規（規定)、後者の当事者の意思等が明確でない場合に適用される規定は任意法規（規定）と言われる。企業組織に関する規定の多くは強行法規であるのに対し、企業取引に関する規定には多くの任意法規が存する。なお、片面的強行法規（たとえば保険契約において、保険契約者等にとってその規定内容より不利な変更を認めない規定）というような規定も存する。

第２章

特別教書

アメリカ憲法において、大統領は教書という形で議会への報告義務と政策の勧告をする権利を与えられており、毎年年頭に行われる一般教書と、必要に応じてその都度行われる特別教書がある。

消費生活センター

地方自治体の機関で、地域住民の消費生活上のサービス提供を目的としており、消費者被害の相談などの業務を行っている。消費者ホットライン（188）に電話することで、最寄りの相談窓口につながる。

原野商法

雑草や木が生い茂るなど、原野といえるような土地や地理的状況から通常の利用が難しいと思われる土地について、将来の鉄道や道路の整備計画やリゾート開発計画を捏造して、高価で売りつける商法で現在も続いている。

第３章

主権国家

主権国家とは、主権を有する近代国家を指し、主権とは、対外的かつ対内的に排他的な権力を意味する。

無政府状態（アナーキー）

無政府状態（アナーキー）とは、主権国家よりもより上位の権威、すなわち、世界政府（中央政府）が存在しない状態を指す。

公共財

公共財とは、経済学の概念である。非競合性あるいは非排除性の少なくとも一方を有する財として定義される。これに対して、競合性と排除性とを有する財は私的財である。

国際公共財

国際公共財とは、覇権国が提供する公共財である。具体的には、金融分野の世界銀行と国際通貨基金（IMF)、貿易分野の関税及び貿易に関する一般協定（GATT）が指摘できる。

覇権国（ヘゲモン）

覇権国とは、軍事的かつ経済的なパワー、技術力、資源をコントロールする力など、あらゆる分野で圧倒的なパワーを有する国家を指す。たとえば、20 世紀のアメリカである。

超大国（superpower）

超大国とは、冷戦の時代の米ソ両国を指し、核兵器とその運搬手段を実質的にほぼ独占する点で、それまでのヨーロッパの伝統的な大国と区別される。

西欧国家体系

西欧国家体系とは、1648 年のウェストファリア会議から 20 世紀初頭の第一次世界大戦までの約 270 年間、西ヨーロッパ地域の大国を中心とした国際システムである。

勢力均衡（BOP）

勢力均衡とは、1 国もしくは一つの同盟のパワーが大きくなり過ぎた時に、残りの国家がバランシング行動をとる政策を意味する。パワーが均衡した状態を指すこともある。

冷戦（Cold War）

冷戦とは、戦争でも平和でもない状態を指し、その定義は、力の対立であると同時に、イデオロギーの対立である。

緊張緩和（détente）

緊張緩和とは、冷戦のような緊張した国際状況が緩和する状態を指し、そうした状態を目指す政策を意味することもある。

核兵器

核兵器は、破壊力が大き過ぎて、現実の戦争で使用するには倫理的なハードルが高すぎる。こうして、使えない軍事力であるが、核兵器を持つことで核抑止が働くと想定される。

民主主義による平和（democratic peace）

民主主義による平和とは、民主主義国家同士はお互いに戦争しないというテーゼである。そのため、民主主義国家が増えれば、国際システムはより安定的になると期待される。

現代グローバリゼーション

1970 年代以降の西側諸国での相互依存の深化に端を発し、1979 年以降は新自由主義に基づいた地球規模でのヒトやモノ、カネ、サービスの国境を越えた急激な移動である。

信頼醸成措置（CBM）

信頼醸成措置とは、たとえば、冷戦状態にある国家同士が国際会議などで対話することでお互いの信頼を醸成していく措置であり、緊張を緩和し、衝突を回避することが期待される。

リベラルな国際秩序（LIO）

リベラルな国際秩序とは、自由と民主主義、法の支配、公正な市場などリベラルな規範に基づいた国際秩序である。具体的には、20 世紀後半以降のアメリカ中心の覇権秩序を指す。

リアリズム（現実主義）

リアリズムとは、国家の生き残り、つまり安全保障を国家の第一義的な目的と考える世界観である。具体的には、勢力均衡論や核抑止論などがある。

リベラリズム

リベラリズムとは、国家を多元的に捉え、国家の目的も安全保障に限定せずに経済や環境、民主化などの重要性も相対的により高まってきたと考える世界観である。

グローバリズム

グローバリズムとは、地球規模の資本主義システムの成立と発展に注目する世界観である。具体的には、従属論や世界システム論がある。

コンストラクティヴィズム（構成主義）

コンストラクティヴィズムとは、アイディアや規範、アイディアアイデンティティなど目に見えない側面に注目し、国際システムの“全体”と“個”とのリフレクティブな相互作用を明らかにする理論である。

政策決定理論

政策決定理論とは、国家が対外政策（や対内政策）を決定する仕組みを明らかにする理論であり、国際関係論ではミクロな理論である。

第4章

改革開放

1978年に、中国共産党第11期3中全会が開催され、鄧小平の政治路線が確立され、それまでの毛沢東の階級闘争路線を放棄し、経済発展を最重要課題に据えた。その後、中国政府は国を挙げて改革開放に向かって進んできた。

「南巡講話」

鄧小平は天安門事件後の中国改革の停滞に強い危機感を抱き、経済発展の重要性を訴えた。鄧小平の談話は中国の新聞に発表され、国民の大きな支持を得た。

「社会主義市場経済」

1980年代までの中国は市場経済に対して抵抗感があった。しかし1992年鄧小平は、「社会主義は市場経済と矛盾しない」と述べた。つまり社会主義体制のもとでも市場経済を取り入れることが可能であるとしたのである。そして1992年10月、中国共産党第14期全国代表大会で「社会主義市場経済」の導入を決めた。

「3つの代表理論」

江沢民は、中国共産党が以下の3つの利益の代表者になるべきであると唱えている。①中国の先進的な社会生産力の発展要求、②中国の先進的文化の進むべき方向、③中国の最も広範な人民の根本利益。これらは実際中国共産党を、「無産階級の先駆け」から国民政党へ改造する試みである。

「和諧社会」（「調和が取れた社会」）

これは胡錦濤によって提起された概念である。その目的は、高度経済成長によってもたらされたさまざまな社会矛盾、対立を緩和させることである。このような社会を実現させるためには、「民主」、「法治」、「公平」、「正義」が必要であると胡錦濤は述べている。

WTO（世界貿易機関）の加盟

これは中国の3回目の大規模な制度改革となった。WTO加盟のために、中国は国際ビジネス法に従って国内法制の大規模な改正を行った。

「先富論」

1980年代、鄧小平は「我々の政策は一部の地域、一部の人が先に豊かになることを認めることである。これで先に豊かになった地域や人たちは取り残された地域と人々を援助することができる」とした。

「共同富裕社会」

改革開放後に拡大された貧富格差を縮小しようとする政策目標である。その目的は、1中間層の増大、2消費主導経済の転換、3社会安定と調和である。

戸籍制度

1958年、中国政府は戸籍制度を設け、住民に対してその居住地域に従ってそれぞれ「都市戸籍」または「農村戸籍」を定めた。これにより農村戸籍の人々の都市への自由移住は制限された。

日中外交関係「復交3原則」

①中華人民共和国政府が中国を代表する唯一の合法政府である、②台湾は中国の不可分の領土である、③日華平和条約を廃止すべきである（外務省HP参照）。

日中共同声明

前文では、日本側は過去において日本国が戦争を通じて中国国民に重大な損害を与えたことについての責任を痛感し、深く反省すること、また、日本側は、中華人民共和国政府が提起した「復交3原則」を十分理解する立場に立って国交正常化の実現をはかることという見解を再確認することが謳われた。

日中関係の4つの政府文書

下記の4つが含まれる。①日中共同声明（1972年）、②日中平和友好条約（1978年）、③平和と発展のための友好協力パートナーシップの構築に関する日中共同宣言（1998年）、④「戦略的互恵関係」の包括的推進に関する日中共同声明（2008年）。

独立自主外交

レーガン大統領着任後、台湾への武器供与を拡大するという動きがみられた。これにより、中国政府はアメリカとの距離を調整しはじめ、特定の敵も同盟国も作らずに各国と平等関係を構築しようとした。

全方位外交

中国は1950年代の「ソ連一辺倒」外交、1970年代の「覇権反対」外交を経て、1980年代初頭に全方位外交を提起した。この外交では、すべての国に友好的に接し、欧米など先進国だけでなく、ソ連、東欧、ベトナム及び途上国とも関係を発展させるものである。

（中ソ関係改善の）「三大障害」

①中ソ・中蒙国境の大幅な軍備削減、②カンボジアからのベトナム軍の撤退、③アフガニスタンからのソ連軍の撤退である。

「韜光養晦」戦略

「韜光」の意味は、才覚を覆い隠すこと、「養晦」は隠居することである。鄧小平がいう「韜光養晦」は、中国の実力に見合わない行動をとって欧米諸国と衝突してはならないという意味である。

中国と隣接の「周辺国家」

北から時計回りにモンゴル、ロシア、朝鮮、ベトナム、ラオス、ミャンマー、インド、ブータン、ネパール、パキスタン、アフガニスタン、タジキスタン、キルギス、カザフスタンなどである。

「周辺外交」

21世紀に入ってから中国が意欲的に「周辺外交」を行う目的は、以下の3つである。①地域経済貿易を促進すること、②安全保障、陸地の国境線の安定を維持し、平和で安全な国際環境を作ること、③政治上の相互信頼関係を強化することである。

SCO（Shanghai Cooperation Organization）

2001年に上海で創設した。創設メンバーは6カ国（中国、ロシア、ウズベキスタン、カザフスタン、キルギス、タジキスタン）で、2017年にインドとパキスタンを受け入れ、現在は8カ国となった。常設機関は北京とタシュケント。軍事、政治、経済・貿易などを行う地域協力組織である。

RCEP（Regional Comprehensive Economic Partnership Agreement）

人口22.7億人（2019年）で世界全体の約3割を占める。GDPは25.8兆米ドル（2019年）で世界全体の約3割を占める。貿易総額（輸出）は5.5兆米ドル（2019年）に達し、世界全体の約3割を占める（経産省HPより）。参加国は日中韓及びASEAN諸国、豪州、ニュージーランドなど。2022年1月1日に正式に発足した。本協定は、日本の貿易総額のうち約5割を占める地域の経済連携協定である。

AIIB（Asian Infrastructure Investment Bank）

2016年に発足した。本部を北京に置く国際金融機関である。設立した目的はアジア地域のインフラ建設に対する融資である。日本、アメリカを除く世界主要国が出資している。

第5章

政策

政策とは、政府や政党などが公共の問題に関して示す方針のことを言う。政策は、その内容を規定する法律と、その質や量を規定する予算から構成されている。

比例代表制

各政党が得票数に応じて各党に議席が配分される選挙制度。わが国では、衆議院で拘束名簿式（政党が予め順位を決めた候補者名簿を確定）、参議院では非拘束名簿式（政党ごとの候補者名簿はあるが有権者の投票により候補者の順位が確定）が採用されている。

総選挙

「総選挙」は、わが国では衆議院議員選挙のことを指す。すべての議員がその資格を失うことから、「総選挙」と言われる。任期満了に伴う場合と、解散による場合があるが、前者は戦後1度しかない。

選挙区制

・大選挙区制

1 選挙区から複数名の当選者を出す選挙制度。通常、1 選挙区から 3 〜 5 名の当選者を出すものを大選挙区制と言う。選挙区が広くなることから、選挙の費用がかかりやすいなどの問題があるとされるが、死票は少ない。

・小選挙区制

1 選挙区から 1 名の当選者を出す選挙制度。大政党に有利な制度で、少数政党が当選者を出しにくい。また区割りの仕方によっては、特定の政党や候補に有利な選挙区を生み出すことも可能となるなどの課題がある。

・中選挙区制

1 選挙区から 3 〜 4 名の当選者を出す選挙制度。大日本帝国憲法下でも、第 16 回（1928 年）から第 21 回（1942 年）まで採用されていた。戦後も 1994 年まで、わが国の衆議院議員選挙で採用されていた。比例代表制に似た選挙結果になることが多かった。

デュベルジェの法則

フランスの政治学者モーリス・デュベルジェが『政党社会学』（潮出版社、1951 年）で著した。小選挙区制は二党制、比例代表制は多党制をもたらすと論じた。このため、わが国で 1990 年代に政治改革が議論された際には、小選挙区制導入の理論的根拠とされた。

衆議院の解散

衆議院の解散は、日本国憲法第 7 条に基づき、天皇の国事行為として行われるもの（7 条解散）と、憲法第 69 条に基づき内閣の不信任案が可決、あるいは信任案が否決された場合に行われるもの（69 条解散）がある。

閣法と議員立法

わが国で国会に法案を提出できるのは、内閣と議員のみで、内閣提出法案を閣法、議員の提出法案を議員立法という。令和 4 年の通常国会における閣法と議員立法の提出割合は、閣法 4 に対し議員立法が 6 だが、成立率は閣法が 100%、議員立法は 18% と圧倒的に閣法の成立率が高い。

（自民党の）派閥

利害や政治的主張で結びついた集団のことを指し、1955 年体制では、総裁選で影響力を行使しており、閣僚や党役職配分、政治資金の配分や党公認など選挙の際にも存在を誇示した。1990 年代の政治改革以降は、選挙における党公認、政治資金の分配が党本部主導で行われることになったために影響力は限定的になったとされる。

多極共存型民主主義

A. レイプハルトによる民主主義の類型のひとつで、『多元社会のデモクラシー』（内山秀夫訳三一書房、1979 年）において述べられる。宗教やイデオロギーによる分断がありながら、それぞれの指導者による協同的姿勢によって連立政権が組まれ、安定的に保たれているという。少数派の合意がないままに決定がなされない相互拒否権が認められているほか、資源（補助金やポスト）の比例配分を行う、各集団の自立性を認めることを経験的に行ってきたことで、分断が顕在化してこなかったことを描き出した。

1955 年体制

1955 年安全保障体制や自衛隊への対応をめぐって、左右二分裂していた社会党が統一したのに対し、保守政党の自由党（吉田茂総裁）と日本民主党（鳩山一郎総裁）が保守合同して自由民主党が誕生した。その後、自民党と社会党による二大政党による政治状況を 1955 年体制と呼んだ。

第 6 章

国際連盟

本部はスイスのジュネーブに設置された。原加盟国は 42 カ国であったが、ドイツやソ連が加入するなど 1934 年には最多の 59 カ国となった。常任理事国はイギリス、フランス、イタリア、日本の 4 カ国で、連盟設立を提唱したウィルソンは、議会の反対によって加入を断念せざるを得ず、アメリカは不参加となった。

親ロシア派勢力

2014 年 3 月、ウクライナからの分離主義勢力がロシア系住民の多く居住するウクライナ南部のクリミア半島にクリミア共和国を建国、同月、ロシアに編入されている。また、ウクライナ東部のドンバス地方にドネツク人民共和国、ルガンスク人民共和国を建国、ドネツク・ルガンスクの両人民共和国は2022年10月にロシアに編入されている。

山東出兵

田中内閣による居留民・権益保護を名目とした山東省への派兵であるが、日本の支援する張作霖政権への援護という側面も持ち合わせる。【第1次】国民革命軍の北伐によって、次々と都市が占領されていった。革命軍が山東省に進出する構えをみせると、田中首相は27年5月より日本軍の派兵を行ったが、北伐が停止されると9月に撤兵した。【第2次】28年4月に北伐が再開されると田中首相も派兵し、5月、国民革命軍との武力衝突（済南事件）へとつながった。【第3次】済南事件によって、田中首相は更なる増派を行ったが内政干渉として捉えられたため、排日運動が激化、29年3月に済南事件解決文書に調印して撤兵した。

ポーツマス条約

日露戦争の講和条約で、アメリカのセオドア・ルーズベルト大統領の斡旋によって実現した。その名の由来はポーツマス軍港で開催されたことによる。日本側は小村寿太郎、ロシア側はセルゲイ・ウィッテが首席全権として交渉に臨んだ。

北伐

辛亥革命の進展によって、1912年1月に孫文によって中華民国が建国され、翌月に宣統帝が退位して清王朝が打倒されたが、中華民国初代大総統の座についたのは北洋軍閥の袁世凱であった。まもなく16年6月に袁が病死すると、北洋軍閥の分裂に加えて各地方に軍閥が割拠したことから中国大陸は分裂状態となった。やがて、25年7月に広東国民政府が樹立されて、26年7月、蒋介石が国民革命軍の総司令官に任命されると、全国統一を目指して北伐が開始された。

九カ国条約

ワシントン会議において締結された条約の1つとなる。文字通り、アメリカ、イギリス、フランス、イタリア、日本、中国、オランダ、ベルギー、ポルトガルで結ばれた。中国の主権や独立、領土保全の尊重、門戸開放、機会均等原則の承認などを取り決めた。

第7章

福祉資源

類似したものとして社会資源がある。社会学では、財、サービス、権力、威信、情報など人間社会にとって有用なあらゆるものの総体として用いられているが、そのような意味では福祉資源と重なる部分がある。

バルネラブル

日本語にはない表現で、欧米では「弱者」の代わりに「バルネラブルな人たち（people who are vulnerable)」という使い方がされる。障がいの有無を問わず誰もが経験することで、たとえば、言葉の話せない国に行ったときなどにはバルネラブルな状態になり得る。

慈善事業

宗教的・道徳的動機による慈善の理念に基づく組織的活動をいう。産業革命前後からおこり、慈善行為に対して、組織性、科学性、社会性をもち始めたところに特徴があった。

感化救済事業

明治政権下における内務省が明治41年から大正中期まで行政用語として用いた救済事業の呼称で、基本理念は個人的救済ではなく、救済事業の体裁を取りながらも内実は国家にとっての良民育成を志向したものであった。

社会事業

社会福祉の発展段階の一つとして位置づけられる段階期の特徴を示す事業。1920年前後から高度経済成長期になる1960年代後半を社会事業の段階と一般に理解されている。

スティグマ

それをもっていることで偏見や差別の対象となる否定的な意味で普通でない、あるいは劣っていると見なされてしまいうる印。障害がある人や、人種・民族・宗教などの違いを理由に集団的な価値剥奪を受ける人などが、スティグマを持ちやすい。

ウェルビーング
心身と社会的な健康を意味する概念で、満足した生活を送ることができている状態、幸福な状態、充実した状態などの多面的な幸せを表す言葉である。瞬間的な幸せを表す英語「Happiness」とは異なり、「持続的な」幸せを意味する。

再分配
市場等を通じていったん分配された資源の均衡を調整するために、再び分配しなおされること。

基礎年金
二階建ての公的年金制度における一階部分の年金制度であって、定額で一律に支給される全国民共通の年金をいう。基礎年金には、社会保険方式と税方式がある。

生活保護
健康で文化的な最低限度の生活を日本国民に保障するためとして設けている公的扶助制度で、生活に困窮する国民に対して、資力調査を行いその困窮の程度によって、要保護者に必要な扶助を行う制度。

道徳原理
道徳的行為を行うための普遍妥当的な道徳的規範・倫理的原理・実践的原則であり、善を促し、悪を禁ずる客観的法則である。自然科学的法則や法律ではない、人間の理性的内面的法則である。

効用
各消費者が、自己の消費する財から受ける満足の度合いを数量的に表現したもの。同じ財から得られる効用は、消費者ごとに異なる主観的なもので、効用をもって個人の財に対する満足度を表現することができる。

無知のヴェール
人々が選択する際、その選択者の前にはヴェールがかけられていて、あることがらを知ることができない、というもの。例えば、自分の将来について具体的な情報がない中で、最悪の状態を予想し、それを避け、相対的に好ましいものを選択しなければならないという思考実験の一つである。

卓越性
それを所持する人がそのことによって善く評価される特質。例えば徳は経験や訓練などによって獲得することができ、徳を備えた人間は他の人間からの信頼や尊敬を獲得できる。

共通善
歴史を背景とした独自の文化や慣習を持った共同体の成員によって達成すべく合意された普遍的価値ないしは集合的目標をさす。

夜警国家
17 世紀から 19 世紀にかけての資本主義国家の国家観で、個人が自由にその経済活動を行えるように、国家の機能は、外敵の防御、国内の治安維持、必要最小限の公共事業にとどめるべし、というもの。

最小国家
自由な社会における政府の規模・役割・影響力を、全ての個人の自由を侵すこと無しにその自由を守るのに充分な程度に、例えば暴力・詐欺・窃盗・契約破棄から人々を守ることにとどめるべきとする国家観

権原理論
保有する資源に対して正当な権原を有するのは、①保有者のいないものを占有する（獲得）、②保有物が同意の上で譲渡される（移転）、③不正な取引による被害を救済する（矯正）の 3 つに限定されるという理論。

第 8 章

世界保健機関
World Health Organization。1947 年に設立された国際連合の専門機関。国や地域を繋ぐことで人々の健康を増進し、世界の安全を保持し、全ての人々が最も高い健康水準を達成できるようにすることを目的とする。

平均寿命

0歳時平均余命のこと。ある年に生まれた10万人が、その年の各年齢の死亡率が変わらないとした時に生きることが期待される年数の平均値。生命表を作成し算出する。

ヘルスプロモーション

オタワ憲章（1986年）において定義され、バンコク憲章（2005年）において、個人とコミュニティーが健康の決定要因をコントロールし、改善することができるようにするプロセスと改訂された。

特別永住者

日本が占領していたがためにかつて日本国籍を有していた台湾や朝鮮の人々で、第二次世界大戦後、本国が独立し日本国籍を失ったが、本国への帰還が叶わなかった人々のために提供された在留資格。

技能実習制度

日本で培われた技能、技術や知識の開発途上地域等への移転を図り、経済発展を担う人づくりを目的として2003年に創設された。2022年4月現在、86職種158作業が対象となっている。実質的に外国人労働者を安く雇用する制度と批判されている。

特定技能

生産性の向上や国内人材の確保のための取組を行ってもなお人材が不足している分野に対し、一定の専門性・技能を有する外国人を受け入れるために2019年に創設された在留資格。介護、建設、農業、漁業など12分野が対象。

やさしい日本語

難しい言葉を言い換えるなど、相手にわかりやすい日本語のこと。在留外国人の増加により、外国語への翻訳・通訳の他に、コミュニケーションの手段として注目されているが、わかりやすく伝えるという点では日本人にとっても有用。

HIV

Human Immunodeficiency Virus（ヒト免疫不全ウイルス）のこと。主な感染経路は性的接触、母子感染、血液感染である。HIVに感染し23の指定疾患を発症するとAIDSと診断される。HIV = AIDSではない。

保健所

地域保健法に基づき各地域に設置された公的機関で、2022年時点で468か所ある。主な役割は、地域の医療機関や市町村保健センター等と連携して地域住民に必要なサービスを提供する仕組づくりや、健康危機管理の拠点となることである。

セクシャリティー

出生時に医学的判断により割り当てられた性（生物学的な性）、自分自身が認識している性（性自認）、社会から期待される性（性役割）、どのような相手に対して恋愛感情や性的魅力を感じるか（性的指向）、からなる性のあり方を表す言葉。

第9章

債権・債務（記録）

中世イタリアにおいて「利息」の記載のある最も古いものとして、1211年の金融業者の帳簿記録が残っている。残された4ページ分の記録から、そこで複式簿記が実践されていたかどうかを判断することは難しいが、金融業者にとって債権債務は、書き留めておかなければ取引の存在を証明することができないことからその記録は必須だった。つまり当時、帳簿記録は証明機能を目的に作成されていたのである。

資産、負債、資本（純資産）、収益、費用

資産、負債、資本（純資産）は、貸借対照表を構成する要素。資産は企業が調達した資金を運用している、あるいは運用することを待っている状態にある項目と金額を示している。負債は運用形態である資産や費用となった資金の調達源泉のうち、支払義務額、資本（純資産）は出資者による出資額および企業活動による資本の増殖（利益）蓄積額を示す。収益と費用は損益計算書を構成する要素。収益は経済活動の成果として新たに実現した経済的価値の額、費用はそれを獲得するために企業がもつ経済的価値を使った額をいい企業努力を示す。

当座事業

設立当初から活動期間を設けて出資を募り、事業終了により保有する財産および利益を出資者間で清算する事業。事業期間の長短に関わらず、一事業サイクルの事業の結果として全体損益計算を行う。特に中世イタリアの北部の都市においては、地中海貿易や東方貿易を行うために家族以外の資金を集める必要がある上、事業期間が長期に渡り、かつ高いリスクを伴う事業であったため、一回限りの事業として運営されていたと考えられる。

口別損益計算

主として家族経営における損益計算方法として実践されたと言われている。その事業体が販売する商品ごとに、仕入と売上を計算し、商品個別に商品販売益を計算する方法。商品の個別管理を目的としており、その事業全体の利益を計算することができず、部分的な損益計算方法といえる。

全体損益計算

その事業体の設立から清算までの間に獲得された利益を計算する方法。当座企業において実践された。現在企業が行っている期間損益計算のそれぞれの事業期間の利益額を合算すると全体損益計算による利益額と一致することが仮定されている。事業期間を定めた上で損益計算を行うという意味において、今日の期間損益計算の最も原初的な損益計算の考え方といえる。

有限責任

事業体に出資をする者が負うべき責任の範囲を限定する制度。オランダ東インド会社に統合される以前の貿易会社は、出資者でかつ事業運営に直接携わる機能資本家と携わらない無機能資本家とが存在する合資会社であった。前者は事業体の債務返済に対して無限責任を負ったが、後者は出資した金額の範囲において責任を負う有限責任であった。しかもその段階では、未だ当座事業から継続企業への過渡期であり、株式の譲渡も自由ではなかったと言われる。

継続事業

今日の企業は継続事業を前提としており、それが期間損益計算の根拠となっている。企業はその設立において活動期間を設けていないことが通常である。事業の終了が未定ということはその終わりを待っていてはいつまでも事業の成否を確認することもできなければ、事業損益を確定することもできない。そのため一年なり人為的に期間を区切り、暫定的にその活動期間の損益を計算する必要が生じるのである。

期間損益計算

継続事業を前提とする通常の企業では期間損益計算が行われる。その期間の区切り目となる最後の日を期末と言い、そこで会計数値を確定する行為を決算という。ただし事業活動のフローとは関わりなく、人為的に事業期間を区切るため、帳簿記録と収益（その期間の企業活動の成果）と費用（その期間の成果を得るための犠牲）の額にズレが生じる。そのズレを調整し、企業活動の実態を会計数値に反映させるために行われる会計処理を決算整理という。

J. サヴァリー

サヴァリーが記した『完全なる商人』は、1673年にフランスで公布された商業条例の注釈書として刊行された。当時フランスはルイ14世治世下で財務総監コルベールが強力に重商主義を推し進めていた時代である。商業条例第1章第4条には複式簿記の使用、第3章第8条には2年に1度の財産目録（貸借平均表を含む）の作成が規定されており、決算書類を法律で定めた世界で初の事例であると言われている。サヴァリーはこの条例の起草に関わっていた人物であり、彼は本書において年1回の財産目録と貸借平均表の作成を推奨している。

鉄道会社

英国で最初に蒸気機関による鉄道が敷かれたのは1825年である（ストックン・ダーリントン鉄道）。鉄道の敷設には多額資本を要するとともに、建設から事業を開始し利益が創出されるまで長期の期間がかかる上、鉄道会社は事業運営のために多額の有形固定資産を保有することになる。そのため投資家に対する会計報告において、有形固定資産に対して減価償却処理を行う必要性や利益創出過程を説明する必要性が高まっていった。

減価償却

継続的に事業を行うに際して、長期間使用することが想定される有形固定資産は、その購入時に全額を費用にしてしまうと、購入した期間以後の売上収益とそれを獲得するために犠牲となった経済的価値の消費額との期間対応ができなくなり、会計数値が企業活動の実態を示せなくなる。企業会計は利益を得るために企業が行った努力と成果を対応させて損益計算を行うことで、その企業の収益力を明らかにすることができると考えられるため、有形固定資産を購入時にいったん資産として計上し、その使用する期間を通じて徐々に費消される経済的価値額を費用として計上する減価償却を行うのである。

大福帳
江戸時代の商家においては、その経済活動を記す帳簿が各種作成されている。様式は和紙を二つ折りにして綴じる和綴じの大福帳形式であり、横長の様式と縦長の様式のものでいずれも筆による縦書き、漢数字によって取引記録を表記した。ページのことを丁（ちょう）といい、ページの末尾に記された数字同士を付け合わせて計算結果の正確性を確かめたことから、会計行為のことを「帳合」と呼ぶようになったと考えられる。江戸時代において、会計行為は「帳合」の他に、計算を意味する「算用」とも呼ばれていた。なお帳簿の名称も大福帳、算用帳、勘定帳など一様ではなかった。

簿記教科書
わが国における西洋式複式簿記は1873（明治6）年に刊行された福澤諭吉の『帳合之法』とアラン・シャンドによる『銀行簿記精法』を嚆矢とするが、その後慶應義塾や商法講習所を中心に複式簿記教育の扉が開かれ、多くの教科書が刊行された。上記の簿記書に引き続いて、文部省がアメリカ人公認会計士C.C. マルシュの簿記書を翻訳した『馬耳蘇氏記簿法』（1875［明治8］年刊行）及び『馬耳蘇氏複式記簿法』（1876［明治9］年刊行）のほか、慶應義塾卒業生らの手による簿記書が多数出版され、わが国における複式簿記の黎明期を形成した。

国立銀行
わが国経済における複式簿記は、明治期初期においては、まず全国に設立された国立銀行（私企業）で実践された。大蔵省のお雇外国人アラン・シャンドの指導のもと、1873（明治6）年12月に第一国立銀行（現在のみずほ銀行）が公表した財務諸表（半季実践報告と半季利益金割合報告）がわが国における複式簿記による初めての決算報告となった。

第10章

連結財務諸表
親子会社の支配従属関係にある2つ以上の企業からなる企業集団の財務諸表。連結貸借対照表、連結損益計算書、連結包括利益計算書、連結株主資本等変動計算書、連結キャッシュフロー計算書から構成される。

国際会計基準（IAS）
国際会計基準委員会（IASC）によって設定された会計基準で、1973年のIASの設立から2001年のIASBへの組織変更までに公表された41の基準のうち、コア・スタンダードとして現在も有効な基準。IASBの公表するIFRSにより承継される。

国際財務報告基準（IFRS）
IASCより組織変更されたIASBが公表する会計基準。IAS、解釈指針委員会解釈指針書等、IFRS、国際財務報告基準解釈指針委員会解釈指針からなる会計基準群の総称であり、現在、多くの国で強制あるいは任意適用されている。

外貨建取引
売買価額その他取引価額が外国通貨で表示される取引をいう。国際取引は通常はドル建で行う。アメリカ以外の国の企業は、国際取引は外貨建取引となり、原則アメリカ企業には外貨建取引は存在しないことになる。

外貨表示財務諸表
企業集団において、親会社の国以外の国にある子会社は、現地通貨で財務諸表を作成する。これを外貨表示財務諸表と言う。外貨表示財務諸表は、連結財務諸表作成のために親会社の所在国の通貨に換算することになる。

1取引基準
企業間で外貨建ての信用取引を行う際に、商品の売買取引と代金の決済取引を、同一の取引とする考え方を1取引基準という。この場合、取引時と決済時の為替レートの変動で生じた差額の分、売上高を修正することになる。

2取引基準
企業間で外貨建ての信用取引を行う際に、商品の売買取引と代金の決済取引を、別個の取引とする考え方を2取引基準という。取引時と決済時の為替レートの変動で生じた差額を為替差損益として当期の損益に計上する。

商法会計
大陸諸国の企業は、資金調達に当たって、基本的に銀行借入によって行う。従って銀行等の債権者を保護するための法律である商法を中心に会計制度が形成され、企業の債務弁済能力の表示が中心課題になる。

証券取引法会計
英米諸国の企業は、資金調達に当たって、基本的に株式市場から調達する。従って一般投資家を保護するための法律である証券取引法を中心に会計制度が形成され、分配利益の枠内での期間損益の計算が中心課題になる。

プラン・コンタブル・ジェネラル（PCG）
フランスにおける標準会計原則であり、商法のもとに大蔵省令として発布されている。ドイツによる占領下の 1942 年に初めて公表され、戦後新たに 1947 年に公表され、1957 年、1982 年、1999 年に改正され、現在に至っている。

財務会計基準書（SFAS）
1973 年にアメリカの会計基準設定団体として設置された FASB が公表するアメリカの会計基準である。SFAS は 2009 年まで特定の会計トピックに関する 168 の基準を公表し、その後は会計基準更新（ASU）によって更新されている。

公認会計士制度
監査対象たる企業から独立した立場で、専門家である公認会計士や監査法人によって、財務諸表の真実性および作成手続の会計基準への準拠性を保証するために行われる。投資者及び債権者の保護を図るための制度である。

トライアングル体制
わが国企業を会計から規制する法制度。債権者保護を目的とした商法の公表会計制度、投資家保護を目的とした証券取引法の企業内容開示制度、及び公正な課税を目的とした法人税の税務会計制度が並立する体制である。

企業会計基準委員会（ASBJ）
民間機関が会計基準設定機能を担うために、2001 年に財団法人財務会計基準機構のもとに設立された。以後、具体的個別的会計基準作成は ASBJ が担当し、企業会計審議会は国全体の会計方針と監査基準の作成を担当する。

会計ビッグバン
会計制度のグローバル化に伴い、1990 年代の後半から行われた一連の会計制度の大改革である。従来の会計制度を IAS・IFRS にコンバージェンスするために、連結会計、金融商品会計、退職給付会計など、大きな改革を行った。

会社法第 4 号指令
EU（当時は EC）域内各国の個別財務諸表作成のための会計制度を統一するために 1978 年に加盟各国に通知された。1973 年に加盟したイギリスによる、アングロ・サクソン的会計思考である「真実公正な概観」が導入された。

欧州証券規制当局委員会（CESR）による同等性評価
EU の IAS 適用により、外国企業が欧州市場で資金調達を続けるためには、外国企業の自国基準の IAS 同等性評価が必要になった。そこで CESR はアメリカ、日本、カナダ各会計基準と IAS との同等性の評価を 2005 年に行った。

IFRS の会計思考
IFRS は、アングロ・サクソン的会計思考である資産負債観を採用している。これは一会計期間における企業の純財産の増し分の測定値を利益と捉える考え方で、まず資産と負債を定義し、正しく測定することが重要になる。

連単分離
企業集団の連結財務諸表と親会社単体の個別財務諸表を分離し、連結財務諸表については IFRS を適用し、個別財務諸表については国内基準を適用する考え方。ドイツ、フランスなど、EU 各国はこの考え方を採用している。

エンドースメントされた IFRS
会計基準に係る基本思考に重要な差異がある場合、IFRS の一部の会計基準等を「削除又は修正」することである。当初は「日本版 IFRS」を検討していたが、IFRS の資産負債観と矛盾するため、IFRS という文言の使用を拒否された。

第 11 章

人工知能（AI）
第 3 次 AI ブームでは、ディープラーニング（深層学習）などの機械学習と呼ばれる技術要素に注目が集まっている。機械学習では、データを反復的に学習することで、規則性を発見し、予測精度を高めていく。

MOOC（Massive Open Online Course）
大学等の教育コンテンツを活用した大規模公開オンライン講座。教育にテクノロジーを活用する Edtech の代表的なサービス形態。オンデマンド型の教育サービスは、教育効果や制度環境などの課題が存在する。

ナレッジ・ワーカー
ドラッカーが作った用語で、専門知識を資本として働く労働者のこと。ドラッカーは、情報化の進展によって、製造現場に携わる単純労働から知識をもとに付加価値を生み出す労働が主流になることを示唆した。

アウトソーシング
組織機能の一部を外部の組織に委託したり､事業にとって重要な資源の調達を外部から行うこと。従来、コスト削減を目的としたものが主流だったが、獲得しづらい資源の確保などでも用いられる。

科学的管理法
フレデリック・テイラーが提唱した労働管理の手法。労働生産性の向上を目的として、従来の経験則による管理体制から、課業管理や作業研究などの科学的な方法を導入することを提唱した。

ハーバート・A・サイモン
アメリカの研究者。政治学の研究で博士号を取得した。経済学、社会学、認知心理学、コンピュータ・サイエンスの分野にも影響を与えた。経済組織の意思決定プロセスに関する先駆的な研究でノーベル経済学賞を受賞。

VUCA
Volatility、Uncertainty、Complexity、Ambiguity の頭文字からなる、状況の変動性、不確実性、複雑さ、曖昧さを説明､反映するための造語。元は軍事用語。現代のビジネス環境を説明するために用いられる。

プラットフォーム
従来、ソフトウェアが実行される環境を意図した用語だったが､Apple や Google などのユーザーを媒介する市場として機能するような特定製品（サービス）によって支配される状況を説明する用語。

限定合理性
個人が意思決定を行う際に合理性が制限されている状態。人間の認識能力や情報処理能力の限界をあらわす概念として H・A・サイモンが提唱した。O・E・ウィリアムソンは、限定合理性を取引コストの基礎とした。

第 12 章

マーケティング
アメリカ・マーケティング協会は､「顧客、依頼人、パートナー、社会全体にとって価値のある提供物を創造･伝達･配達･交換するための活動であり、一連の制度、そしてプロセスである」と定義している。

ニーズ
消費者にとって望ましい状態と現実の状態が一致しないことをいう。

ウォンツ
ニーズを満たす方法・手段となるものを欲することをいう。

市場
十分な購買力と購買意欲をともなった人々の集まりをいう。

ブランド
ある企業が提供する商品やサービスの名前、デザイン、ロゴマークなどを組みあわせたもので、競争相手のものと差異を生じさせるものをいう。

市場細分化
市場全体をより小さく、かつ、その中では同質的なセグメントに分けることをいう。

人口統計的変数
年齢、職業などの人の社会的な特性をあらわす変数をいう。

地理的変数
居住する都市、地域など地理的条件によって変わる変数をいう。

心理的変数
人の性格や意識、価値観などの内面的な特性をあらわす変数をいう。

行動変数
現実の行動をあらわす変数で、商品やサービスのどのような機能に利便性を感じるかという便益も含まれる。

POP 広告
POP は Point-of-purchase の頭文字をとったもので、購買時点での広告を意味する。店頭で購買を促すためのディスプレイや販促物を含む。

パブリシティ
商品やサービスに関連するニュースをマスコミ媒体にとりあげてもらうための活動をいう。

マーケティング・ミックス
4 つの戦略要素を、特定のターゲット市場のニーズや嗜好に適合するように組み合わせることをいう。

第 13 章

市場原理
誰もが取引に参加可能な市場において、財・サービスの取引が自由に行われることによって、その需要と供給が一致するような価格が実現する。このような価格調整メカニズムを通じて、生産要素の最適配分が実現するメカニズムをいう。

市場の失敗
市場における財・サービスの取引に当たって、価格調整メカニズムを通じて、需要と供給を完全に一致させることが出来ない状況。その原因としては、外部性、自然独占、情報の非対称性の存在などがある。

自然独占
特定の財・サービスの生産を複数の企業が担うより 1 社のみで行う方が、総費用が抑制されて生産が効率的となる場合、企業間の競争が成り立たず、独占状態が自然に発生すること。規模の経済性の大きい産業（例えば、ネットワーク性のある産業）などで発生しやすい。

外部性
ある経済主体が何らかの財・サービスを生産または消費するとき、その経済行動が市場を経由しないで他の経済主体に付随的な影響を及ぼすこと。その影響は、市場の価格調整メカニズムに反映されない。

情報の非対称性
市場における財・サービスの売り手と買い手の間で、取引に関係する情報の保有に差がある状況をいう。

そのような不均等な情報構造のもとでは、価格調整メカニズムによる需要と供給のマッチングが完全には機能しない。

モラル・ハザード

取引や契約を行う両者の間に情報の非対称性があるために、一方の取る行動について他方が知り得ない情報がある場合に、隠れた行動が可能な側の規律が失われること。そのために行動にゆがみが発生することで、資源配分が非効率化してしまう。

ディスクロージャー

取引の判断に当たって関連のある情報を一般向けに開示・公開すること。例えば、投資取引の場合は、企業が投資家等に対して経営状況を開示することをいう。法律やルールによって行われる場合もあれば、取引主体が自主的に行う場合もある。

政府の失敗

市場の失敗が存在する場合などには、経済政策や規制などによる政府の介入によって経済活動の効率性を改善することが期待されるが、政府の介入が意図したような成果を上げられず、逆に経済活動の非効率化を招いてしまうこと。

ビジネスサイクル

景気（経済活動の活発さ）は、ある時期には拡大または回復し、別の時期には悪化や停滞をする。このように、時間の経過に伴って、景気が循環的に変動を繰り返すことをビジネスサイクル（景気循環）という。

非伝統的な金融政策

伝統的な金融調節の手段である政策金利が実質的にゼロ％になった状況から、さらなる金融緩和を行う政策をいう。中央銀行のバランスシートを拡大させる量的緩和、民間部門の債務などを中央銀行が買い取る信用緩和、短期の政策金利のマイナス化、中長期金利のターゲッティングなど、さまざまな方法が組み合わせられることが多い。

累進課税

累進課税とは、課税標準（課税の対象となる金額）が多くなるほど税率が高くなる課税方式をいう。単純累進課税（課税標準が一定額を超えた場合、課税標準全体に高い税率を適用）と超過累進課税（課税標準が一定額を超えた場合、超えた部分のみに高い税率を適用）の2つの方式がある。日本では、所得税、相続税、贈与税に累進課税が採用されていて、いずれも超過累進課税となっている。所得や相続財産などが大きい人ほど多くの税金を支払うことになるため、所得再分配の効果がある。

自動安定化装置

財政それ自体に備わっている、景気変動を自動的に安定させる仕組みをいう。別名で、ビルトイン・スタビライザーとも呼ばれる。具体的には、景気が拡大すると国民所得が増加するが、それに伴って税収が増えて国民の可処分所得の増加を抑えることで、財政面から景気過熱が抑制される。逆に景気が後退すると、税収が減ることで国民の可処分所得が下支えされ、一段の景気悪化を阻止する方向に作用する。

所得再分配

租税や社会保障制度などを通じて、所得の多い家計や法人から所得の少ない経済主体へと富を移転させる政策。それにより、過度な経済格差を緩和することで、社会の階層固定化や硬直化を阻止しつつ、公平で活力のある社会の実現を目指す。

社会保障制度

病気・怪我、要介護化、老齢化、死亡、出産、貧困、失業などが原因となって、国民の生活の安定が損なわれた場合に、政府が一定水準の保障を行う制度のこと。いわば、国民生活を守るセーフティネットとしての機能を持つ。社会保険、社会福祉、公的扶助、公衆衛生の4つを柱として運営されている。

第15章

主権国家

支配領域内で排他的な統治権限を有する国家。現在の国際社会を構成する基本アクター。ドイツ三十年戦争講和条約のウェストファリア条約によって確定した。現行の国際システムはウェストファリア体制ともいわれる。

経済安全保障
他国に経済的支配を受けないようにするという意味と、自国の生存のためにエネルギー、資源、食糧、交易路などを確保する意味がある。近年では、ハイテク製品・部品や技術の確保も重要な要素として含める。

地政学（Geopolitics）
国際政治を地理空間的に把握する学問。地理的配置、資源、気候、地形などは、国家の能力や相互関係、行動を規定する。特定の地域や国家固有の政治・軍事的なリスクを指す言葉として、地政学リスクも使われる。

大陸間弾道ミサイル（ICBM）
Intercontinental Ballistic Missile。5500km 以上の長距離を射程として、主に大出力の核弾頭を搭載する戦略兵器。全面核戦争というと、この種のミサイルの応酬が一般にイメージされる。アメリカ、ロシア、中国、北朝鮮が保有している。

潜水艦発射弾道ミサイル（SLBM）
Submarine-Launched Ballistic Missile。潜水艦に搭載され、水中から発射されるミサイル。基本的には核弾頭を装備し、第二撃能力が期待される。特に長期秘匿性の高い原子力潜水艦への搭載で、第二撃能力は効果を発揮する。

チョークポイント
海上交通における隘路（あいろ）を指し、そこを制すれば敵の首を絞める（choke）に等しい効果のある交通の要衝でもある。チョークポイント通過をリスクと捉え、このリスクを避ける輸送路の開拓を各国が模索している。

ガバナンス
統一的な中央権力のない国際社会においては、統一的な法や制度は存在しないし、服従の強制もできない。広範なステークホルダーの相互作用と合意によって、法や制度規範を作り上げる。

オブザーバー
本来は観察者、つまり当事者ではないということ。国際政治の場では、国際的機関や会議において、正式メンバーではないので議決権はないが、その場に参加し意見を述べられる立場を指す。

一帯一路
中国が 2013 年に提唱した、ユーラシアを東西に横断する通商路兼経済圏構想。陸のシルクロード経済ベルトと海の 21 世紀海上シルクロードが設定されている。後に北極海航路の氷上シルクロードも加えられた。

シーレーン
重要物資の海上輸送路。この確保と安全の維持は、国家の存立に関わる重要な安全保障上の課題である。日本と中国は、インド洋・南シナ海及び北極海北方ルートにおいてシーレーンが競合する関係にある。

第 16 章

文化的アイデンティティ
その人のアイデンティティの一部であり、国籍、民族、宗教、社会階級、世代、地域、あるいは独自の文化を持つ、いかなる種類の社会集団にも関係するものである。文化的アイデンティティは、個人の特徴であると同時に、同じ文化的アイデンティティや生い立ちを共有する、文化的に同一の人たちの集団の特徴でもある。

サードカルチャーキッズ（TCK）／アダルトサードカルチャーキッズ（ATCK）
両親の文化とは異なる文化圏で育ち、成長期にこの文化圏でかなり多くの時間を過ごした人々は、成人したときサードカルチャーキッズ（TCK）、またはアダルトサードカルチャーキッズ（ATCK）と呼ばれる。

異文化コミュニケーション
異なる文化や社会集団間のコミュニケーション、あるいは文化がコミュニケーションに及ぼす影響に関する研究分野のことである。異なる国や文化圏の人々がどのように行動し、コミュニケーションをとり、自分たちを取り巻く世界を認識しているかを理解することに焦点を当てる。

教養としての社会科学　多様な視点から社会を捉える

令和 6 年 12 月 25 日　発　行

編　者　杏林大学総合政策学部

発行者　池　田　和　博

発行所　丸善出版株式会社
〒 101-0051 東京都千代田区神田神保町二丁目17番
編集：電話 (03)3512-3264／FAX (03)3512-3272
営業：電話 (03)3512-3256／FAX (03)3512-3270
https://www.maruzen-publishing.co.jp

©Kyorin University Faculty of Social Sciences, 2024

組版印刷・富士美術印刷株式会社／製本・株式会社 松岳社

ISBN 978-4-621-31059-5　C1030　　Printed in Japan

JCOPY 〈(一社)出版者著作権管理機構 委託出版物〉
本書の無断複写は著作権上での例外を除き禁じられています．複写される場合は，そのつど事前に，(一社) 出版者著作権管理機構（電話 03-5244-5088, FAX 03-5244-5089, e-mail：info@jcopy.or.jp）の許諾を得てください．